커피 바리스타

기본서

NCS(국가직무능력표준/커피관리)

커피 바리스타

기본서

(사)한국커피협회 지음

COFFEE TODAY

발간사

대한민국의 외식산업은 지난 10여년간 급격한 성장을 하고 있습니다. 특히 글로벌 관광산업의 비약적인 발전으로 환대산업의 중요성은 더욱 강조되고 있습니다. 이에 선진 외식산업의 중추적인 분야가 식음료부문(F&B)이라 할 수 있습니다.

사단법인 한국커피협회는 조리외식분야의 국가직무표준(NCS)을 기반으로 커피산업 분야의 표준화된 교육과정을 개발하여 커피산업의 선진화에 중추를 이루고자 합니다.

사단법인 한국커피협회는 국가직무능력표준(NCS) 개발팀을 신설하여 해당 교과과정의 직무능력 향상에 도움이 되는 필수적인 체제적 교육과정을 연구개발하고, 산업 현장의 직무 요구 사항을 분석하여 조리외식분야 및 커피조리분야에 필요한 기초 교과과정 내용을 선정하여 관련 교육 전문가를 비롯한 실무 전문가들에 의해 교재를 발행하게 되었습니다.

사단법인 한국커피협회에서 발간된 커피 바리스타 NCS 기본 교재는 커피산업에 종사하는 모두가 필수적으로 인지해야 하는 커피 관련 교육과정의 핵심 내용을 수록하고 있습니다. 먼저 기초 이론을 다양한 표와 그림을 통해 쉽게 학습한 후 그것을 현장에서 적용하고 활용 및 응용할 수 있도록 다양하게 구성하고 있습니다. 각 단원에는 국가직무능력표준 단위를 나타내고 있고 이

발간사

를 수행하기 위한 학습 준거를 제시한 후 상세 수업 내용을 전개하고 있습니다. 각 단원의 마무리에는 관련 문제를 제시하여 학습을 요점 정리하여 반복 학습이 이루어지도록 하였습니다.

본 교재는 커피 관련 교육과정의 핵심 교재로서 교육 현장과 산업 현장의 필수 교재로 활용 가능하도록 집필되었으므로 현장에서 많이 활용되기를 바랍니다. 아울러 부족한 부분은 추후 지속적으로 개정 증보하여 더욱 충실한 내용으로 학습할 수 있도록 노력하겠습니다.

감사합니다.

사단법인 한국커피협회

목차

목차

4장 | 에스프레소응용메뉴제조

5장 | 커피분류평가

6장 | 커피기계운용

목차

목차

11장 | 커피로스팅

12장 | 커피 매장 영업관리

목차

1장

기초 직업 능력

능력 단위 : 기초 직업 능력(의사소통 능력)

능력 단위 정의 : 직업인들에게 공통적으로 요구되는 기초 직업 능력 중 의사소통 능력에 대한 교수-학습 과정을 계획하고 개발하며 실행할 수 있는 수업 모듈을 작성해 본다.

수행 준거

- 기초 직업 능력 중 의사소통 능력을 정의하고 설명할 수 있다.
- 의사소통 능력에 대하여 교수-학습할 수 있는 교수 설계를 계획하고 실천할 수 있다.
- 의사소통 능력에 대하여 실제 적용할 수 있는 지도 방법 및 절차를 수립하고 활용할 수 있다.

1. 기초 직업 능력

기초 직업 능력이란, 우리나라 직업인들이 갖추어야 하는 기초 능력을 말한다. 많은 직업군 중에서 공통적으로 요구되는 능력은 의사소통 능력, 수리 능력, 문제 해결 능력, 자기 개발 능력, 자원 관리 능력, 대인 관계 능력, 정보 능력, 기술 능력, 조직 이해 능력이며 도덕적, 심미적인 도덕 윤리까지 합하면 열 가지나 된다.

그중에서 의사소통 능력을 갖추기 위하여 교수자가 가르치고 학습자가 배우는 수업 모듈을 제시하고자 한다.

2. 의사소통 능력

1. 의사소통 능력에 대한 정의

직장 생활에서 문서를 읽거나 상대방의 말을 듣고 난 후 의미를 파악하고, 자신의 의사를 정확하게 표현하고, 간단한 외국어 자료를 읽거나 외국인의 간단한 의사 표시를 이해하는 능력을 의미한다. 즉, 직업인이 직장 생활을 하는 중에 필요한 의사소통의 원리를 올바르게 이해하고, 자신에게 주어진 문서를 읽거나 상대방과 대화를 통해 자신의 의견을 표현하고, 상대방의 의사를 이해하고 적절하게 반응하며, 외국어로 된 간단한 자료를 이해하거나 외국인의 기본적인 의사 표시를 이해해야 경쟁력 있는 직업인이 될 수 있다는 측면에서 매우 중요하다고 할 수 있다.

의사소통 능력을 함양시키기 위해서는 다음 사항에 주안점을 두어 지도하여야 한다.

첫째, 의사소통 능력을 지도함에 있어서 학습자 스스로 의사소통의 필요성을 인식하고 자신의 현재 상태를 점검하여 미래의 업무 성과 제고를 위한 계획을 수립할 수 있도록 지원해야 한다.

둘째, 의사소통 능력을 지도함에 있어서 학습자들이 의사소통 능력과 그 하위 능력인 문서 이해 능력, 문서 작성 능력, 경청 능력, 의사 표현 능력 및 기초 외국어 능력을 갖추도록 지도해야 한다.

셋째, 의사소통 능력을 지도함에 있어서, 학습자들의 다양한 경험과 요구를 바탕으로 하여 기초적인 개념과 원리를 간단하고 구체적인 것에서 추상적인 것의 순서로 학습하도록 지도해야 한다.

넷째, 의사소통 능력을 지도함에 있어서 학습자들이 실제 현장에서의 상황에 대처하는 능력을 발휘하도록 하는 것이 중요하다.

다섯째, 의사소통 능력을 지도함에 있어서 학습자들이 의사소통 능력을 어느 정도 갖추고 있는지를 정확하게 판단하는 것이 중요하다. 의사소통 능력을 어느 정도 갖추고 있는지 판단하기 위해서는 학습자가 의사소통의 개념을 이해하고 다양한 방법을 통해 효과적으로 의사소통을 하는지를 살펴보아야 한다.

결론적으로 의사소통 능력의 지도는 학습자들이 직장 생활에서 업무를 수행함에 있어서 자신에게 필요한 의사소통의 특성을 이해하여 적용하는 데 중점을 두어야 하며, 실제 업무 상황과 밀접한 사례를 토대로 지도하는 것이 효과적이다.

2. 교수자를 위한 교수 설계

가. 학습 목표

학습 목표란 일정한 수업이 이루어진 후 학습자가 최종적으로 획득해야 할 특성을 명확하게 규정해 놓은 것을 말한다. 궁극적으로 학습자가 학습 목표를 얼마나 성취했는가에 따라 그 달성 여부가 결정되기 때문에 학습자를 중심으로 학습 목표를 표현하는 것이 일반적이다.

학습 목표는 해당 학습 모듈에서 학습자가 최종적으로 성취해야 할 목표를 구체적인 수준에서 측정 가능하고 관찰 가능하도록 진술해야 한다.

학습 목표를 제대로 진술하기 위해서는 먼저, 기초 직업 능력으로서 의사소통 능력의 성취 수준을 고려해야 한다. 같은 의사소통 능력이라고 하더라도 학습자나 상황에 따라 요구되는 성취 수준이 다를 수 있기 때문에 교수자는 어느 정도 수준으로 가르칠 것인가를 염두에 두어야 한다. 성취 수준은 학력과 관련되며, '상'은 4년제 대학 졸업자 수준, '중'은 2년제 대학 졸업자 수준, '하'는 고등학교 졸업자 수준을 의미한다. 예를 들어서 의사소통 능력의 하 수준은 일반적인 직장 생활에서 정보를 이해하고 간단하게 의사 표현을 할 수 있는 정도이고, 중 수준은 정보를 요약하고 주제에 맞게 의사 표현을 할 수 있는 정도이며, 상 수준은 다양한 정보를 종합하고 논리적으로 의사 표현을 할 수 있는 단계이다

둘째, 의사소통 능력의 학습 목표를 설정하기 위해서는 학습자의 특성을 제대로 파악해야 한다. 학습자의 특성을 파악하여 학습 목표를 다양하게 설정하는 노력이 요구된다.

학습 목표는 구체적인 목표로 학습자가 학습해야 할 내용(주제)과 도착점 행동(Terminal Behavior)을 나타내는 동사로 표현되어야 한다. 학습 목표를 진술할 때에는 우선 학습자가 성취해야 할 도착점 행동이 무엇인지를 확인할 수 있도록 적절한 동사를 선택하여 진술하는 것이다. 도착점 행동은 관찰 가능한 동사를 사용해서 진술하는 것이 바람직하다.

의사소통 능력의 일반 목표는 '직장 생활에서 문서를 읽거나 상대방의 말을 듣고 의미를 파악하고, 자신의 의사를 정확하게 표현하고, 간단한 외국어 자료를 읽거나 외국인의 간단한 의사 표시를 이해하는 능력'이다. 이러한 일반 목표를 달성하기 위한 세부 목표로는 의사소통의 의미 설명하기, 의사소통 능력의 필요성 설명하기, 의사소통의 종류 설명하기, 의사소통의 저해 요인 제거하기, 의사소통 능력을 개발하기 위한 방법들이 포함되도록 설정된다.

〈표 1-1〉 의사소통 능력의 학습 목표

구분	학습 목표
일반 목표	직장 생활에서 문서를 읽거나 상대방의 말을 듣고 의미를 파악하고, 자신의 의사를 정확하게 표현하고, 간단한 외국어 자료를 읽거나 외국인의 간단한 의사 표시를 이해하는 능력이다.
세부 목표	1. 의사소통의 개념과 중요성을 설명할 수 있다. 2. 의사소통의 종류를 설명할 수 있다. 3. 의사소통 저해 요인을 제거할 수 있다. 4. 의사소통 능력을 개발하기 위한 방법을 실천할 수 있다. 5. 기초 외국어 능력의 필요성을 설명할 수 있다.

나. 학습 내용

의사소통 능력의 학습 내용은 의사소통 과정 중에 문서의 내용이나 상대방의 말을 듣고 의미, 종류, 구성 요소 등을 인지하는 것이며 도착점 행동은 의사소통 능력을 갖추는 것으로써 이를 이해하고 표현할 수 있는 것이다.

이에 의사소통 능력을 갖추기 위하여 필요한 하위 능력으로는 문서 이해 능력, 문서 작성 능력, 경청 능력, 의사 표현 능력 및 기초 외국어 능력이 있다. 각 하위 능력을 달성하기 위한 적합한 일반 목표와 세부 목표는 다음과 같다.

〈표 1-2〉 문서 이해 능력의 학습 목표

구분	학습 목표
일반 목표	직장 생활에서 필요한 문서를 확인하고, 읽고, 내용을 이해하여 업무 수행에 필요한 요점을 파악하는 능력을 기를 수 있다.
세부 목표	1. 문서 이해 능력의 의미에 대하여 설명할 수 있다. 2. 문서 이해의 중요성에 대하여 설명할 수 있다. 3. 다양한 문서의 종류와 양식에 대하여 설명할 수 있다. 4. 문서 이해를 통해 정보 획득, 수집 및 종합 방법에 대하여 설명할 수 있다.

〈표 1-3〉 문서 작성 능력의 학습 목표

구분	학습 목표
일반 목표	직장 생활에서 목적과 상황에 적합한 아이디어와 정보를 전달할 수 있는 문서를 작성하는 능력을 기를 수 있다.
세부 목표	1. 문서 작성의 개념 및 중요성을 설명할 수 있다. 2. 문서 작성의 종류 및 목적과 상황에 따른 예시를 설명할 수 있다. 3. 문서 작성의 절차와 과정을 설명할 수 있다. 4. 문서 작성 시 주의 사항을 설명할 수 있다. 5. 효과적인 문서 작성의 예시를 이해할 수 있다.

〈표 1-4〉 경청 능력의 학습 목표

구분	학습 목표
일반 목표	다른 사람의 말을 주의 깊게 듣고 공감하며 적절하게 반응하는 능력을 기를 수 있다.
세부 목표	1. 경청의 개념 및 중요성을 설명할 수 있다. 2. 올바른 경청을 방해하는 요인을 찾을 수 있다. 3. 경청의 바람직한 자세에 대해 설명할 수 있다. 4. 대상과 상황에 따른 경청 방법을 파악하고, 훈련 방법을 설명할 수 있다.

〈표 1-5〉 의사 표현 능력의 학습 목표

구분	학습 목표
일반 목표	목적과 상황에 맞는 말과 비언어적 행동을 통해서 아이디어와 정보를 찾고, 이를 효과적으로 전달하는 능력을 기를 수 있다.
세부 목표	1. 의사 표현의 개념 및 중요성을 설명할 수 있다. 2. 의사 표현의 방해 요인과 제거 방법을 설명할 수 있다. 3. 원활한 의사소통을 위한 지침을 수립할 수 있다. 4. 설득력 있는 의사 표현의 기본 요소 및 특성을 설명할 수 있다.

〈표 1-6〉 기초 외국어 능력의 학습 목표

구분	학습 목표
일반 목표	외국어로 된 간단한 자료를 이해하거나, 외국인의 간단한 의사 표현을 이해하고, 자신의 업무와 관련하여 필요한 기초 외국어 능력을 기를 수 있다.

세부 목표	1. 기초 외국어 능력의 개념 및 필요성을 설명할 수 있다. 2. 기초 외국어 능력이 필요한 상황과 종류를 설명할 수 있다. 3. 비언어적 표현 방법의 유형과 효과를 설명할 수 있다. 4. 기초 외국어 능력 향상을 위한 교육 방법을 선택할 수 있다.

다. 내용 체계 및 시간

내용 체계란 학습 목표에 따라 지도할 때, 필수적으로 다루어야 할 기본적인 개념, 원리, 방법, 사례 등의 교육 내용을 체계화한 것이다. 의사소통 능력을 지도할 때 포함되어야 할 내용은 의사소통 능력에 요구되는 지식(Knowledge), 기술(Skill), 상황 및 도구(Condition)이다. 여기서 지식과 기술은 산업체 종사자가 자신의 직업에 알맞은 의사소통 능력을 갖추기 위해서 필요한 지식과 기술을 말하고, 상황은 의사소통 능력을 갖추기 위하여 필요한 업무 상황과 필요한 사용 도구들을 의미한다.

지식, 기술, 상황을 토대로 정리한 의사소통 능력의 학습 내용은 〈표 1-7〉과 같고 이를 토대로 선정한 의사소통 능력의 하위 능력들에 대한 교육 내용을 〈표 1-8〉과 같이 정리할 수 있다.

〈표 1-7〉 의사소통 능력의 하위 능력들에 대한 지식, 기술, 상황별 교육 내용

하위 능력	교육 내용	
문서 이해 능력	지식	• 문서 이해의 개념 및 중요성 • 문서의 종류 및 양식 이해 • 문서 이해의 구체적인 절차와 원리 • 문서를 통한 정보 획득 및 종합 방법의 유형
	기술	• 문서의 종류에 따른 문서 읽기 • 문서에서 핵심 내용 파악 • 주어진 정보의 관련성과 의도 파악 • 문서 읽기를 통한 정보 수집, 요약, 종합
	상황	• 상사의 지시문이나 메모를 읽는 경우 • 업무 처리를 위한 기술 매뉴얼을 확인하는 경우 • 고객의 예산서와 주문서를 확인하는 경우 • 업무 보고서를 통해서 정보를 획득하는 경우 • 메일이나 공문을 처리해야 하는 경우

문서 작성 능력	지식	• 체계적인 문서 작성의 개념 및 중요성 • 목적과 상황에 맞는 문서 작성의 유형 • 문서의 종류와 양식 이해 • 문서 작성의 구체적인 절차와 원리 • 논리적인 문장 전개 방법의 유형 • 효과적인 내용 구성 방법의 유형
	기술	• 문서의 종류에 따른 적절한 문서 작성 • 문서 작성에 적합한 문체와 어휘 사용 • 논리적인 체계를 사용한 문서 작성 • 문서 작성에서 강조점 표현 방법 • 논리적인 문장 전개 • 목적에 적합한 적당한 분량 설정 • 시각적 표현과 연출 • 작성한 문서의 수정
	상황	• 업무 중 프로젝트나 연구 과제의 결과를 문서로 제시하는 경우 • 소비자와 고객의 요구를 문서화하는 경우 • 동료와 정보와 의견을 공유하는 경우 • 산출물을 디자인하고 제시하는 경우 • 상사의 지시와 전화 메시지를 기록하는 경우 • 상대방에게 메일이나 공문을 발송하는 경우
경청 능력	지식	• 경청 능력의 중요성과 개념 • 대화 과정에서 효과적인 경청 방법의 이해 • 상대방의 말을 듣는 바람직한 자세의 이해 • 지시 사항에 대한 적절한 반응 방법의 이해 • 지시 사항을 재확인하는 방법의 이해
	기술	• 상대방의 말을 주의 깊게 듣고 반응 • 상대방의 의도 파악 • 대화 과정에서 숨은 의미를 파악 • 대화 과정에서 상대방 격려 • 대화 과정에서 상대방과 친밀감과 신뢰감 조성 • 대화 과정에서 적절한 시선 처리 • 비언어적인 신호 파악 • 상대방의 입장 이해 • 상사의 지시 사항을 듣고 확인
	상황	• 업무 수행 과정에서 상사의 지시를 받는 경우 • 제품 판매, 서비스 문의 등으로 고객을 대하는 경우 • 조직 구성원과 회의하는 경우 • 업무 결과에 대한 상대방의 의견을 듣는 경우 • 업무 수행 과정에서 상대방과 의견을 조율해야 하는 경우
의사 표현 능력	지식	• 정확한 의사 전달의 중요성 • 의사 표현의 기본 원리 • 효과적인 의사 표현 방법의 유형 • 설득력 있는 화법의 특징 및 요소 • 상황과 대상에 따른 화법의 이해 • 비언어적 의사 표현 방법 이해

의사 표현 능력	기술	• 주제, 상황, 목적에 적합한 의사 표현 • 자신 있고 단정적인 의사 표현 • 간단명료한 의사 표현 • 중요한 부분을 반복하여 제시 • 목소리의 크기, 억양, 속도의 변화 • 상황에 대한 적절한 질문 • 대화를 구조화하는 기술 • 적합한 이미지와 어휘, 표현 사용 • 상황에 적합한 비언어적 의사 표현
	상황	• 업무 중 상사의 지시를 확인하는 경우 • 소비자와 고객에게 제품을 소개하고 판매하는 경우 • 동료와 정보와 의견을 공유하는 경우 • 업무 결과를 발표하는 경우 • 업무 수행 과정에서 상대방에게 질문하는 경우 • 회의에서 상대방을 설득시키는 경우
기초 외국어 능력	지식	• 기초적인 외국어 회화에 대한 지식 • 비언어적 의사 표현 방법의 유형 • 외국 문화에 대한 이해
	기술	• 기초적인 외국어로 된 자료 읽기 방법 • 외국인을 대하는 방법 습득 • 기초적인 외국어 회화 기술 • 사전 활용 방법 습득
	상황	• 업무 상황에서 외국어로 된 메일을 확인하는 경우 • 외국어로 된 관련 자료를 읽는 경우 • 외국산 제품의 사용 방법을 확인해야 하는 경우 • 외국인으로부터 걸려온 전화를 받는 경우 • 외국인 고객을 상대하는 경우

〈표 1-8〉 의사소통 능력의 교육 내용과 소요 시간

교육 내용		소요 시간
의사소통 능력	• 의사소통의 개념 및 유형 • 의사소통 능력의 필요성 • 의사소통의 종류 • 의사소통 능력 개발을 위한 팁	2~3시간
문서 이해 능력	• 문서 이해 능력의 개념 및 중요성 • 다양한 문서의 종류와 그에 따른 이해 방법 • 문서 이해의 구체적인 절차와 원리 • 문서 이해를 통한 정보 획득, 수집, 종합 방법	2~3시간
문서 작성 능력	• 문서 작성의 개념 및 중요성 • 문서 작성의 종류 및 목적과 상황에 따른 예시 • 문서 작성의 절차와 과정 • 문서 작성 시 주의 사항 • 효과적인 문서 작성 예시	2~3시간

경청 능력	• 경청의 개념 및 중요성 • 올바른 경청을 방해하는 요인 • 경청의 바람직한 자세 • 대상과 상황에 따른 경청 방법 및 훈련 방법	2~3시간
의사 표현 능력	• 의사 표현의 개념 및 중요성 • 의사 표현의 방해 요인과 제거 방법 • 원활한 의사소통을 위한 지침 • 설득력 있는 의사 표현의 기본 요소 및 특성	2~3시간
기초 외국어 능력	• 기초 외국어 능력의 개념 및 필요성 • 기초 외국어 능력이 필요한 상황과 종류 • 비언어적 표현 방법의 유형과 효과 • 기초 외국어 능력 향상을 위한 교육 방법	2~3시간

라. 교수 방법

교수 방법이란, 교육 목표를 달성하기 위하여 학습 활동을 어떻게 전개해 나갈 것인가에 답으로서 효과적으로 지도하기 위한 방법을 나타낸 것이다. 의사소통 능력을 지도하기 위해서는 우선 지도 방향을 설정하고, 이에 따라 효과적인 교수 방법을 활용하는 체계적인 교수 설계를 해야 한다.

1) 의사소통을 위한 지도 방향

가) 지식을 이해시키고 고차원적 사고력을 신장시켜라 : 암기 위주의 수업보다 이해를 통하여 얻은 지식은 일반화, 원리, 법칙과 같은 고차원적인 지식이므로 의사소통 능력을 향상시키기 위하여 수업에 적용할 줄 알아야 한다.

나) 실생활과 관련된 교수 학습을 활용하라 : 의사소통 능력에 관한 지식은 본래 실제 직장 생활과 업무 상황에서 발생하는 현상을 잘 관찰하여 얻어진 것들이다. 따라서 실제 현장에서 일어나는 많은 사례들을 관찰한 후 지식을 얻는 것이 바람직하다.

다) 수준별로 지도하라 : 전체 학습자들이 배워야 하는 기본 내용과 학습자의

속도를 감안하여 수준별 교수 학습 형식으로 보충 내용 및 심화 내용으로 나눠 지도한다.

라) 다양한 교수 방법을 활용하라 : 효과적인 수업이 되기 위해서는 다양한 교수 방법을 활용하는 것이 좋다. 다양한 교수 방법을 활용함으로써 학습자들의 관심과 흥미를 제고시키고 학습 능률을 향상시키는 데 도움을 줄 수 있다.

2) 효과적인 의사소통 능력 지도를 위한 교수 방법

강의식 같은 직접적인 교수 방법보다 학습자들의 경험을 통해 자신을 발견하고 계획을 수립할 수 있도록 문제 중심 학습, 프로젝트 학습, 역할극, 프로그램 학습, 시뮬레이션 학습 등이 적절하다.

가) 문제 중심 학습(PBL) : 문제 중심 학습(Problem Based Learning, PBL)은 실제적인 문제를 중심으로 수업 상황을 구조화하는 방법이다. 학습자들이 소그룹 학습에 능동적으로 참여하여 문제를 협력적이고 자기 주도적으로 해결하고, 이를 통해 문제 해결 능력을 기르도록 하는 교수 학습 형태로서 '문제에 대한 이해와 문제 해결을 위해 이루어지는 활동 과정에서 산출되는 학습'을 말한다.

나) 프로젝트 학습 : 특정 주제에 대한 심층 연구를 하는 활동이다. 소집단 혹은 전체 학습자들이 학습할 가치가 있는 특정 주제에 대한 심층 연구를 함으로써 학습자들이 서로 협력하면서 심층적으로 연구를 해 나가는 목적 지향적 학습 활동을 한다.

다) 역할극 : 역할극(Role-playing)은 어떠한 가상의 역할을 수행하게 함으로써 문제시되는 태도나 행동을 변화시키려는 기법의 일종으로 정서적 역할 놀이이다.

라) 프로그램 학습 : 복잡한 행동을 학습시키기 위해 간단한 행동을 분석하는 데서 시작하는 방법이다. 단계적으로 난이도를 높여 목표에 점차적으로 접근하도록 함으로써 목적한 바를 이루게 하는 학습 방법이다.

마) 시뮬레이션 학습 : 실제 상황을 가상하여 직면한 문제에 대한 현실적인 해결책을 마련해 보는 학습 형태이다. 시뮬레이션 학습을 위해 교수자는 학습자와 상호작용하는 교수보다 관리자 역할을 해야 한다. 무엇을 배우고 경험하는지를 인식시키고 학습 내용에 대한 설명, 심판, 코칭, 논의를 하도록 관리해 주어야 한다.

바) 신문 활용 교육(NIE) : 신문을 교재 또는 보조 교재로 활용하여 지적인 성장을 도모하고 학습 효과를 높이기 위한 교육 방법이다. 신문에는 매일 다양한 분야의 새로운 정보가 실리므로 이를 활용하면 유익하고 실용적인 교육이 가능하다.

사) 이러닝(E-Learning) : 인터넷을 활용하여 개인이나 조직의 목적과 연결되는 학습을 경험하게 하고 네트워크 기술을 이용하여 상호작용하는 자기주도적인 학습 활동을 이끌 수 있다. 이러닝은 기존의 일방적인 지식의 전달과 습득을 위한 교수자 중심의 교육 방식보다 학습자 스스로가 능동적으로 학습할 수 있도록 하기 위한 학습자 중심의 교육 방법이라고 할 수 있다.

3) 학습 평가

학습 평가는 학습한 후에 학습자가 학습 목표를 얼마나 성취했는지를 확인하는 것으로, 학습이 진행되고 있는 동안 학습자에게 피드백을 주거나 학습이 모두 끝난 후에 전체적으로 학습 목표의 달성도를 평가하는 것이다.

가) 의사소통 능력 학습 평가 영역

① 인지적 영역 : 사실적 지식과 일반화 · 원리의 두 가지로 나눌 수 있다. 사실적 지식이란 특정 공간과 시간에 일어난 사건에 관한 지식을 말하고 일반화 · 원리는 사실적 지식보다 상위의 지식을 말한다. 일반화는 개념과 개념 사이의 원리를 나타내는 것이다.

② 정의적 영역 : 태도, 흥미, 감상 및 적응 방식에 관한 것이다. 의사소통 능력 학습에서의 정의적 영역으로는 문서 작성을 위한 계획을 수립하고 자신의 경험을 고려하여 문서 작성의 절차 및 과정을 나타내는 것을 말한다. 평가는 지필 평가보다는 관찰 평가나 포트폴리오 같은 방법이 더 적절하다.

③ 심동적 영역 : 심동적 영역이란 행동을 통한 변화를 나타낸 것이다. 관찰법을 통하여 의사소통 방법이나 원리를 실천하고 적용하여 습관화하는 정도를 평가하는 것이다.

나) 의사소통 능력의 학습 평가 절차

① 교육 목표를 이해하고 성취 기준을 구체화하라 : 학습 내용을 평가하기 위해서는 먼저 교육 체계상의 목표와 내용을 잘 이해하고 있어야 한다. 한 학습 모듈을 교수 – 학습하고 다음 학습 모듈을 진행해 나갈 때는 각각의 학습 모듈을 좀 더 상세하게 정리해 둘 필요가 있다.

② 평가 기준을 명료화하라 : 성취 기준이 결정되면 평가 기준을 정해야 하는데, 이 평가 기준은 교수자가 평가할 문제와 평가 상황의 내용과 수준을 결정할 때에 지침이 될 수 있다.

③ 평가 도구를 개발하라 : 평가 기준이 결정되면 이에 따라 각 내용별로 평가 도구를 개발해야 한다. 한 목표를 한 가지의 평가 방법만으로 다 측정할 수는 없다. 여러 방법이 동시에 사용될 수 있다.

④ 평가를 실시하고 그 결과를 활용하라 : 평가를 실시한 후에는 채점 기

준에 따라 채점한다. 다지 선택형 지필 고사에서는 하나뿐인 정답이 숫자로 표시되기 때문에 그 채점 기준은 비교적 간단하다. 균등 배점을 하는 것이 보통이다. 하지만 평가에서 채점이 끝이 아니다. 채점 결과는 다음 교수-학습에 피드백으로 활용되어 더 나은 교수-학습을 이끄는 데 도움을 주어야 한다.

다) 의사소통 능력의 학습 평가 방법

서술형 및 논술형, 구술시험 및 면접, 관찰 및 체크 리스트, 포트폴리오 등 다양한 방법이 있다.

라) 의사소통 능력의 학습 평가 유형

① 사전 평가 : 학습의 적절한 출발점을 결정하기 위해 학습이 시작되기 전에 실시되는 평가 활동을 지칭한다. 목적은 학습자가 학습 모듈을 학습하기 전에 앞으로 학습할 내용을 성공적으로 학습하기 위한 충분한 준비가 되었는지를 확인하는 데 있다.

② 학습 성취도 평가 : 학습이 진행되고 있는 상황에서 학습자들이 학습 목표를 제대로 달성해가고 있는지를 수시로 점검 · 확인하여 학습자 및 교수자에게 피드백을 제공하기 위해 실시하는 평가이다.

③ 사후 평가 : 일련의 활동이나 프로그램이 종료되었을 때 그 효과와 적합성을 최종적으로 확인하기 위해 실시하는 판단 활동이다.

3. 학습 모듈

가. 지도 계획

〈표 1-9〉 의사소통 능력의 학습지도 모듈

학습 주제	의사소통 능력
학습 목표	직장 생활에서 필요한 의사소통 능력을 확인하고, 업무 수행 중 상황 및 대상별로 이를 활용하는 능력을 기를 수 있다.
지도 시간	3~4시간
교수 자료	학습자용 워크북, 교수자용 매뉴얼, 프레젠테이션 자료, 신문 기사, 인터넷

나. 학습 활동 지도

1) 사례

학습자들이 성공 사례를 읽고, 의사소통 능력을 향상시키기 위해 자신의 작은 습관의 변화를 이끌어 내며 의사소통 능력의 중요함을 깨닫도록 하는 데 있다. 사례를 읽고 학습자들끼리 의견을 공유할 시간을 충분히 주는 것이 바람직하다.

2) 활동

학습자들이 활동 항목을 자신의 생각에 따라 직접 작성해 보도록 한다. 먼저 의사소통 능력을 개발하기 위한 방법이 무엇이 있을지 생각해 보게 하고, 제시된 의사소통 능력 개발 팁을 확인한 후 자신에게 필요한 노력은 무엇인지 작성해 보도록 지도한다. 다 작성한 뒤에는 발표를 통하여 작성 결과를 서로 공유할 수 있도록 한다.

3) 내용

학습자들이 사례와 활동을 통해 인식한 의사소통 능력 개발의 중요성과 노력할 내용을 제시한다. 특히 학습자들이 의사소통 능력 개발을 위한 행동 변화를 계획하고 수립할 수 있도록 지도한다.

4) 학습 평가

학습자들이 학습한 내용을 정리하면서 스스로 평가 문제에 답할 시간을 준다. 일정 시간이 지난 후 평가 문제에 대한 답을 제시하고, 학습자들의 질문을 받도록 한다. 또한 학습 평가 결과가 미진한 학습자에게는 부족한 부분을 재학습하도록 지도한다.

5) 교수 자료

수업의 학습 효과에 도움을 주는 보조 자료를 개발하여 제시하고 활용한다.

〈표 1-10〉 의사소통 능력의 학습 활동 계획

학습 활동	소요 시간	주요 내용	유의점
의사소통이란?	20~30분	• 의사소통의 개념 • 의사소통의 중요성 • 의사소통의 필요성	사례 및 활동을 통한 의사소통의 개념과 중요성에 대한 논의
의사소통의 종류 알기	30~40분	• 직업 생활에서의 의사소통 종류 • 언어적인 의사소통 • 문서적인 의사소통 • 기초 외국어 능력	사례 및 활동을 통한 의사소통의 종류에 대한 논의
의사소통 능력으로서 기초 외국어 능력	20~30분	• 직업 생활에서의 기초 외국어 능력 • 직업인의 기초 외국어 능력 • 기초 외국어 능력을 대하는 마음가짐	사례 및 활동을 통한 직업인의 기초 외국어 능력에 대한 논의
의사소통 저해 요인 찾기	30~40분	• 의사소통 저해 요인	사례 및 활동을 통한 의사소통 저해 요인의 도출

의사소통 능력을 개발하려면 어떻게 해야 할까?	20~30분	• 의사소통 능력 개발을 위한 팁	사례 및 활동을 통한 의사소통 능력 개발 계획 수립
인상적인 의사 소통	20~30분	• 상대방에게 깊은 인상을 심어줄 수 있는 의사소통 방법	사례 및 활동을 통한 인상적인 의사소통 능력에 대한 논의

다. 학습 정리

학습자들이 각 학습 모듈을 모두 학습한 후 학습한 내용을 최종적으로 정리하기 위해서 학습 정리 활동을 실시한다. 문서 이해 능력을 위해서 학습한 주요 내용을 읽어 개념과 과정을 파악하게 하고, 내용을 요약하고 정리해 보는 순으로 스스로 학습한 내용을 정리할 시간을 주어 자신이 생각했던 내용과 학습 정리 내용을 비교하여 확인해 보는 시간을 갖게 한다.

학습 정리

1. 기초 직업 능력 중 의사소통 능력을 정의하고 설명할 수 있다.
2. 의사소통 능력의 교수-학습을 위하여 사전에 분석, 설계, 개발, 평가의 절차를 거치며 교수 설계를 할 수 있다.
   가. 학습 목표를 설정하고 가르칠 내용에 대한 세부 목표를 정의할 수 있다.
   나. 의사소통 능력에 대한 내용 체계 및 시간을 계획할 수 있다.
   다. 다양한 교수 방법을 활용하고 적용할 수 있다.
   라. 학습 평가를 계획하고 절차에 따라 실행할 수 있다.

3. 실제 교수-학습 지도를 위한 방법 및 절차를 수립하고 적용할 수 있다.
   가. 실제 지도 목표, 시간, 방법을 계획해 본다.
   나. 학습 활동 절차와 방법에 따라 지도해 본다.
   다. 학습을 정리하고 마무리하여 성취 정도를 파악해 본다.

예상 문제

1. 다음은 직장 생활을 위해 필요한 기초 능력이다. 무엇에 대한 것인가?

> 직업인이 직장 생활을 하는 중에 필요한 의사소통의 원리를 올바르게 이해하고, 자신에게 주어진 문서를 읽거나 상대방과 대화를 통해 자신의 의견을 표현하고, 상대방의 의사를 이해하고 적절하게 반응하는 능력이다.

① 의사소통 능력 ② 대인 관계 능력
③ 정보 능력 ④ 조직 이해 능력

2. 다음 중 의사소통 능력을 함양시키기 위해 주안점을 두어야 할 사항으로 잘못된 것은?

① 학습자 스스로 필요성을 인식하고 자신의 현재 상태를 점검하여 미래의 업무 성과 제고를 위한 계획을 수립할 수 있도록 지원해야 한다.
② 학습자들이 의사소통 능력과 그 하위 능력인 문서 이해 능력, 문서 작성 능력, 경청 능력, 의사 표현 능력 및 기초 외국어 능력을 갖추도록 지도해야 한다.
③ 학습자들에 대한 다양한 경험과 요구를 바탕으로 하여 기초적인 개념과 원리를 추상적인 것에서부터 구체적인 것의 순서로 정리하여 학습하게 하는 것이 필요하다.
④ 학습자들이 실제 현장에서의 상황에 대처하는 능력을 발휘하도록 하는 것이 중요하다.

정답 1. ① 2. ③

2장

커피학 개론

능력 단위 : 커피 일반 이해

능력 단위 정의 : 커피의 역사, 커피의 품종, 커피의 재배와 가공, 커피 원산지 등에 대한 이해를 통해 커피에 대한 전반적인 이해를 한다.

수행 준거

- 커피의 역사에 대해 이해하고 설명할 수 있다.
- 커피의 품종에 대해 이해하고 설명할 수 있다.
- 커피의 재배, 수확, 가공에 대해 이해하고 설명할 수 있다.
- 커피의 원산지에 대해 이해하고 설명할 수 있다.

1. 커피의 역사

1. 커피의 발견

인류가 언제 처음으로 커피를 접했는지는 정확히 알 수 없다. 다만 이에 관해 '칼디(Kaldi)의 전설', '오마르(Omar)의 전설', '모하메드(Mohammed)의 전설' 등이 전해질 뿐이다. 이 가운데 가장 널리 알려진 '칼디의 전설'에 따르면, 에티오피아의 '칼디'라는 한 목동이 자기가 기르던 염소들이 밤에 잠을 자지 않고 흥분해 있는 모습을 보고 이상하게 생각하다가 염소들이 낮에 어떤 빨간 열매를 먹었다는 사실을 기억해 냈다고 한다. 다음 날 호기심이 생긴 칼디가 그 빨간 열매를 먹었더니 피곤함이 가시고 정신이 맑아지는 것을 느끼고 염소들과 같이 춤을 추었다고 한다. 그 후 이 사실이 수도승에게 알려져 기도 중에 잠이 들지 않도록 하는 종교적 목적으로 커피를 사용했다고 한다.

2. 음료로의 발전

처음에는 커피 열매나 잎을 단순히 씹다가 곧 열매와 잎을 뜨거운 물로 우려 연한 차로 마셨다고 한다. 또 열매를 으깬 다음 동물의 지방과 섞어 간편하게 먹을 수 있는 식량으로 삼거나 커피 체리의 마른 껍질을 약하게 볶아 단맛이 나는 음료를 만들어 즐겼다고 한다. 그러다 16세기경 커피를 볶은 다음 분쇄하여 물을 부어 마시게 되면서 비로소 하나의 음료로 탄생하게 되었다.

커피는 이집트의 카이로(Cairo), 아라비아 반도의 메카(Mecca), 메디나(Medina) 지역이 있는 이슬람 문화권에 퍼지면서 대중적인 인기를 끌었다. 그 후 오스만 제국은 셀림 1세(Selim I, 1470~1520) 때 이집트를 정복하면서 커피를 알게 되었고, 1517년 그 당시 오스만 제국의 수도였던 콘스탄티노플(Constantinople, 지금의 이스탄불)에 커피가 본격적으로 알려졌다고 한다.

3. 커피의 전파

커피가 실제로 유럽에 전파된 시기는 정확히 알 수 없지만, 처음으로 커피를 들여온 것은 그 당시 지중해 연안의 중동 지역과 활발한 무역을 하던 베니스(Venice) 상인들이라고 알려져 있다.

가. 이탈리아

베니스 무역상들에 의해 유럽에 소개된 커피는 빠른 속도로 퍼져나갔다. 처음에는 이슬람교도들이 즐겨 마셨다는 이유로 커피를 '악마의 음료'라고 비난하였으나, 교황 클레멘트 8세(Clement VIII, 1536~1605)가 커피를 마셔본 후 이교도만 마시기에는 너무 훌륭한 음료라고 하며 커피에 세례를 준 것이 유럽에 널리 퍼지게 된 계기가 되었다고 한다. 1645년, 베니스에 최초의 커피하우스가 문을 열었다고 전해지는데 어디인지는 확실하지 않다.

나. 프랑스

1671년 프랑스 최초의 커피하우스가 마르세유(Marseilles)에서 개장했으며, 1686년 파리(Paris) 최초의 커피하우스 '프로코프(Café de Procope)'가 콜텔리(Francesco

Procopio dei Coltelli, 1651~1727)에 의해 문을 열었다.

다. 영국

1650년 영국 최초의 커피하우스가 유태인 야곱(Jacob)에 의해 옥스포드(Oxford)에서 문을 열었다. 2년 후에는 파스콰 로제(Pasqua Rosée)에 의해 런던(London) 최초의 커피하우스가 문을 열었고, 오늘날 세계적인 보험회사의 하나인 '로이드 보험회사'의 모태가 되는 커피하우스는 1688년 에드워드 로이드(Edward Lloyd, 1648~1713)에 의해 문을 열었다. 그 후 커피하우스의 인기는 날로 높아져서 1715년 런던에는 2,000여개의 커피하우스가 성업을 이루었다.

라. 독일과 오스트리아

독일에는 1670년에 커피가 처음 소개되었으며, 1679년 독일 최초의 커피하우스가 함부르크(Hamburg)에 문을 열었다. 오스트리아 비엔나(Vienna)에는 1683년 콜쉬츠키(Georg Franz Kolschitzky, 1640~1694)에 의해 커피하우스가 문을 열었다.

마. 미국

미국은 영국 식민지배의 영향으로 주로 차를 마셔왔으나 차 무역 독점에 반대하여 일으킨 보스턴 차 사건(Boston Tea Party) 이후 커피를 널리 마시게 되었다. 1668년 미국에 커피가 소개된 뒤 뉴욕(New York), 필라델피아(Philadelphia) 같은 동부지역에 커피하우스가 문을 열었다. 1691년에는 미국 최초의 커피숍 '거트리지 커피하우스(Gutteridge Coffeehouse)'가 보스턴(Boston)에 개장했고, 1696년에는 뉴욕에 '더 킹스 암스(The King's Arms)'가 문을 열었다.

바. 우리나라

1896년 고종황제가 아관파천으로 러시아 공관으로 거처를 옮겨 머물고 있을 때, 러시아 공사 베베르(Karl Ivanovich Weber, 1841~1910)를 통해 우리나라 최초로 커피를 마셨다고 전해진다. 그 후 고종은 '정관헌(靜觀軒)'이라는 서양식 건물을 짓고 그곳에서 커피를 즐겼다고 하며, 당시에는 커피를 서양에서 들여온 국물이라 하여 '양탕국'이라 불렀다고 한다. 우리나라 최초의 커피하우스는 1902년 독일 출신의 손탁(Antoinette Sontag, 1854~1925)이 건립한 손탁호텔이라고 알려져 있다.

4. 커피 재배 지역의 확대

커피가 최초로 언제 어디에서 경작되었는지 정확히 알 수는 없으나 아라비아반도 남단의 예멘(Yemen) 지역에서 대규모 커피 경작이 처음으로 시작되었다고 알려져 있다. 그리고 당시 이 지역에서 생산되는 커피는 예멘 남쪽의 모카(Mocha) 항을 통해 유럽으로 수출되었다.

당시에는 이슬람 제국이 커피 재배를 철저히 독점하였다. 이슬람 제국은 이를 유지하기 위해 외부인이 커피 농장을 방문하는 것을 금지하였으며, 생두에 열을 가해 발아가 되지 않도록 한 후 커피를 수출하였다고 한다.

가. 아시아 지역

1600년경 바바 부단(Baba Budan)이라는 인도 출신의 이슬람 승려가 메카에서 돌아올 때 커피 씨앗을 몰래 숨겨와 인도의 마이소어(Mysore) 지역에 커피를 심었다고 전해진다.

네덜란드는 1616년 예멘의 모카에서 커피 묘목을 밀반출하여 암스테르담 식물원에서 재배하였다. 그 후 1658년 실론(Ceylon, 현재의 스리랑카)에 커피를 심었고, 1696년 인도네시아 자바(Java) 지역에서도 커피를 재배하기 시작하였다. 몇 년 후 네덜란드 식민지는 유럽의 주요 커피 공급처가 되었다.

나. 카리브해 지역

1714년에는 네덜란드로부터 루이 14세가 커피나무를 선물 받아 이를 파리 왕립식물원(Jardin Royal des Plantes)에서 재배하기 시작하였으며, 1723년(1720년이라고도 함) 카리브 해에 있는 마르티니크(Martinique) 섬에 근무하던 프랑스의 해군 장교 끌리외(Gabriel－Mathieu Francois D'ceus de Clieu, 1687~1774)는 본국에서 돌아오면서 왕립식물원에 있던 커피 묘목을 구해 마르티니크에 커피를 심었다.

[그림 2－1] 커피나무에 물을 주는 끌리외

2. 커피의 품종

1. 생물학적 관점의 커피

커피는 쌍떡잎식물로 꼭두서니과에 속한다. 커피의 종(Species)은 약 70여 가지가 있으며 그중 코페아 아라비카(Coffea Arabica), 코페아 카네포라(Coffea Canephora), 코페아 리베리카(Coffea Liberica)를 3대 원종(原種)이라고 하는데, 오늘 날에는 아라비카와 카네포라 두 종류만 주로 재배되고 있다.

〈표 2-1〉 커피의 생물학적 분류

Family	Genus	Sub-Genus	Species	Variety
과(科)	**속(屬)**	**아속(亞屬)**	**종(種)**	**품종(品種)**
Rubiaceae	Coffea	Eucoffea	Arabica	Typica
			Canephora	Robusta
			Liberica	Liberica

2. 커피의 3대 원종

가. 아라비카종

에티오피아 고원의 삼림 지대에서 발견된 아라비카종은 대체로 열대, 아열대의 고지대(600~2,000m)에서 주로 재배되며 재배 조건이 까다롭고 질병에 취약하다. 향과 맛이 뛰어나며 로부스타종에 비해 카페인 함량도 절반 수준이다.

나. 카네포라종

카네포라종은 1862년에 아프리카 우간다에서 처음 발견되었고, 그 뒤 1898년 콩고에서 재발견되어 세상에 알려지게 되었다. 카네포라종은 무덥고 습도가 높은 열대 지역의 저지대에서 잘 자라기 때문에 아라비카종보다 질병에 대한 저항력이 강한 편이다.

카네포라종은 로부스타 품종이 대부분이어서 카네포라보다 로부스타로 더 많이 표기하므로 본서에서도 로부스타로 표기하기로 한다.

다. 리베리카종

리베리카종은 아프리카 라이베리아가 원산지이다. 리베리카종은 나무의 키가 5~10m 정도로 큰 편으로 재배가 곤란하고 과육(펄프)이 두꺼워 가공이 어려우며 품질도 일반적으로 로부스타종에 비해 떨어지는 것으로 평가되고 있다. 이런 이유로 오늘날 아프리카 서부 지역(라이베리아, 적도 기니)과 아시아의 일부 지역(말레이시아, 필리핀)에서만 재배된다.

〈표 2-2〉 아라비카종과 로부스타종의 특성 비교

	아라비카	로부스타
분류 등록	1753년	1895년
원산지	에티오피아	콩고
발견 시기	6~7세기	1800년대 중반
유전자(2n)	염색체 수 44(4배체)	염색체 수 22개(2배체)
번식	자가수분	타가수분
재배 기온	15~24℃	24~30℃
재배 지역	비교적 서늘한 고지대	고온다습한 저지대
적정 재배 고도	800~2,000m	700m 이하
적정 강수량	1,500~2,000mm	2,000~3,000mm
병충해	약함	강함
체리 숙성 기간	6~9개월	9~11개월
카페인 함량	평균 1.4%	평균 2.2%
고형 성분	평균 1.2%	평균 2.0%
맛	향미가 뛰어나며 특히 신맛이 좋음	향미가 약하며 쓴맛이 강함
주요 생산국	브라질, 콜롬비아, 코스타리카 과테말라, 케냐, 탄자니아 등	베트남, 브라질, 인도네시아 인도, 카메룬, 우간다 등
생산	60~70%	30~40%
소비	원두커피용	인스턴트커피용

* 자료 출처 : ICO

3. 아라비카 품종

아라비카 품종은 자연적인 돌연변이와 인위적인 품종 개량으로 많은 변형 품종이 탄생했다. 대표적인 고유품종은 티피카(Typica)와 버번(Bourbon)이다.

[그림 2-2] 아라비카 품종 계통도

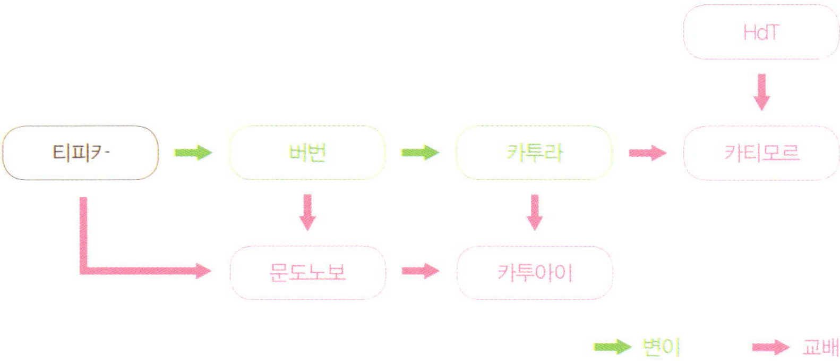

가. 티피카(Typica)

아라비카 원종에 가장 가까운 품종이다. 나무가 원추형이고 가지는 거의 수평으로 성장하며 다 자라면 키가 3.5~4m에 달한다. 콩의 모양은 길쭉하고 얇은 형태이다. 나뭇잎은 상대적으로 작고 길쭉하며 새잎은 브론즈색을 띤다. 뛰어난 향과 신맛을 가지고 있으나 주요 질병과 해충에 취약하여 생산성이 매우 낮아 재배가 많이 되지 않는다.

나. 마라고지페(Maragogype)

1870년 브라질 바이아(Bahia) 주의 마라고지페(Maragogype) 지역에서 발견된 티피카의 돌연변이 품종이다. 나무 마디가 길고 잎, 체리, 콩의 크기가 모두 커서 엘리펀트빈(Elephant Bean)이라 불린다. 그러나 생산성이 낮아 중미, 멕시코 등 일부 지역에서만 재배되고 있다.

다. 버번(Bourbon)

프랑스가 예멘에서 모카 품종의 커피나무를 가져와 아프리카 동부 인도양에 위치한 부르봉 섬(지금의 레위니옹 섬)에 이식한 데서 유래한 품종이다. 버번은 커피 품질이 뛰어나고 빨리 숙성되지만, 대부분의 커피 질병에 취약하고 강한 바람이나 비에 잘 떨어지는 것이 단점이다. 수확량은 티피카보다 20~30% 많으나 다른 품종에 비해서는 적은 편이어서 타 품종으로 대체되고 있다.

라. 카투라(Caturra)

1937년 브라질에서 발견된 레드버번의 돌연변이종이다. 콩의 크기는 작고 풍부한 신맛과 약간의 떫은맛을 지니고 있다. 잎과 체리의 특성은 버번과 유사하고 나무 키는 작으며 마디 사이가 짧다. 체리 색깔이 붉은 것(Red Caturra)과 노란 것(Yellow Caturra) 두 종류가 있다. 높은 생산성(헥타르당 2,000kg 이상)과 어떠한 환경에서도 잘 자라는 특성 때문에 이후 생산성 향상을 위한 품종 개량의 모태가 되었다.

마. 문도 노보(Mundo Novo)

브라질 상파울루 지역에서 발견된 레드 버번과 티피카 계열의 수마트라(Sumatra)와의 자연교배종이다. 콩의 크기는 다양한 편이고 잎과 체리의 특성은 티피카와 버번의 중간 형태를 띠고 있다. 가지는 45도 각도로 뻗어 나가며 마디 사이는 짧은 편이다. 생산량은 버번보다 30% 이상 많으나 성숙 기간이 길다는 점과 나무 키가 3m 이상이기 때문에 매년 가지치기를 해야 하고 재배 밀도가 낮다는 단점이 있다.

바. 카투아이(Catuai)

문도 노보와 카투라 사이의 인공 교배종으로, 1949년 농업연구소(IAC)에서 개발하였으며 문도 노보와 함께 브라질의 주력 재배 품종이다. 카투라의 왜소종 특성을 갖고 있지만 카투라보다 나무 키가 크고 가지는 줄기에서 45도 각도로 성장하며 잎의 모양은 둥근 편이다. 강풍과 비바람에도 체리가 잘 떨어지지 않을 만큼 강하며 가뭄에도 잘 견디는 편이다.

사. HdT(Hibrido de Timor)

아라비카종과 로부스타종의 자연교배종으로 1917년 인도네시아 티모르(Timor)섬의 한 커피 농장에서 발견되었다. 콩의 크기는 큰 편이고 나무 키 또한 매우 큰 편이다. 커피녹병(Coffee Leaf Rust, CLR)에 강하여 이 병에 대한 저항성을 향상시키기 위해 개발되는 품종의 모태가 된다.

아. 카티모르(Catimor)

HdT와 카투라의 인공교배종으로 1959년 포르투갈의 커피녹병연구소에서 개발하였다. 나무 키는 비교적 작고 생두 크기는 큰 편이며 커피녹병에 특히 강하여 조기 수확과 다수확이 가능하다. 1980년대 농가에 보급되기 시작했으며 이 품종을 기초로 한 새로운 품종이 많이 탄생되고 있다.

3. 커피의 재배 · 수확 · 가공

1. 커피 재배 지역

커피는 적도를 중심으로 남위 25도에서 북위 25도 사이의 열대, 아열대 지역에 속하는 약 60여개의 나라에서 생산되는데, 생산 지역이 하나의 벨트를 이루고 있어 이를 커피벨트(Coffee Belt) 또는 커피존(Coffee Zone)이라고 한다. 이 지역 중에서 주요 커피 생산 지역은 북위 18도에서 남위 18도 사이에 걸쳐 있다.

[그림 2-3] 커피벨트

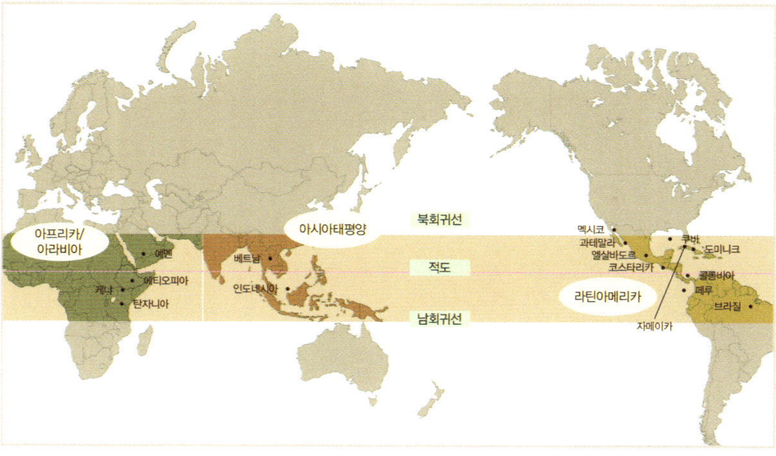

2. 재배 조건

커피, 특히 아라비카종의 재배 조건은 아주 까다로워서 재배 지역이 한정될 수밖에 없다. 온도, 강우량, 햇볕, 토양 등의 조건이 모두 부합되어야 질 좋은 커피를 재배할 수 있기 때문이다.

가. 온도

아라비카종은 원래 에티오피아 고원 지대에서 자랐기 때문에 너무 덥거나 추운 날씨에는 적응하지 못한다. 아라비카종 재배에 최적인 평균기온은 주간 22℃, 야간 18℃이고, 최대 온도는 주간 25~30℃, 야간 15℃이다.

로부스타종은 아프리카 저지대 숲에서 자랐으므로 아라비카종에 비해 온도가 높은 지역에 잘 적응하는데, 재배에 최적화된 평균기온은 연 22~28℃이다.

나. 강우량

커피 저배에 적당한 강우량은 아라비카종은 연간 1,400~2,000mm 정도이고, 로부스타종은 연간 2,000~2,500mm 정도이다. 로부스타종에 비해 아라비카종은 적은 강우량을 필요로 하는데 토양층이 깊고 물 저장 능력만 좋다면 4~6개월의 가뭄도 견딜 수 있다.

다. 습도

커피 재배에 적합한 대기 습도 수준은 아라비카종이 60%, 르부스타종이 70~75%이다. 특히 아라비카종은 대기 습도가 85% 이상이 되면 커피 품질에 좋지 않은 영향을 받는다.

라. 토양

커피 경작에 적합한 토양은 일반적으로 유기물이 풍부한 화산성 토양의 충적토(Alluvial Soils)이다. 일반적으로 약산성(pH 5~5.5)을 띠는 것이 좋고, 검은색 흙에 유기물이 풍부하므로 색이 짙을수록 커피 재배에 적합하다.

마. 지형과 고도

커피 경작에 적합한 지형은 표토층이 깊고 물 저장 능력이 좋으며 기계화가 용이한 평지나 약간 경사진 언덕이다. 커피는 고지대에서 생산될수록 단단하고 밀도가 높아 향이 풍부하고 맛이 좋으며 색깔도 더 진한 청록색을 띤다.

바. 햇볕

커피 체리를 수확하기 위해서는 적당한 일조량(6~6.5시간/일, 2,200~2,400시간/년)이 필요하다. 하지만 커피나무는 강한 햇볕과 열에 약하기 때문에 이를 차단해 주어야 한다. 이를 위해 셰이드 트리(Shade Tree)를 커피나무와 함께 심어 그늘을 만들어 주기도 한다.

사. 바람

커피 경작에 강한 바람은 적합하지 않다. 또한 무역풍이나 해풍처럼 강력하지는 않지만 장기간 지속되는 바람 역시 과도한 증발 작용을 일으켜 나뭇가지를 시들게 하거나 꽃이나 수확을 앞 둔 체리를 손상시킨다.

3. 셰이딩 재배(그늘 재배)

셰이딩(Shading) 재배는 커피 재배지 사이사이에 다른 나무를 함께 심어 커피나무에 그늘을 만들어 주는 것을 말한다. 이처럼 셰이딩을 목적으로 심는 나무를 셰이드 트리(Shade Tree)라고 하고, 셰이딩을 통해 경작된 커피를 셰이드 그로운 커피(Shade - grown Coffee)라고 한다. 반면 셰이딩을 하지 않고 재배하는 커피는 선 그르운 커피(Sun-grown Coffee)라 한다.

셰이딩을 하면 수분 증발을 막아 주고 일교차를 완화시켜 줄 뿐 아니라 토양 침식을 막아 주고 잡초의 성장을 억제해 나무가 상하거나 체리가 손실되는 것을 예방할 수 있다.

[사진 2-1] 셰이딩 커피 재배

4. 번식

번식 방법으로는 씨앗에 의한 파종 번식이 가장 적절하고 비용도 저렴하다. 묘포(Nursery)에서 묘목을 기르고 어느 정도 자라면 재배지에 이식하는 방법이 가장 널리 사용된다. 직파는 구덩이에 3~5개의 커피 씨앗을 직접 심는 방법을 말하는데 잘 사용되지는 않는다. 씨앗에 의한 번식 외에도 접목이나 꺾꽂이, 시험관 등의 무성 생식도 가능하다.

5. 이식

이식은 보통 우기가 시작될 때 시행해야 하는데, 비가 와서 지표면 아래 50cm까지 충분히 촉촉해진 상태가 좋으므로 습도가 높고 흐린 날에 이식하는 것이 좋다.

이식 준비가 되었으면 손이나 칼을 이용하여 커피 묘목을 심을 작은 구멍을 만들어 준다. 이식하기 전에는 묘포에서 묘목을 뽑아내기 몇 시간 전에 물을 충분히 주어야 하고, 삽이나 괭이로 뿌리가 다치지 않게 조심스럽게 캐내야 한다. 폴리백 사용 시 파종에서 이식까지 아라비카종은 12개월, 로부스타종은 6~9개월 정도 소요된다.

커피나무는 심은 지 2년 정도가 지나면 1.5~2m 정도 성장하여 첫 번째 꽃을 피우고, 3년 정도가 지나면 수확이 가능하다.

6. 개화

개화는 나무를 심고 2~3년 정도 지나면 시작되는데 개화 기간은 2~3일 정도로 짧다. 꽃봉오리는 개화 자극까지 2~3개월의 휴면기를 보내다가 갑작스러운 수분 스트레스나 기온의 하강에 의해 휴면기를 멈춘다. 이후 건기가 끝나고 우기를 알리는 첫 번째 비가 내리면 개화 자극이 발생한다. 이 비가 그치고 5~12일이 지나면 꽃을 피운다.

7. 수분

아라비카종은 90~95% 정도 자가수분을 하고 로부스타종은 타가수분을 한다. 커피나무의 꽃가루는 매우 가벼워 주로 바람에 의해 90% 이상 수분이 이루어지고 곤충에 의한 수분 비율은 5~10%밖에 안 된다.

8. 체리

수정이 되면 다음과 같은 단계를 거쳐 커피 체리로 자란다. 개화에서 체리의 성숙까지 걸리는 기간은 품종, 기상 조건, 경작 방법, 고도 등에 따라 달라진다. 고지대는 180m당 1℃씩 기온이 하강하므로 체리의 성숙이 더 늦어진다.

9. 수확

커피 체리가 성숙하면 익은 지 열흘에서 2주 정도 지난 시점에 나무에서 떨어지기 때문에 그 안에 수확해야 한다. 수확 방법은 사람 손으로 직접 수확하는 방법과 기계로 수확하는 방법이 있고, 같은 가지에서 달린 체리도 [사진 2-2]와 같이 동시에 익지 않기 때문에 사람 손으로 직접 수확하는 방법은 다시 핸드피킹(Hand-picking)과 스트리핑(Stripping) 두 가지로 나뉜다. 어떤 수확 방법을 사용하는지는 지역에 따라 다른데, 이는 커피의 가공 방식과 밀접한 관계를 가지고 있다.

[사진 2-2] 불균일한 체리의 성숙

가. 핸드피킹(Hand-picking)

인부가 잘 익은 체리만을 골라 일일이 손으로 수확하여 바구니나 자루에 담는 식으로 수확하며, 수확기의 끝에는 모든 체리를 수확하는 방법이다. 핸드피킹의 장점은 체리가 익은 것만을 선별적으로 수확하므로 커피 품질이 우수하다는 것이다. 하지만 여러 번 수확하기 때문에 비용이 많이 든다는 단점이 있다. 습식 가공 커피를 생산하는 국가에서 주로 쓰인다.

나. 스트리핑(Stripping)

체리가 어느 정도 익었을 때 흙과 직접 접촉하지 않도록 커피나무 줄을 따라 나무 밑에 천을 깔고 손으로 훑어 한 번에 모든 체리를 수확하는 방법이다. 스트리핑의 장점은 일시에 수확하므로 수확 과정에 드는 비용을 줄일 수 있다는 것이다. 하지만 커피나무에 손상을 줄 수 있고 품질이 균일하지 않다는 단점이 있다. 건식 가공 커피를 생산하는 나라와 대부분의 로부스타 생산 국가에서 주로 사용한다.

다. 기계 수확

나무 키와 폭에 따라 조절이 가능한 기계를 사용하여 체리를 수확하는 방법이다. 브라질에서 처음 개발되어 사용되기 시작하였으며 브라질 세하도(Cerrado) 지역처럼 경작지가 편평하고 커피나무 줄 사이의 간격이 넓은 지역, 혹은 하와이같이 노동력이 부족하거나 임금이 비싼 지역에서 주로 시행되고 있다.

10. 수집

수확된 체리는 가공 장소로 운반된다. 가공 장소가 먼 경우에는 가축 또는 트럭 등을 이용하여 일정한 수집 장소까지 운반하여야 한다. 운반이 되면 상품 가치가 떨어지는 체리나 이물질을 제거한 후 나머지 체리를 측정하여 임금을 지불하고, 신속한 처리를 위해 한곳에 모은다.

11. 가공

커피의 가공 방식은 지역 여건, 즉 습도, 일조량, 물 공급 여부 등에 따라 크게 건식법(Dry Method)과 습식법(Wet Method)으로 나뉜다. 커피의 가공 과정은 방법에 따라 과정별로 차이를 보이고 커피 품질에 중대한 영향을 미친다. 따라서 가공 방식에 따라 커피의 맛과 향에는 큰 차이가 나타난다.

[그림 2-4] 커피의 가공 과정

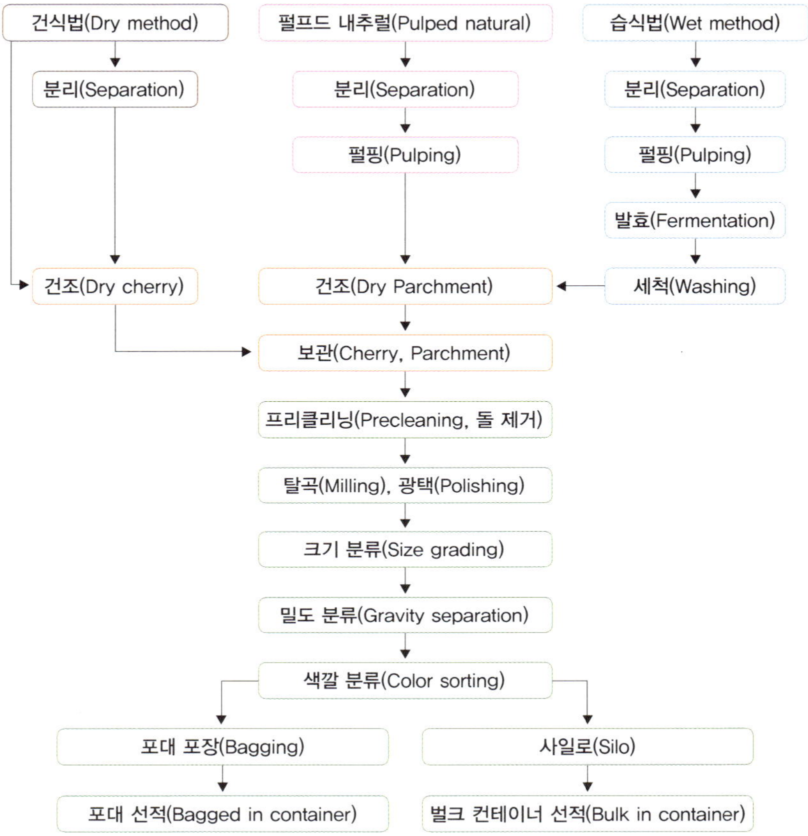

가. 건식법(Dry Method)

건식법은 물을 사용하지 않는 친환경적 가공법으로 별도의 가공 시설이 필요하지 않으며 물이 부족하거나 햇볕이 좋은 지역에서 시행되고 있다. 건식법에서는 체리를 수확한 후 별도의 과정을 거치지 않고 체리 상태로 바로 건조시키거나, 키질 또는 체질을 통해 이물질과 돌을 제거한 다음 물에 띄워 무거운 체리인 싱커(Sinker)와 가벼운 체리인 플로터(Floater)를 분리하여 각기 따로 건조시킨다.

건식법을 사용하는 나라는 브라질이 대표적이고 그 외에도 에티오피아, 인도네시아, 예멘 등이 있다. 대부분의 로부스타종도 이 방법으로 가공한다. 건식법으로 가공한 커피를 내추럴 커피(Natural Coffee) 또는 언워시드 커피(Unwashed Coffee)라 부른다.

나. 습식법(Wet Method)

습식법은 일정한 설비와 풍부한 물이 확보된 상태에서 가능하며 건식법에 비해 상태가 균일하고 양호한 생두를 얻을 수 있다는 장점이 있다. 습식법은 콜롬비아, 케냐, 탄자니아, 코스타리카 등 대부분 아라비카 커피를 가공할 때 사용하며, 인도네시아에서 로부스타를 가공할 때도 사용된다. 습식법으로 가공된 커피를 워시드 커피(Washed Coffee) 또는 마일드 커피(Mild Coffee)라 한다.

1) 분리

수확한 체리에 익은 체리, 안 익은 체리, 마른 체리 등이 섞여 있으면 이를 물에 띄워 분리해 준다. 물을 통해 분리가 가능한 것은 체리 상태에 따라 비중이 다르기 때문인데, 물에 뜨는 체리를 플로터라 한다.

2) 펄핑(Pulping, Depulping)

체리로부터 펄프를 벗겨 내는 과정으로 최대한 빨리 작업해야 체리의 품질이 하락하는 것을 막을 수 있다. 펄프는 커피 체리 무게의 40~42%를 차지하고 있는 만큼 당분과 수분 함량이 많아 썩기 쉽고, 그만큼 해충이 번식할 가능성도 크기 때문이다. 한편, 벗겨 낸 펄프는 발효가 빨리 진행되어 불쾌한 냄새가 나지만 유기질 비료로 사용될 수 있고, 사일로에 보관하여 탈수시킨 후에는 가축의 먹이로도 사용 가능하다는 장점이 있다.

[사진 2-3] 펄핑

3) 발효(Fermentation)

펄프를 벗기고 난 뒤에도 깨끗하게 떨어지지 않고 끈적끈적하게 파치먼트에 달라붙어 있는 성분이 점액질이다. 이러한 점액질은 건조하기 전에 발효 과정을 통해 제거해야 한다. 그렇게 해야 건조 과정에서 발생할 수 있는 파치먼트의 손상을 막을 수 있기 때문이다. 발효 탱크 안에 물과 파치먼트를 함께 담가 놓으면 효소에 의해 자연스럽게 점액질이 분리된다.

[사진 2-4] 점액질

[사진 2-5] 습식 발효

4) 세척(Washing)

발효 과정을 통해 점액질을 제거한 뒤에도 파치먼트에 달라붙어 있는 찌꺼기를 없애 주기 위해서는 깨끗한 물로 충분히 세척해 주어야 한다. 그렇게 해야 쓴맛을 줄일 수 있기 때문이다. 또한 발효가 불완전하면 찌꺼기가 파치먼트의 갈라진 틈에 남아 있다가 부패하면서 발효 냄새가 날 수도 있고, 보관 과정에서 미생물을 증식시키는 요인이 되어 파치먼트를 오염시키면 곰팡이 냄새나 불쾌한 냄새가 나기 때문이다.

다. 펄프드 내추럴(Pulped Natural)

펄핑을 한 다음 점액질을 제거하지 않고 점액질이 묻어 있는 파치먼트 상태로 건조시키는 방법을 말한다. 현재 브라질에서 주로 사용되고 있다. 브라질은 우기와 건기가 명확하고 습도가 낮아 점액질이 있는 상태에서 건조시켜도 파치먼트가 손상될 위험이 적기 때문이다. 펄프드 내추럴 가공법은 건식 가공에 비해 파티오에서의 건조 시간과 발효 위험의 감소, 점액질이 파치먼트에 달라붙은 채로 건조되어 독특한 향미 특성을 얻게 된다는 장점이 있다.

12. 건조

건조는 미생물의 증식으로부터 파치먼트나 체리를 안전하게 보관할 수 있도록 커피의 수분함유율을 50%대에서 12%대로 낮추는 것이다. 수분함유율이 10~11% 정도로 낮으면 탈곡할 때 커피가 깨지기 쉽고, 12%를 넘으면 품질 하락과 보관 시 중량 손실을 가져올 수 있기 때문이다.

가. 햇볕 건조

주로 파티오(Patio)에서 건조시키며 그 외에 건조대(Drying Rack)나 온실을 이용하기도 한다. 콘크리트, 타일, 아스팔트로 만들어지는 파티오는 원활한 배수를 위해 약간 경사가 져 있으며 햇볕을 많이 받을 수 있도록 동서 방향에 위치한다. 파티오에서의 건조는 기후 조건에 따라 파치먼트는 7~15일, 체리는 12~21일 정도 걸린다.

[사진 2-6] 파치먼트 건조

[사진 2-7] 체리 건조

나. 기계 건조

건조 중인 커피의 수분함유율이 20%가 되면 로터리 건조기(Rotary Dryer)나 타워 건조기(Tower Dryer)를 이용하여 이를 12%대로 낮춰 준다. 기계 건조는 건식 가공 커피보다 습식 가공 커피에 더 많이 사용된다.

13. 프리클리닝/돌 제거

건조 과정을 거친 커피는 탈곡하기 전에 커피보다 크거나 작은 이물질과 먼지를 제거해 주는 프리클리닝 과정을 거친다. 이물질과 먼지를 미리 제거해 주지 않으면 이후 진행되는 탈곡 과정에서 기계에 손상을 줄 수 있기 때문이다.

프리클리닝 과정에서 제거되지 않은 돌은 밀도 차이를 이용하여 제거한다. 돌을 미리 제거하지 않으면 기계에 손상을 주게 되고 분류 시에도 결점으로 간주되어 좋은 등급을 받기 어렵기 때문이다.

14. 탈곡

탈곡은 생두를 감싸고 있는 파치먼트 껍질을 제거하거나 마른 체리에서 체리 껍질을 제거하는 과정이다. 습식 가공 커피의 파치먼트 껍질을 벗겨내는 것을 헐링(Hulling)이라하고 건식 가공 커피의 체리 껍질을 벗겨내는 것을 허스킹(Husking)이라 한다.

폴리싱(Polishing)은 생두를 감싸고 있는 실버스킨을 제거하여 생두에 윤기를 띠게 하는 작업을 말하며 약간의 물을 사용하기도 한다. 폴리싱 작업을 하면 중량 손실을 가져오지만 외관을 좋게 하고 쓴맛을 줄여 주어 상품의 가치를 높일 수 있다는 장점이 있다.

15. 선별

건조가 끝난 생두는 크기, 색깔, 밀도, 수분함유율 등에 따라 등급이 나눠진 다음 포장된다. 선별의 목적은 고른 로스팅을 하기 위한 구매자의 요구에 부응하기 위해서인데, 생두의 품질이 균일하지 않으면 로스팅이 제대로 이루어지지 않기 때문이다.

가. 크기 분류

생두의 크기는 스크린(Screen, 체) 단위로 표시된다. 스크린 단위는 1/64inch로 이는 약 0.4mm이다. 예를 들면 스크린 18은 18×0.4mm로 약 7.2mm가 되는 것이다. 스크린의 크기는 스크린에 뚫려 있는 구멍의 크기를 뜻한다. 각각의 사이즈에는 각기 해당되는 명칭들이 있는데 그것을 부르는 명칭은 지역에 따라 다르다.

〈표 2-3〉 스크린 사이즈 분류표

<table>
<tr><th rowspan="2">스크린 넘버 (No.)</th><th colspan="2">크기(mm)</th><th rowspan="2" colspan="2">영어 명칭</th><th rowspan="2">중남미</th><th rowspan="2">콜롬비아</th><th rowspan="2">아프리카</th></tr>
<tr><th>뉴욕</th><th>ISO</th></tr>
<tr><td>20</td><td>7.94</td><td>8.0</td><td>Very Large Bean</td><td>–</td><td rowspan="2">–</td><td rowspan="2">–</td><td>–</td></tr>
<tr><td>19</td><td>7.54</td><td>7.5</td><td>Extra Large Bean</td><td>–</td><td>AA</td></tr>
<tr><td>18</td><td>7.14</td><td>7.1</td><td>Large Bean</td><td rowspan="2">1st Flats</td><td rowspan="2">Superior</td><td rowspan="2">Supremo</td><td rowspan="2">A</td></tr>
<tr><td>17</td><td>6.75</td><td>6.75</td><td>Bold Bean</td></tr>
<tr><td>16</td><td>6.35</td><td>6.3</td><td>Good Bean</td><td rowspan="2">2nd Flats</td><td rowspan="2">Segunda</td><td rowspan="2">Excelso</td><td rowspan="2">B</td></tr>
<tr><td>15</td><td>5.95</td><td>6.0</td><td>Medium Bean</td></tr>
<tr><td>14</td><td>5.55</td><td>5.6</td><td>Small Bean</td><td>3rd Flats</td><td>Tercera</td><td>–</td><td>C</td></tr>
<tr><td>13</td><td>5.16</td><td>5.0</td><td rowspan="6">Peaberry</td><td rowspan="2">1st Peaberries</td><td rowspan="2">Caracol</td><td rowspan="6">–</td><td rowspan="6">PB</td></tr>
<tr><td>12</td><td>4.76</td><td>4.75</td></tr>
<tr><td>11</td><td>4.30</td><td rowspan="4">–</td><td rowspan="2">2nd Peaberries</td><td rowspan="2">Caracoli</td></tr>
<tr><td>10</td><td>3.97</td></tr>
<tr><td>9</td><td>3.57</td><td rowspan="2">3rd Peaberries</td><td rowspan="2">Caracolillo</td></tr>
<tr><td>8</td><td>3.17</td></tr>
</table>

나. 밀도 분류

밀도 분류는 진동하는 경사진 테이블 위에 생두를 올려놓고 아래쪽에서 공기를 불어 주면 가벼운 생두는 테이블의 아래쪽으로 흘러가고, 무거운 콩은 테이블의 위쪽에 남아 있는 원리를 이용하는 것이다. 이때 가운데로 모여든 콩은 가벼운 콩과 무거운 콩이 섞여 있으므로 다시 투입하여 분류한다.

다. 색깔 분류

밀도 분류를 한 후에 이루어지는 색깔 분류는 콩을 투입한 후 콩 색깔에 따른 파장 차이를 인식하여 결점두를 제거하는 방식으로서 압축공기를 이용한다. 인건비가 저렴한 지역에서는 이 작업을 사람의 손으로 일일이 하는데 이를 핸드 소팅(Hand Sorting)이라고 한다.

16. 포장과 보관

분류된 커피는 무게를 측정하여 통기성이 좋은 황마나 사이잘삼으로 만든 포대에 담은 후 재봉하여 포장한다. 생두의 포장 단위는 국제적인 표준 단위에 따르면 1포대당 60kg이지만, 나라마다 다양한 포장 단위를 사용한다. 한편, 생두를 보관할 때는 햇볕이 잘 들지 않는 곳에 보관해야 한다.

[사진 2-8] 커피 보관창고

4. 커피 원산지

1. 브라질

최대 커피 생산국으로 커피의 생산 지역이 광활하여 커피의 품종이나 기후 조건, 토양 특성 등에 따라 다양한 커피가 생산되고 있다. 주로 내추럴 커피를 생산하는데, 저지대에서 재배되어 중성적인 커피라고 일컬어지고 있으며 블렌딩 시 없어서는 안 되는 중요한 커피이다. 미나스 제라이스(Minas Gerais)는 브라질 커피의 50%를 생산하는 최대 생산 지역이며 그 밖에 주요 산지는 에스피리투 산투(Espiritu Santo), 상파울루(Sao Paulo), 바이아(Bahia), 파라나(Parana) 등이다.

분류 (결점두)	No2.~No.6	재배 품종	아라비카(70%), 로부스타(30%)
수확기	6~9월	포장 단위	60kg
가공 방식	주로 건식법이며 펄프드 내추럴이나 습식법도 시행	건조	햇볕 건조와 기계 건조를 병행

2. 콜롬비아

콜롬비아는 브라질 다음으로 아라비카 커피를 많이 생산하고 있으며 습식법 커피 생산 1위이다. 주요 산지는 마니살레스(Manizales), 아르메니아(Armenia),

메데인(Medellin), 산타 마르타(Santa Marta), 부카라망가(Bucaramanga) 등이며, 분류는 크기에 따라 수프리모(Supremo)와 엑셀소(Excelso)로 나뉜다.

분류(크기)	Supremo~Excelso	재배 품종	아라비카
수확기	북부 9~12월, 중부 · 남부 연 2회	포장 단위	70kg
가공 방식	주로 습식법	건조	햇볕 건조와 기계 건조를 병행

3. 멕시코

멕시코 커피는 맛이 부드럽고 마시기 편한 커피로 평가되고 있다. 주요 생산 지역은 남부의 과테말라 국경 지대에 위치한 치아파스(Chiapas)로 생산량이 가장 많으며 그 밖에 코아테펙(Coatepec), 오악사카(Oaxaca) 등이 있다.

분류(고도)	Strictly High Grown(SHG) ~Good Washed(GW)	재배 품종	아라비카를 주로 생산, 로부스타는 소량 생산
수확기	9~3월	포장 단위	69kg
가공 방식	주로 습식법, 건식법도 일부 시행	건조	주로 햇볕 건조

4. 과테말라

주로 태평양 연안 지역에서 커피를 생산하고 있으며 우기와 건기가 명확해 수확이 용이한 편이다. 생두 등급을 재배 고도에 따라 분류하는 대표적인 나라이다. 주요 산지는 안티구아(Antigua)로 화산성 토양과 기후 조건이 커피 생산에 있어 최적의 여건을 갖추고 있다. 그 밖에 코반(Coban), 우에우에테낭고(Huehuetenango), 아카테낭고(Acatenango), 산 마르코스(San Marcos) 등이 있다.

분류(고도)	Strictly Hard Bean(SHB) ~Good Washed(GW)	재배 품종	아라비카 주로 생산, 습식 로부스타 소량 생산
수확기	10~4월	포장 단위	69kg
가공방식	주로 습식법	건조	햇볕 건조와 기계 건조를 병행

5. 코스타리카

코스타리카 커피는 약산성의 비옥한 화산 토양에서 재배되는데, 가장 유명한 커피는 타라주(Tarrazu)이다. 가공 방식은 대부분 습식법이고 로부스타 재배는 법으로 금지되어 있다.

분류(고도)	Strictly Hard Bean(SHB) ~Pacific(P)	재배 품종	아라비카
수확기	10~3월	포장 단위	69kg
가공 방식	주로 습식법	건조	햇볕 건조와 기계 건조를 병행

6. 인도네시아

대부분 로부스타종을 생산하지만, 아라비카종의 생산도 점차 늘려가고 있다. 수마트라(Sumatra)가 최대 생산지로 만델링(Mandheling)이 유명하며 그 밖에 자바(Java), 술라웨시(Sulawesi), 발리(Bali)에서도 커피가 생산된다. 지역과 품종에 따라 일 년 내내 수확이 가능하다.

분류(결점두)	Grade1~Grade6	재배 품종	주로 로부스타 생산
수확기	연중 가능	포장 단위	60kg
가공 방식	세미 워시드, 습식법, 건식법	건조	주로 햇볕 건조

7. 하와이

하와이를 대표하는 하와이 코나(Kona) 커피는 빅 아일랜드(Big Island)라 불리는 하와이 섬의 코나 지역에서 재배된다. 이 지역은 북동무역풍이 부는 열대성 기후의 화산 지대로 연간 강우량이 풍부하여 커피 재배에 적합한 조건을 갖추고 있다. 하와이 코나커피는 블루마운틴과 함께 최상급 커피로 꼽히고 있다.

분류(크기)	Extra Fancy~Prime	재배 품종	아라비카
수확기	9~3월	포장 단위	45kg
가공 방식	습식법	건조	햇볕 건조

8. 에티오피아

아라비카 커피의 원산지인 에티오피아는 아프리카 최대의 커피 생산국으로 건식법과 습식법이 함께 사용된다. 이르가체페(Yirgacheffe) 커피는 에티오피아를 대표하는 커피로 가장 널리 알려져 있다. 그 밖에 시다모(Sidamo), 하라(Harrar), 리무(Limu) 등이 있다. 하라는 건식법으로 생산되며 크기에 따라 롱베리(Long Berry)와 숏베리(Short Berry)로 나뉜다.

분류(결점두)	Grade1~Grade8	재배 품종	아라비카
수확기	10~3월	포장 단위	60kg
가공 방식	건식법, 습식법	건조	햇볕 건조

9. 케냐

케냐는 에티오피아와 이웃하고 있는 나라이지만 커피 재배는 늦게 시작되었다. 아라비카종만 재배하고 있으며 주요 재배 품종은 SL28, SL34이다. 수확기는 연중 두 번 있다.

분류(크기)	AA~C	재배 품종	아라비카
수확기	10~12월(주), 5~7월(부)	포장 단위	60kg
가공 방식	습식법	건조	햇볕 건조

10. 탄자니아

탄자니아는 북쪽 지역의 화산 지대와 서쪽 지역의 고원 지대에서 커피가 대부분 생산되며, 킬리만자로(Kilimanjaro) 커피가 유명하다. 아라비카종을 주로 재배하고 로부스타종은 소량 생산된다.

분류(크기)	AA~C, PB	재배 품종	아라비카 주로 생산, 로부스타 소량 생산
수확기	6~10월	포장 단위	60kg
가공 방식	습식법	건조	햇볕 건조

학습 정리

1. 커피가 최초로 발견된 곳과 재배된 곳은 어디인가?
   가. 커피가 최초로 발견된 곳은 아프리카 에티오피아의 고원 지대이다.
   나. 커피가 최초로 재배된 곳은 아라비아 반도의 예멘이다.

2. 커피의 3대 원종은 무엇인가?
   가. 커피의 3대 원종은 코페아 아라비카, 코페아 카네포라, 코페아 리베리카이다.

3. 셰이딩 재배의 장점은 무엇인가?
   가. 토양 침식을 방지한다.
   나. 커피 체리의 품질을 향상시킨다.
   다. 수분 증발을 방지하고 바람의 피해를 줄인다.

4. 건식컵과 습식법의 차이는 무엇인가?
   가. 건식법은 수확한 체리 상태로 건조, 가공한다.
   나. 습식법은 수확한 체리에서 과육을 제거한 다음 점액질을 없애고 파치먼트 상태로 건조, 가공한다.

5. 생두의 크기는 어떻게 표기하는가?
   가. 생두의 크기는 스크린 사이즈로 표시한다.
   나. 스크린 사이즈 1은 1/64inch로 약 0.4mm이다.
   다. 생두의 스크린 사이즈는 8부터 20까지이다.

정답 1. ② 2. ③ 3. ④ 4. ④ 5. ③

예상 문제

1. 아라비아 지역에서 재배되던 커피가 최초로 전파된 유럽의 도시는 어디인가?
   ① 파리 ② 베니스
   ③ 런던 ④ 로마

2. 커피의 생육 조건에 대한 내용 중 맞는 것은?
   ① 커피는 열대식물이므로 일조량이 많을수록 잘 자란다.
   ② 아라비카종과 로부스타종의 재배 환경은 동일하다.
   ③ 커피나무의 경제적인 수령은 일반적으로 30년 정도이다.
   ④ 커피벨트 내의 지역이 아니라면 커피를 재배하는 것은 불가능하다.

3. 커피 체리 수확 방법의 하나인 핸드피킹(Hand - picking)에 대한 설명으로 틀린 것은?
   ① 잘 익은 체리만을 골라서 수확하는 방법이다.
   ② 한 그루 커피나무에 여러 번 반복해서 수확하므로 인건비 부담이 크다.
   ③ 주로 기계를 이용한 수확이 불가능한 지역에서 이용하는 방법이다.
   ④ 건식법 커피나 로부스타 커피를 생산하는 지역에서 주로 사용하는 수확 방법이다.

4. 다음 중 습식법(Wet method)에 대한 설명으로 맞는 것은?
   ① 로부스타종 가공 시 많이 사용된다.
   ② 건식법에 비해 커피의 품질이 떨어진다.
   ③ 단맛이 좋으며 바디가 비교적 강한 커피를 얻을 수 있다.
   ④ 미생물에 의해 산이 생성되어 pH가 3.8~4.0 정도까지 내려간다.

5. 커피를 분류하는 방법이 다른 세 나라와 다른 국가는?
   ① 온두라스 ② 과테말라
   ③ 케냐 ④ 엘살바도르

3장

에스프레소 추출

능력 단위 : 에스프레소추출

능력 단위 정의 : 에스프레소추출이란 에스프레소 머신을 이용하여 에스프레소를 추출하고 추출된 에스프레소를 관능적으로 평가하는 능력을 함양한다.

수행 준거

- 에스프레소 머신을 작동하여 에스프레소를 추출할 수 있다.
- 에스프레소 음료를 제작할 수 있다.
- 에스프레소를 활용하여 관능평가를 할 수 있다.

1. 에스프레소추출하기

1. 에스프레소 커피의 정의

진한 이탈리아식 커피를 말하며 영어의 익스프레스(Express)와 같은 의미를 가지고 있다. 이탈리아에서는 보통 카페(Caffè)라고 하며 20~30ml를 2~3oz 용량의 데디타세(Demitasse) 잔에 제공한다. 데미타세는 프랑스어로 반(半)을 뜻하는 'demi'와 잔을 뜻하는 'tasse'의 합성어로 일반 컵의 절반 정도라는 의미를 갖고 있다.

[사진 3-1] 에스프레소

2. 에스프레소 커피의 특성

가. 커피양은 7±1g이다(1잔 기준).

나. 에스프레소는 1oz를 기준으로 하는 음료이다(크레마 포함 30ml±5ml 편차).

다. 에스프레소는 90~95℃ 사이의 온도에서 추출한다.

라. 에스프레소 머신의 펌프 압력은 8~10bar로 설정되어야 한다.

마. 추출 시간은 20~30초 사이를 권장한다.

3. 에스프레소추출 과정

가. 잔 점검

- 사용할 잔이 있는지, 잔이 뜨거운지 확인한다.

나. 포타필터 분리

- 중앙에서 왼쪽으로 45도 정도 돌리면 그룹 헤드에서 포타필터가 분리된다.

다. 물 흘리기

- 과열된 물을 흘려주고 그룹 헤드 부위에 묻어 있는 찌꺼기를 청소하기 위해 하는 동작으로, 2~3초 정도면 충분하다.

라. 필터 바스켓 닦기

- 물기나 찌꺼기의 유무에 관계없이 습관적으로 마른행주를 이용하여 닦는다.

마. 그라인더 작동하기

• 그라인더 거치대에 포타필터를 올리면서 그라인더를 작동시킨다.

바. 분쇄 커피 담기(Dosing)

• 레버를 규칙적으로 당겨 바스켓에 분쇄 커피 가루를 담는다.

사. 타핑(Tapping)

• 포타필터에 파우더가 평평하게 담기도록 탬퍼의 뒷면이나 옆면을 손으로 툭툭 친다.

아. 탬핑(Tamping)

• 3kg 정도의 압력으로 1차 탬핑을 한다.
• 13~15kg정도의 압력으로 2차 탬핑을 한다.

자. 포타필터 가장자리 청소하기

• 개스킷과 접촉하는 면을 손으로 쓸어서 청소한다.
• 넉 박스 위에서 청소한다.

차. 그룹에 장착하기

• 왼쪽 45도에서 중앙으로 90도가 되도록 돌린다.
• 뒤쪽을 접촉시킨 후 앞쪽을 밀어 올리면 쉽다.

카. 추출 버튼 누르기

• 장착이 잘 되었으면 추출 버튼을 누른다.
• 잔을 내린다.
• 잔의 가장자리에 커피가 비스듬하게 떨어지도록 한다.

타. 포타필터 분리

- 커피 서빙이 끝난 후 첫 동작과 같게 뽑는다.
- 바스켓 내부의 쿠키 상태를 점검한다.

파. 물 흘리기

- 물 흘리기를 통해 찌꺼기를 제거한다.

하. 커피 케이크 버리기

- 넉 박스에 '쿵' 소리 나게 부딪쳐 털어 낸다.

갸. 포타필터 닦기

- 포타필터의 찌꺼기를 마른 행주로 닦아 낸다.

냐. 포타필터 채워 두기

- 포타필터는 항상 그룹 헤드에 장착시켜 두어야 온도가 유지되면서 다음 커피 추출에 좋은 영향을 준다.

[사진 3-2] 에스프레소추출

2. 에스프레소 음료 만들기

1. 에스프레소 종류

가. 에스프레소(Espresso)

에스프레소는 빠르게 추출한 커피로, 25~30ml를 추출하여 데미타세 잔에 제공한다.

나. 리스트레또(Ristretto)

추출 시간을 짧게 하여 일반적인 에스프레소보다 양이 적은 진한 에스프레소이다. 에스프레소와 동일한 과정으로 15~20초 동안 약 20ml를 추출한다.

다. 룽고(Lungo)

길다(Long)라는 의미로, 일반적인 에스프레소보다 추출 시간이 길고 추출량이 많은 에스프레소다. 에스프레소와 동일한 과정으로 40~50ml를 추출한다.

라. 도피오(Doppio)

더블 에스프레소(Double Espresso)라는 의미로, 통상 '투 샷(Two Shot)'이나 '더블 샷(Double Shot)'이라고 한다. 분쇄한 원두 약 16~20g을 넣고 탬핑한 후 에스프레소 2샷(약 50~60ml)을 한 잔에 받는다. 리스트레또(Ristretto)나 룽고(Lungo)로도 도피

오가 가능하다.

마. 아이스 에스프레소 음료 만들기(샤케라또(Shakerato))

샤케라또(Shakerrato)는 '흔들다'라는 뜻이다. 차갑게 마시는 음료로서 얼음과 설탕, 에스프레소를 커피 원액과 거품이 일대일 정도가 되도록 충분히 셰이킹하여 진한 에스프레소를 부드러운 커피 거품과 함께 즐길 수 있는 커피이다.

[사진 3-3] 카페 샤케라또(Caffè Shakerrato)

■ **준비하기**

에스프레소 2샷, 설탕 2g 또는 시럽 약 10ml(기호에 맞게 조절), 얼음 3~4개, 셰이커

■ **만들기**

① 에스프레소를 2샷을 추출한다.

② 셰이커에 얼음, 설탕, 에스프레소 2샷을 넣는다.

③ 셰이커를 충분히 흔들어 부드러운 커피 거품을 만든다.

④ 약 120ml(4oz) 정도의 긴 유리잔에 담는다.

3. 에스프레소 관능평가하기

[사진 3-4] 에스프레소 크레마 평가 1

[사진 3-5] 에스프레소 크레마 평가 2

1. 에스프레소 크레마 평가

크레마의 색상은 밝은 갈색(헤이즐넛)이거나 짙은 갈색으로 광택이 있어야 한다. 크레마의 밀도와 지속성을 확인하기 위해 데미타세 잔을 기울였을 때 부드럽게 늘어나야 한다.

2. 에스프레소 관능평가

에스프레소의 관능평가(Sensory Evaluation)는 커피의 향미(Flavor), 향(Aroma), 바디(Body), 단맛(Sweetness), 산미(Acidity), 후미(Aftertaste) 등 다양한 감각적 요소를 평가하고 전체적으로 조화로운 균형이 있어야 한다.

2. 에스프레소추출 결과

구분	과소추출(Under Extraction)	과다추출(Over Extraction)
입자의 크기	너무 굵은 분쇄 입자	너무 가는 분쇄 입자
커피 사용량	기준량보다 적은 커피 사용	기준량보다 많은 커피 사용
물 온도	기준보다 낮은 경우	기준보다 높은 경우
필터 바스켓	구멍이 너무 커진 경우	구멍이 막힌 경우

학습 정리

1. 에스프레소 머신을 작동하여 에스프레소를 추출할 수 있다.
2. 에스프레소의 추출량을 조절하여 리스트레또, 에스프레소, 룽고, 도피오를 추출할 수 있다.
3. 에스프레소의 관능평가 용어를 알아보고 크레마, 향미, 맛, 촉감 등을 평가할 수 있다.
4. 과소추출 및 과다추출된 에스프레소를 구분할 수 있다.

예상 문제

1. 분쇄된 원두를 90~95℃의 물로 짧은 시간 동안 강제적인 힘으로 압력을 가해 추출한 커피를 무엇이라고 하는가?

① 크레마 ② 에스프레소
③ 깔루아 ④ 데미타세

2. 다음 중 한 잔의 에스프레소를 추출하기 위한 일반적인 기준과 가장 거리가 먼 것은?

① 분쇄된 커피의 양 : 7±1.0g
② 추출 압력 : 9±1bar
③ 추출하는 물의 온도 : 70±5℃
④ 추출 시간 : 25±5초

3. 에스프레소 커피를 이용하여 만들어진 메뉴 중 데미타세(Demitasse) 잔에 제공할 수 없는 것은?

① 리스트레또(Ristretto)
② 에스프레소 마끼아또(Espresso Macchiato)
③ 카페 꼰 빠냐(Caffè Con Panna)
④ 카푸치노(Cappuccino)

4. 에스프레소 메뉴 중 이탈리아 사람들이 즐겨 마시는 적은 양(20ml 이하)의 에스프레소는 무엇인가?

① 도피오(Doppio) ② 리스트레또(Ristretto)
③ 룽고(Lungo) ④ 에스프레소(Espresso)

예상 문제

5. 다음 중 에스프레소 커피의 과다추출 현상에 대한 설명으로 맞는 것은?
   ① 크레마는 연한 갈색으로 추출된다.
   ② 커피와 물의 접촉 시간이 너무 길어져 나타난다.
   ③ 커피 사용량이 너무 적을 경우 나타난다.
   ④ 정상 추출을 하기 위해서는 입자를 더 가늘게 조절한다.

정답 1. ② 2. ③ 3. ④ 4. ② 5. ②

4장

에스프레소 응용메뉴제조

능력 단위 : 에스프레소응용메뉴제조

능력 단위 정의 : 에스프레소응용메뉴제조란 고객의 요구에 맞는 우유를 스티밍하고, 추출한 에스프레소에 물, 우유, 우유거품 및 각종 부재료를 첨가하여 에스프레소 메뉴를 제조하는 능력을 갖춘다.

수행 준거

- 커피 음료에 어울리는 최상의 우유 거품을 만들 수 있다.
- 에스프레소를 응용한 다양한 따뜻한 커피 음료를 제작할 수 있다.
- 에스프레소를 응용한 다양한 차가운 커피 음료를 제작할 수 있다.

1. 커피 음료 우유 스티밍하기

1. 우유란?

우유는 일반적으로 젖소의 젖을 의미하며 초유(初乳)와 정상유(正常乳)로 구분할 수 있다. 초유는 분만 후 일주일 이내에 나오는 젖으로 지방과 글로불린을 비롯한 단백질 함량이 높고, 사람이 마시기에는 적당하지 않아 시중에 유통되지 않고 따로 처리된다. 정상유는 유백색을 띠고 지방, 단백질, 칼슘, 비타민 등이 풍부하게 함유되어 있어 영양가가 높으며 젖 특유의 풍미를 가지고 있다.

우유는 수분을 비롯해 지방질, 단백질, 탄수화물, 인, 칼슘, 무기물, 비타민, 효소 등 여러 종류의 미량 성분으로 구성되어 있다. 우유의 단백질은 카세인이 약 80%를 차지하는데, 카세인은 인을 함유하는 단백질로서 칼슘과 결합된다. 당분은 거의 대부분이 포도당과 갈락토오스가 결합된 젖당이다. 갈락토오스는 당분의 일종으로 뇌의 발육에 중요한 구실을 하는데, 젖당이 공급원으로서 역할을 한다. 이와 같은 우유 성분은 훼이 단백질, 프로테오스, 펩톤, 락토오스, 무기질 등은 물에 용해되어 있고, 일부는 현탁질로, 일부는 콜로이드 상태로 분산되어 있으며 유지방질 등은 유화액 같은 상태로 존재한다. 우유 성분 중에는 착유하고 살균하는 방법에 따라 파괴되는 것들도 있으므로 어떠한 가공 공정을 거쳐 유통되었는지 확인할 필요가 있다.

2. 우유 구성 성분

가. 아미노산

우유는 포유동물에게 있어 필수 아미노산을 섭취할 수 있는 최고의 음료이다. 우유 단백질 중에는 빠른 흡수 능력을 가진 유당과 느린 흡수 능력을 지닌 카세인이 있다. 우유는 사용하지 않는 아미노산과 카르니틴도 함유하고 있다. 카르니틴은 라이신이나 메티오닌으로부터 합성될 수 있으며, 막을 통해 유기산을 전달하는 능력이 있다.

나. 펩타이드

우유는 다양한 종류의 펩타이드를 함유하고 있는데 이는 생체 안팎에서 생리 활성 능력을 가진다. 많은 종류의 펩타이드는 섭취한 단백질의 분해를 촉진시키고, 시퀀스 특이성으로 하나의 구조를 이루거나 하이드로 콜로이드를 이룬다. 이러한 생리 물질은 금속과 결합하거나 영양소 또는 독소와 결합할 수 있다.

다. 단백질

우유 단백질은 위에서 덩어리를 형성한다. 이때 만들어진 카세인 덩어리는 혈액과 조직에 아미노산을 전달하는 과정을 조절하거나 돕는다. 우유는 지난 세기 동안 생리 활성이 있는 단백질을 공급하는 역할을 주도해 왔다. 우유 단백질 중에 가장 특성 있는 것은 항균성 효소인 라이소자임이다. 이 효소는 세포벽 N-아세틸글루코사민과 N-아세틸뮤라믹산 사이를 연결하는 역할을 하며 철과의 결합을 이루는데 이것은 바이러스와 박테리아, 기타 곰팡이들의 침입과 지방의 산화를 돕는다.

라. 올리고당

우유의 올리고당은 탄수화물 복합체로서 건강에 유용한 물질이다. 올리고당의 구조적인 기능은 단백질과 비슷하다. 모유에는 올리고당의 양이 많고 다양한데, 약 80가지 이상의 산성과 중성 올리고당이 있다고 한다. 또 면역 활성 능력이 있는 올리고당은 신생아의 소변으로 배설되는데, 피와 말초조직까지 도달하는 것으로 보인다. 뮤신을 다량 포함한 우유는 막단백질에서 다당류와 단백질을 공유, 결합하여 그물을 형성하는 역할을 한다.

마. 당지질

당지질(糖脂質, Glycolipid)의 영양상 가치는 잘 알려지지 않았지만 최근 점점 두드러지고 있다. 모유에 함유된 당지질의 일종인 강글리오시드(Ganglioside) GD3는 림프구 세포 활성화에 영향을 끼칠 뿐만 아니라 대장균 감염을 저지하고 독소를 방어하는 등 면역 발달에 도움을 준다. 강글리오시드 구조는 높은 종 특이성을 가지고 있다. 특히 모유는 소젖이나 기타 다른 우유와 비교해서 독소와 결합허 감염을 저지하는 특성이 강한 편이다.

3. 우유의 살균 및 멸균 종류

우유는 위생적인 이용과 보존을 위해 보통 살균 또는 멸균 처리를 거치게 된다. 가장 통상적인 방법은 가열 처리하는 것이다. 가열에 의한 미생물 파괴는 균체 성분의 단백질과 핵산의 열에 의한 변성 또는 분해와 이에 따른 효소계의 실활 현상에 기인하는 것이다. 가열에 의한 살균 및 멸균 처리는 가장 경제적이고 효과적인 방법으로서 대부분의 유가공업체에서 활용하고 있다.

가. 저온 장시간 살균법(Low temperature long time pasteurization, LTLT)

저온 장시간 살균법은 LTLT 살균법이라고도 하며 이중 솥의 중간에 열수 또는 증기를 통하게 하여 배치(Batch) 내의 우유를 가열 살균하는 방법이다. 가열 처리는 62~65℃에서 30분간 실시하며, 살균 중의 가열 효과를 균일하게 하기 위하여 교반기를 부착해 사용한다. 이 방법은 처리 시간이 길고 다른 살균법에 비해 살균 효과가 비효율적이어서 현재는 거의 쓰이지 않는다.

나. 고온 단시간 살균법(High temperature short time pasteurization, HTST)

고온 단시간 살균법은 HTST 살균법이라고도 하며 LTLT 살균법을 대신해 보급된 방법이다. 우유를 연속적으로 관형 또는 판상의 열교환기에 통과시킴으로써 단시간에 가열 살균하는 방법이다. 가열 처리는 72~75℃에서 15~16초간 행하며, 대량의 우유을 연속적으로 살균 처리할 수 있는 장점이 있다.

다. 고온 순간 살균법(Flash pasteurization)

80~95℃에서 순간적으로 가열 처리하는 방법으로, 유럽의 일부 국가에서 이용되고 있는 처리 방식이다. 이는 일종의 유지 살균법이지만 LTLT 살균법에 비해 살균 효과가 높은 편이다. 그러나 가열취가 발생하거나 유청 단백질의 응고 및 갈변화 현상이 나타나기 때문에 신선하게 우유를 유지하는 데는 부적절한 살균 방법이다.

라. 초고온 멸균법(Ultra high temperature sterilization, UHT)

UHT 멸균법은 130~150℃에서 1~5초 간 멸균 처리하는 방법으로, 현재 세계 각국으로 점차 보급되고 있는 처리 방식이다. 우유를 미리 80~83℃에서 2~6분간 예비 가열하고, 여러 개의 열교환기를 통과하는 사이에 순간적으로 살균한다. 우유의 미생물이 완전히 사멸하게 되므로 가장 이상적인 멸균 방법이라고 할 수 있다.

4. 커피 음료용 우유 스티밍하기

스팀 장치로 우유 거품을 생성하는 원리를 살펴보면, 먼저 머신의 보일러에서 만들어진 수증기가 스팀 노즐을 통해 분출되면서 주변의 공기가 유입되고, 그 공기가 피처 안의 우유와 결합하면서 거품이 만들어진다. 이때 스팀 완드 팁을 우유 속에 너무 깊숙이 담그면 외부 공기를 유입시키지 못해 거품이 생성되지 않고, 반대로 스팀 완드 팁이 우유 표면 위로 올라오면 너무 많은 공기가 유입되어 거친 거품이 생긴다.

[사진 4-1] 에스프레소 머신의 스팀 장치 구조

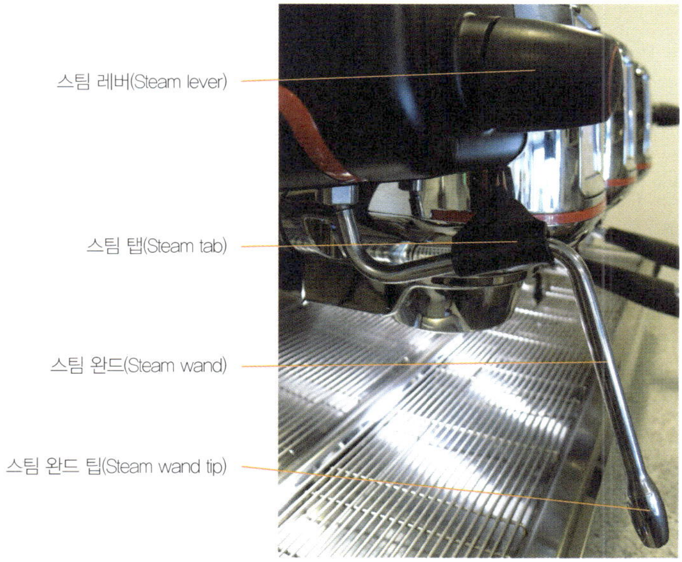

스티밍을 할 때는 보통 약 5℃ 정도의 우유를 사용한다. 우유에 스팀 노즐을 담근 상태에서 스팀 밸브를 열어 온도가 5℃부터 약 40℃에 이를 때까지 주

변 공기를 주입하는데, 40℃ 이상이 되면 단백질이 응고되기 시작해 벨벳 밀크 (Velvet milk, 고운 우유 거품)를 만들 수가 없으므로 주의해야 한다.

우유 온도가 약 40℃에 다다르면 롤링 작업에 들어간다. 롤링은 표면에 쌓인 거품과 우유를 전체적으로 골고루 섞어 주는 작업이다. 우유 온도가 약 60~65℃ 정도가 되면 롤링 작업을 완료한다. 온도가 약 70℃를 넘어서게 되면 우유의 지방 성분이 응고되고 영양소가 파괴되어 단맛이 줄어들기 때문에 그 전에 스티밍을 완료하는 것이 좋다.

[그림 4-1] 시간과 우유 온도에 따른 스티밍 과정

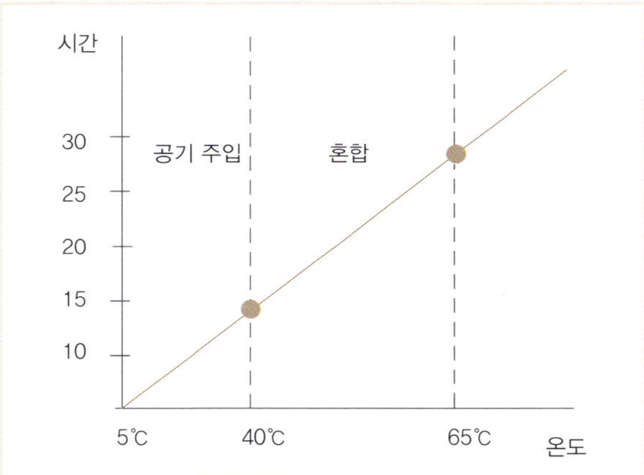

가. 우유 스티밍 순서

1) 스팀 피처에 우유 붓기

냉장 보관한 약 5℃의 우유를 스팀 피처의 코 부분까지 넣어 준다.

[사진 4-2] 스팀 피처에 우유를 부은 모습

[그림 4-2] 스팀 피처에 우유가 담긴 투시도

2) 스티밍 전 스팀 분출하기

스팀을 오랫동안 사용하지 않으면 스팀 완드 안에 스팀이 식어 물이 고이게 된다. 이것을 그대로 사용하면 고여 있던 물이 우유에 들어가므로, 사용 전에 반드시 스팀 레버를 개방하여 물기를 없애고 스팀이 제대로 분사되는지 확인해야 한다.

[사진 4-3] 젖은 행주로 스팀 완드를 감싸고 스팀을 분출시키는 모습

3) 스팀 레버 개방

스팀 완드 팁이 우유에 약 1~2cm 정도 잠긴 상태에서 레버를 개방한다. 스팀 완드 팁이 우유에 잠기지 않은 채로 스팀 레버를 개방하면 거친 거품이 생길 수 있다.

[사진 4-4] 스팀 완드 팁을 살짝 담근 모습

[그림 4-3] 스팀 완드 팁이 제대로 담긴 예와 잘못된 예

4) 거품 만들기

가) 공기 주입

스팀 레버를 개방하고 스팀 완드 팁을 우유 표면 가까이 대면 '치-익' 하는 소리가 나면서 주변 공기가 우유로 유입된다. 이 과정을 거품이 필요한 만큼 반복적으로 진행한다. 단, 우유 온도가 약 40℃ 정도로 오르면 거품이 잘 만들어지지 않기 때문에 그 전에 공기 주입을 완료해야 한다.

[사진 4-5] 우유에 공기가 주입되는 모습

[그림 4-4] 공기 주입 시 스팀 완드 팁 위치

나) 롤링

우유 온도가 약 40℃에 이를 때까지 공기 주입을 했다면 이제 공기와 우유가 잘 혼합되도록 충분히 회전시키는 롤링 작업을 해야 한다. 이때 스팀 완드 팁을 우유에 너무 깊이 담그면 우유가 회전을 잘 하지 못해 혼합이 제대로 이루어지지 않고 온도만 상승하는 결과를 가져올 수 있다.

[사진 4-6] 롤링하는 모습

[그림 4-5] 롤링 시 스팀 완드 팁 위치

5) 스티밍 종료

롤링 작업을 지속하면서 우유 온도가 약 60~65℃에 다다랐다고 판단되면 스팀 레버를 잠가 스티밍을 종료한다. 숙달된 바리스타는 손의 감각을 이용하여 온도를 체크하지만 초보자라면 온도계를 사용하는 것이 좋다.

6) 스티밍 후 스팀 분출 및 청소

스티밍 후 스팀 완드와 팁에 묻어 있는 우유를 닦아 주어야 한다. 스팀 열기로 인해 우유가 금방 굳어 버리기 쉽고, 굳은 우유가 스팀 완드 팁의 구멍을 막아 버리면 다음에 제대로 스티밍을 할 수 없기 때문에 바로 청소해 주는 것이 좋다.

[사진 4-7] 스팀 노즐에 우유가 묻어 있는 모습

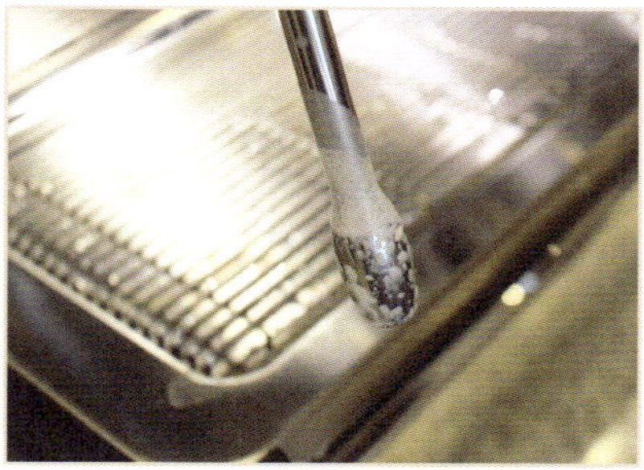

7) 잔거품 없애기

스티밍을 마치고 표면에 남아 있는 큰 거품들은 피처를 약 2~3회 내리쳐 주면 없어진다.

■ 스팀 피처

스팀 피처는 우유 스티밍에 필요한 도구이다. 주로 열전도율이 좋은 스테인리스 재질로 만들어진다. 최근에는 주둥이 모양이 다양한 여러 가지 피처들이 판매되고 있다.

[사진 4-8] 다양한 디자인의 스팀 피처

2. 에스프레소 커피 음료 만들기

1. 따뜻한 에스프레소 커피 음료 만들기

가. 아메리카노(Americano)

아메리카노는 룽고와 유사한 메뉴로, 진한 에스프레소에 뜨거운 물을 부어 부드럽게 마실 수 있는 커피이다. 기호에 따라 연하게 또는 진하게 마실 수 있다.

[사진 4-9] 아메리카노

■ **준비하기**

에스프레소 1샷, 뜨거운 물 180~240ml

■ 만들기

① 에스프레소 1샷을 240~300ml(8~10oz) 잔에 추출한다.

② 추출한 에스프레소에 뜨거운 물 180~240ml를 붓는다.

나. 카푸치노(Cappuccino)

카푸치노는 우유와 우유 거품이 조화를 이루는 커피 메뉴로서 부드럽고 진한 맛이 특징이며 150~180ml의 잔을 사용한다.

[사진 4-10] 카푸치노

■ 준비하기

에스프레소 1샷, 우유 100~120ml

■ 만들기

① 150~180ml(5~6oz) 잔에 에스프레소 1샷을 추출한다.

② 스팀 피처에 차가운 우유 100~120ml를 넣고 거품이 곱고 풍성하게 스티밍한다.

③ 에스프레소 위에 스티밍한 우유와 우유 거품을 부어 준다.

* 스티밍이 끝난 우유의 온도는 65℃ 이하가 적당하다.
* 완성된 카푸치노 거품의 두께는 1cm 정도가 적당하다.

다. 카페 라떼(Caffè Latte)

카페 라떼는 에스프레소에 따뜻한 우유를 섞어 만든 음료이다. 카푸치노보다 좀 더 많은 양의 우유와 적은 양의 거품이 들어간다. 우유가 많이 들어가 부드러우며 식사 대용으로도 마신다.

[사진 4-11] 카페 라떼

■ 준비하기

에스프레소 1샷, 우유 120~150ml

■ 만들기

① 210~240ml(7~8oz) 잔에 에스프레소 1샷을 추출한다.

② 스팀 피처에 차가운 우유 120~150ml를 넣고 거품이 곱게 스티밍한다.

③ 에스프레소 위에 스티밍한 우유와 우유 거품을 부어 준다.

* 스티밍이 끝난 우유의 온도는 65℃ 이하가 적당하다.
* 완성된 카페 라떼의 거품이 없어도 무방하다.

2. 아이스 에스프레소 커피 음료 만들기

가. 아이스 아메리카노(Iced Americano)

따뜻한 아메리카노를 시원하게 즐길 수 있는 메뉴이다. 얼음이 첨가되므로 보통 에스프레소 2샷을 사용해서 만든다.

[사진 4-12] 아이스 아메리카노

■ **준비하기**

에스프레소 2샷, 얼음, 차가운 물 150~180ml

■ **만들기**

① 360~400ml(12~13oz) 유리잔에 얼음을 가득 채운다.

② 얼음을 채운 잔에 차가운 물 150~180ml를 붓는다.

③ 얼음물 위에 에스프레소 2샷을 붓는다.

* 얼음 위에 직접 에스프레소를 부은 후 물을 채울 수도 있으나 그럴 경우 음료 위에

기름 성분이 뭉쳐서 뜨거나 수색이 탁해지는 현상이 생길 수 있다.

나. 아이스 카푸치노(Iced Cappuccino)

카푸치노를 시원하게 즐길 수 있는 메뉴이다. 신선한 우유를 데우지 않고 그대로 사용하여 만든 부드럽고 풍성한 우유 거품이 매력적인 음료이다.

[사진 4 - 13] 아이스 카푸치노

■ 준비하기

에스프레소 2샷, 얼음, 차가운 우유 180~200ml, 전동 거품기 또는 수동 거품기

■ 만들기

① 우유 80ml를 전동 거품기 또는 수동 거품기를 이용하여 우유 거품을 만든다.

② 360~400ml(12~13oz) 용량의 유리잔에 얼음을 80% 정도 채우고 차가운 우유를 약 100ml 정도 붓는다(컵의 절반 정도).

③ 우유 거품을 잔의 상단1cm 정도만 남기고 컵에 채운다.

④ 에스프레소 2샷을 추출한 뒤 컵의 중앙에 부어 메뉴를 완성한다.

다. 아이스 카페 라떼(Iced Caffè Latte)

차가운 우유에 에스프레소를 넣어 부드럽고 고소한 카페 라데를 시원하게 마시는 커피이다.

[사진 4 - 14] 아이스 카페 라떼

■ 준비하기

에스프레소 2샷, 얼음, 차가운 우유 150~180ml

■ 만들기

① 360~400ml(12~13oz) 유리잔에 얼음을 가득 채운다.

② 얼음을 채운 잔에 차가운 우유 150~180ml를 붓는다.

③ 잔의 얼음 위에 에스프레소 2샷을 붓는다.

* 우유와 얼음이 채워진 잔에 에스프레소를 부으면 에스프레소와 우유의 밀도 차이로 인해 컬러 층이 만들어져 시각적인 효과를 줄 수 있다.

3. 응용 에스프레소 커피 음료 만들기

1. 따뜻한 응용 에스프레소 커피 음료 만들기

가. 카페 콘 파냐(Caffè Con Panna)

카페 콘 파냐는 에스프레소 위에 생크림을 올린 커피이다. 이탈리아어로 '콘(Con)'은 '~을 넣은'이라는 의미이고, '파냐(Panna)'는 생크림이라는 뜻이다.

[사진 4-15] 카페 콘 파냐

■ 준비하기

에스프레소 1샷, 생크림 약 1oz

■ **만들기**

① 에스프레소 1샷을 추출하여 데미타세 잔에 받는다.

② 에스프레소 위에 휘핑기를 이용하여 생크림 1oz를 올린다.

나. 카페 모카(Caffè Mocha)

카페 모카는 에스프레소에 우유와 초콜릿을 넣고 생크림을 올린 커피이다. 진한 초콜릿과 크림을 넣어 매우 달콤한 메뉴이다.

[사진 4-15] 카페 모카

■ **준비하기**

에스프레소 1샷, 초콜릿소스 1펌프(약 15ml), 우유 120~150ml, 휘핑크림, 토핑용 초콜릿시럽, 토핑용 코코아가루

■ **만들기**

① 메뉴 제조용 스테인리스 벨크리머(샷 잔)에 초콜릿소스 1펌프(약 15ml)를 넣는다.

② 초콜릿소스가 담긴 벨크리머에 에스프레소 1샷을 추출한다.

③ 스팀 피처에 우유 120~150ml를 넣고 스티밍한 후 약 240ml(8oz) 용량의 유리잔에 컵의 상단 2cm 정도를 남기고 붓는다.

④ 에스프레소와 초콜릿소스를 잘 섞어서 컵의 중앙에 붓는다.

⑤ 휘핑크림을 얹고 초콜릿시럽과 코코아가루로 장식한다.

2. 아이스 응용 에스프레소 커피 음료 만들기

가. 아이스 카페 모카(Iced Caffè Mocha)

아이스 카페 모카는 얼음, 에스프레소, 우유, 초콜릿을 넣고 생크림을 올린 커피로, 진한 초콜릿과 생크림을 넣어 달콤하고 부드러운 아이스 메뉴이다.

[사진 4 - 17] 아이스 카페 모카

■ **준비하기**

에스프레소 2샷, 초콜릿소스 2펌프(약 30ml), 차가운 우유 150~180ml, 휘핑크림, 토핑용 초콜릿시럽, 토핑용 코코아가루, 얼음

■ **만들기**

① 메뉴 제조용 스테인리스 벨크리머에 초콜릿소스 2펌프(약 30ml)를 넣는다.

② 초콜릿소스가 담긴 벨크리머에 에스프레소 2샷을 추출한다.

③ 360~400ml(12~13oz) 유리잔에 얼음을 가득 채운다.

④ 얼음 잔에 차가운 우유 150~180ml를 붓는다.

⑤ 위데 준비한 잔에 에스프레소와 초콜릿소스를 잘 섞어서 컵의 중앙에 붓는다.

⑥ 휘핑크림을 얹고 초콜릿시럽과 코코아가루로 장식한다.

나. 아포가토(Affogato)

아포가토는 이탈리아어로 '끼얹다', '빠지다'라는 뜻이다. 바닐라 아이스크림에 뜨거운 에스프레소를 얹어 만든 커피이다. 이탈리아에서는 식사 후 디저트로 즐긴다.

[사진 4－18] 아포가토

■ **준비하기**

에스프레소 1샷, 바닐라 아이스크림 1스쿱

■ **만들기**

① 에스프레소 1샷을 추출한다.

② 잔에 바닐라 아이스크림 1스쿱을 담는다.

③ 바닐라 아이스크림에 에스프레소를 조금씩 부어 가면서 마시면 된다.

* 이탈리아에서는 정통 아이스크림인 젤라또 위에 에스프레소를 얹는다고 하여 젤라또 아포가토(Gelato Affogato)라고도 한다.

학습 정리

1. 에스프레소 커피 음료를 제조할 수 있다.
   - 아메리카노, 카푸치노, 카페 라떼 등
2. 아이스 에스프레소 커피 음료를 제조할 수 있다.
   - 아이스 아메리카노, 아이스 카푸치노, 아이스 카페 라떼 등
3. 다양한 부재료를 활용하여 응용 에스프레소 커피 음료를 제조할 수 있다.
   - 카페 콘 파나, 카페모카 등
4. 다양한 부재료와 얼음를 활용하여 아이스 응용 에스프레소 커피음료를 제조할 수 있다.
   - 아이스 카페모카, 아포가토 등

예상 문제

1. 우유의 살균법이 아닌 것은?
   ① 저온 장시간 살균법
   ② 고온 단시간 살균법
   ③ 초고온 멸균법
   ④ 초고온 장시간 살균법

2. 카푸치노에 적절한 우유 스티밍 온도는?
   ① 25~35℃ ② 35~45℃
   ③ 45~55℃ ④ 55~65℃

3. 좋은 우유 거품을 만들기 위해 지켜야 할 사항으로 거리가 먼 것은?
   ① 70℃ 이상에서 스티밍하지 말 것
   ② 스팀 노즐을 항상 청결히 할 것
   ③ 신선하고 차가운 우유를 사용할 것
   ④ 스티밍 시 우유에 공기 주입을 최대한 많이 할 것

4. 에스프레소 위에 부드러운 생크림을 넣어 부드럽게 즐기는 메뉴는?
   ① 카페 모카(Caffè Mocha)
   ② 에스프레소 마끼아또(Espresso Macchiato)
   ③ 카페 콘 파냐(Caffè Con Panna)
   ④ 카푸치노(Cappuccino)

5. 다음 중 전통 이탈리아 스타일의 카페 모카(Caffè Mocha)에 첨가되지 않는 것은?
   ① 에스프레소 ② 우유
   ③ 초콜릿소스 ④ 위스키

예상 문제

6. 다음 에스프레소 메뉴 중 스팀 밀크의 곱고 끈끈한 형태의 실키폼(Silky foam)이 포인트인 커피 메뉴는?
   ① 카페 모카(Caffè Mocha)　　② 카푸치노(Cappuccino)
   ③ 아포가토(Affogato)　　④ 아메리카노(Americano)

7. 다음 연결 중 틀린 것은?
   ① Romano – Lemon　　② Shakerato – Shaking
   ③ Freddo – Hot　　④ Lungo – Long

8. 이탈리아 어로 '끼얹다', '빠지다'라는 뜻으로 바닐라 아이스크림 위에 뜨거운 에스프레소(Espresso)를 얹어 만든 커피 메뉴는?
   ① 아포가토(Affogato)
   ② 에스프레소 마끼아또(Espresso Macchiato)
   ③ 카페 콘 파냐(Caffè Con Panna)
   ④ 카페 샤케라또(Caffè Shakerato)

정답 1. ④ 2. ④ 3. ④ 4. ③ 5. ④ 6. ② 7. ③ 8. ①

5장

커피분류평가

능력 단위 : 커피분류평가

능력 단위 정의 : 커피분류평가란 로스팅과 블렌딩을 위해 커피의 생두와 원두를 분류하고 평가하는 능력을 갖춘다.

수행 준거

- 커피 생두를 품종별로 평가하고 분류할 수 있다.
- 커피 생두를 가공 처리 방법별로 평가하고 분류할 수 있다.
- 커피 생두를 원산지별로 평가하고 분류할 수 있다.

1. 커피 생두 품종별 분류하기

1. 커피의 3대 원종

커피의 3대 원종은 코페아 아라비카(Coffea Arabica), 코페아 카네포라(Coffea Canephora), 코레아 리베리카(Coffea Liberica)이다. 아라비카와 로부스타는 현재 여러 가지 품종으로 개량되고 교배되어 왔다.

가. 아라비카종

에티오피아 고원의 삼림지대에서 발견된 아라비카종은 대체로 열대, 아열대의 고지대(600~2,000m)에서 주로 재배되며, 재배 조건이 까다롭고 질병에 취약하다. 향과 맛이 뛰어나며 로부스타종에 비해 카페인 함량도 절반 수준이다.

나. 카네포라종

카네포라종은 1862년에 아프리카 우간다에서 처음 발견되었고, 그 뒤 1898년 콩고에서 재발견되어 세상에 알려지게 되었다. 카네포라종은 무덥고 습도가 높은 열대 지역의 저지대에서 잘 자라기 때문에 아라비카종보다 질병에 대한 저항이 강한 편이다.

다. 리베리카종

리베리카종은 아프리카 라이베리아가 원산지이다. 리베리카종은 나무의 키가 커서(5~10m) 재배하기 어렵고, 과육(펄프)이 두꺼워 가공이 어려우며 품질도 일반적으로 로부스타종에 비해 떨어지는 것으로 평가되고 있다. 이러한 이유로 오늘날 아프리카 서부지역(라이베리아, 적도기니)과 아시아의 일부 지역(말레이시아, 필리핀)에서만 재배된다.

2. 아라비카 품종

아라비카종은 자연적인 돌연변이와 인위적인 품종개량으로 많은 변형 품종이 탄생하였으며 그중 티피카(Typica)와 버번(Bourbon)이 대표적인 고유품종이다.[1)]

가. 게이샤(Geisha)

1930년에 에티오피아의 야생에서 수집되어 탄자니아의 연구소로 보내진 후 코스타리카 열대 농업 연구 교육센터(CATIE)로 가져와 T2722란 이름으로 등록되었다. 1960년대에 CATIE를 통해 파나마 전역으로 배포되었으나 어려운 생육으로 인해 환영받지 못하다가, 2005년에 파나마 에스메랄다 농장의 게이샤가 경매에 등장하여 매우 높은 점수를 받고 가격 기록을 경신하면서 독특하고 우수한 커피로 평가받게 되었다. 향긋한 꽃 향이 강하며 마일드하고 산뜻한 맛을 가지고 있다.

나. 파카스(Pacas)

브라질의 카투라나 코스타리카의 비야 사르치(Villa Sarchi)와 비슷한 버번의 자

1) 일반적인 품종들은 1장 커피학 개론에서 언급하였으므로, 이 장에서는 그 외 품종들을 분류하였다.

연 돌연변이로, 다른 버번 돌연변이와 같이 크기가 작다. 1949년 엘살바도르 산타아나 지역의 파카스족이 소유한 농장에서 발견되었고, 1960년 엘살바도르 커피연구소(Instituto Salvadoreño de Investigaciones del Café, ISIC)에서 파카스의 혈통 선택 프로그램이 시작되었다. 파카스는 버번과 유사한 특성으로 좋은 신맛과 바디를 가지고 있는 것으로 평가되고 있다.

다. 파카마라(Pacamara)

파카스와 마라고지페의 교배종으로 1958년 ISIC에서 개발하였다. 부모 종의 첫 글자 4개를 따 이름을 만들었다. 파카마라는 파카스의 높은 생산성을 가지고 있으며 동시에 마라고지페처럼 잎과 체리가 모두 큰 특성을 가지고 있다.

라. 루이루11(Ruiru11)

1968년 케냐에서 발생한 커피베리병(Cherry Berry Disease, CBD)은 커피 생산량의 50%가 손실되는 위기를 불러일으켰다. 이를 계기로 CBD에 면역이 없는 품종에 대한 집중적인 육종프로그램을 시작하게 되고 1985년 루이루11이 개발되었다. 루이루11은 카티모르종과 SL28의 교배종으로 CBD에 높은 저항력과 커피잎녹병(Coffee Leaf Rust, CLR)에 강하다. 키가 작아 같은 면적에 많이 심을 수 있으며, 이식한지 18개월 정도가 지나면 수확이 가능하다.

마. SL28

최근 높은 가치를 인정받고 있는 SL28은 1935년에 스콧연구소(Scott Agricultural Laboratories)에서 개발되었다. 스콧연구소에서 선별, 개발된 품종에는 'SL'이라는 접두사가 붙는다. 생두의 크기는 평균보다 크며 특유의 블랙베리 향으로 알려져 있다. 케냐에서 재배되기 시작해 현재 라틴아메리카까지 퍼져 생산되고 있다. 고지대에서 탁월한 성장을 보이며 가뭄에 강한 편이나 커피잎녹병에는 취약하다.

2. 커피 생두 가공 방법별 분류하기

1. 가공

생두의 가공은 체리에서 생두를 채취하여 로스팅할 수 있도록 준비하는 것이다. 모든 층을 제거하고 생두의 수분 함유량이 표준 10~12%가 되도록 건조해야 하며 미생물의 활동을 최소화하거나 제거하는 것이 커피 체리 가공의 핵심 요소이다. 농부는 사용 가능한 자원, 토양과 기후 등 환경조건, 발현시키려는 맛에 따라 체리 가공 방식을 결정한다.

일반적으로 건식법, 습식법, 펄프드 내추럴 등의 가공법이 있으며 그 외에 변형된 가공법도 시행되고 있다.[2)]

가. 허니(Honey Processing)

펄프드 내추럴과 비슷하지만 허니 프로세스는 수확하기 전 샘플을 채취해 당도를 측정하여 완전히 익은 체리만을 선별, 수확하고 다시 3차에 걸쳐 선별 후 체리의 껍질만 제거하여 과육의 점액질이 붙어 있는 상태로 건조시키는 작업이다. 점액질의 두께에 따라 화이트(White), 옐로(Yellow), 레드(Red), 블랙(Black)으로 나뉜다. 화이트에 가까울수록 습식법 커피에 가깝지만 단맛을 가지고 있고,

2) 일반적인 방법은 1장 커피학 개론에서 언급하였으므로, 이 장에서는 그 외 변형된 방법에 대해 알아보도록 하겠다.

블랙으르 갈수록 남기는 점액질의 두께가 두꺼워 건식법 커피의 특성을 가지며 깔끔한 맛이 특징이다.

나. 세미 워시드(Semi Washed Processing)

습식법과 유사한 방법으로 가공하는 방식이나 환경오염 문제를 해결하기 위해 대두되었다. 점액질을 벗기기 위하여 물탱크를 이용하기보다는 물을 최소화할 수 있는 점액질 제거기기를 사용하는 것이다. 진동으로 점액질을 벗겨내는데 생두의 점액질 두께에 맞추어 시행하며, 1차에서 부족하면 2차의 과정을 거치게 된다. 자칫 잘못하면 생두에 손상을 입힐 수 있으나 일반 습식법과의 향미 차이는 거의 없다고 알려져 있다.

3. 커피 생두 원산지별 분류하기

1. 브라질

최대 커피 생산국으로, 커피 생산 지역이 광활하여 커피의 품종이나 기후 조건, 토양 특성 등에 따라 다양한 특성의 커피가 생산되고 있다. 주로 건식법 커피를 생산한다. 저지대에서 재배되어 중성적인 커피라고 일컬어지고 있으며, 블렌딩 시 없어서는 안 되는 중요한 커피이다. 미나스 제라이스(Minas Gerais)는 브라질 커피의 50%를 생산하는 최대 생산 지역이며, 그 밖에 주요 산지는 에스피리투 산투(Espiritu Santo), 상파울루(Sao Paulo), 바이아(Bahia), 파라나(Parana) 등이다.

2. 콜롬비아

콜롬비아는 브라질 다음으로 아라비카 커피를 많이 생산하고 있으며, 습식법 커피 생산 1위이다. 주요 산지는 마니살레스(Manizales), 아르메니아(Armenia), 메데인(Medellin), 산타 마르타(Santa Marta), 부카라망가(Bucaramanga) 등이며, 분류는 크기에 따라 수프리모와 엑셀소로 나뉜다.

3. 멕시코

멕시코 커피는 부드럽고 마시기 편하다고 평가받고 있다. 주요 생산 지역은 남부 과테말라 국경지대에 있는 치아파스(Chiapas)의 생산량이 가장 많으며, 그 밖에 코아테펙(Coatepec), 오악사카(Oaxaca) 등이다.

4. 과테말라

주로 태평양 연안 지역에서 커피를 생산하고 있다. 우기와 건기가 명확해 수확이 용이하며 생두의 분류를 재배고도에 따라하는 대표적인 나라이다. 주요 산지는 안티구아(Antigua)로 화산성 토양과 기후 조건이 커피 생산에 최적의 여건을 갖추고 있다. 그 밖에 코반(Coban), 우에우에테낭고(Huehuetenango), 아카테낭고(Acatenango), 산 마르코스(San Marcos) 등이 있다.

5. 코스타리카

코스타리카 커피는 약산성의 비옥한 화산 토양에서 재배된다. 가장 유명한 커피는 타라주(Tarrazu)이며, 가공 방식은 대부분 습식법이고 로부스타 재배는 법으로 금지되어 있다.

6. 인도네시아

대부분 로부스타종이나 아라비카종의 생산을 점차 늘려가고 있다. 수마트라(Sumatra)가 최대 생산지로 만델링(Mandheling)이 유명하다. 그 밖에 자바(Java), 슬라웨시(Sulawesi), 발리(Bali)에서도 커피가 생산된다. 지역과 품종에 따라 일 년 내내 수확이 가능하다.

7. 하와이

하와이를 대표하는 하와이 코나(Kona) 커피는 빅 아일랜드(Big Island)라 불리는 하와이 섬의 코나 지역에서 재배된다. 이 지역은 북동 무역풍이 부는 열대성 기후의 화산 지대로, 연간 강우량이 풍부하여 커피 재배에 적합한 조건을 갖추고 있다. 하와이 코나 커피는 블루마운틴과 함께 최상급 커피로 꼽히고 있다.

8. 에티오피아

아라비카 커피의 원산지인 에티오피아는 아프리카 최대의 커피 생산국으로 건식법과 습식법이 함께 사용된다. 이르가체페(Yirgacheffe) 커피는 에티오피아를 대표하는 커피로 가장 널리 알려져 있다. 그 밖에 시다모(Sidamo), 하라(Harrar), 리무(Limu) 등이 있다. 하라는 건식법으로 생산되며 크기에 따라 롱베리(Long berry)와 숏베리(Short berry)로 나뉜다.

에티오피아의 커피는 다채로운 맛을 가지고 있으며 대표적인 향미로 시트러스(Citrus)를 들 수 있다. 생산되는 품종은 산지와 농장의 토양과 기후, 재배나 가공 방법 등에 따라 지역별 특성이 강하게 나타난다.

9. 케냐

케냐는 에티오피아와 이웃하고 있지만 커피 재배는 늦게 시작되었다. 아라비카종만 재배하고 있으며 주요 재배 품종은 SL28, SL34이다. 수확기는 연중 두 번 있다.

10. 탄자니아

탄자니아는 북쪽 지역의 화산 지대와 서쪽 지역의 고원 지대에서 커피가 대부분 생산된다. 킬리만자로(Kilimanjaro) 커피가 유명하며, 아라비카종을 주로 재배하는데 로부스타종도 소량 생산된다.

4. 커피 원두 선택하기

1. 로스팅 단계별 색깔 특성 이해

가. 로스팅 단계별 명칭

로스팅이 원하는 단계로 되었는지는 흔히 로스팅된 원두의 색깔을 표준 시료와 비교하여 판단하고 있다. 로스팅 정도에 대한 명칭이나 정의는 국가나 지역별로 통일되어 있지는 않고 서로 다른 명칭을 사용지만, 국내에서는 주로 SCA분류와 일본의 로스팅 정도 8단계를 사용하고 있다.

SCA에서는 애그트론사(Agtron社)의 'M－Basic/E10－CP'로 측정한 값을 가지고 총 8단계로 분류하고 있다. 또한 원두를 분쇄하여 타일(Tile) #95~#25까지 여덟 개의 디스크로 구성된 '컬러 로스트 분류 체계(Color Roast Classification System)'와 색상을 비교함으로써 간략하게 로스팅 정도를 판별할 수 있다. 일본에서 사용하는 로스팅 8단계는 우리나라에서도 많이 사용되는데, 우리가 흔히 사용하는 라이트 로스팅(Light Roasting)이나 다크 로스팅(Dark Roasting) 등의 정확한 구분이 아니라 로스팅에 대한 개념적 표현으로 로스터마다 그 기준이 다를 수 있기 때문에 정확한 분류는 아니다. 더불어 로스팅 정도의 정확한 표현을 위해 기계적으로 측정한 L(Lightness)값을 사용하기도 한다.

〈표 5-1〉 로스팅 정도의 분류

Agtron No.	SCA	일본
#95	Very light	Light
#85	Light	Cinnamon
#75	Moderately Light	Medium
#65	Light Medium	High
#55	Medium	City
#45	Moderately Dark	Full-city
#35	Dark	French
#25	Very Dark	Italian

2. 로스팅 단계별 맛의 특성 이해

커피의 로스팅 정도에 따른 향미 특성의 변화는 여러 가지 변수에 따라 다양하게 변화하기는 하지만 일반적으로 커피의 3대 맛인 단맛, 신맛, 쓴맛의 측면에서 보면 로스팅이 진행됨에 따라 신맛은 지속적으로 줄어들고 쓴맛은 지속적으로 증가하는 경향을 나타낸다. 단맛은 어느 시점까지는 증가하지만 로스팅이 길게 진행되면 줄어들게 된다.

로스팅 정도별 향미 변화를 〈표 5-2〉와 [그림 5-1]에 나타냈다.

〈표 5-2〉 로스팅 정도별 향미 특성 이해

명칭	외관상 특징 및 감각 특징	추출
라이트 (Light)	팽창이 매우 부족	추출하기 매우 어려움
시나몬 (Cinnamon)	팽창이 부족	추출하기 어려움

미디엄 (Medium)	약한 바디, 최소 아로마와 신맛	팽창이 부족, 추출하기 어려움
하이 (High)	선명한 신맛과 달콤함, 다양한 개성, 표면이 마른 상태	어느 정도 팽창, 추출 가능
시티 (City)	조화된 신맛, 풍부한 바디, 밝아졌으나 마른 표면	아메리카노, 유럽식 드립법
풀시티 (Full-city)	원두 표면에 기름, 약한 신맛, 거친 느낌의 무거운 바디	표준 에스프레소 커피용
프렌치 (French)	반짝거림, 쓴 단맛과 탄맛, 신맛과 다양한 특성이 사라짐	강한 에스프레소 베리에이션 메뉴
이탈리안 (Italian)	검은색, 강한 쓴맛, 바디가 약하고 다양한 특성이 사라짐	강한 에스프레소 베리에이션 메뉴, 터키쉬 커피

[그림 5-1] 로스팅에 따른 향미 변화

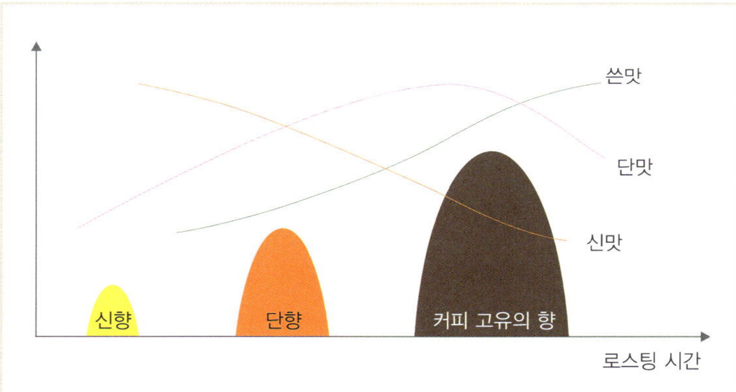

3. 커피 원두 숙성 정도 선택하기

가. 원두와 이산화탄소(CO_2)와의 상관관계 이해

생두를 로스팅하면 가열 반응과 함께 이산화탄소가 발생하는 것은 잘 알려져 있다. 로스팅 전후의 이산화탄소 발생은 원두 특유의 현상이다. 이러한 이산화탄소 발생 현상은 일정 기간 지속되는데, 원두의 향기 성분은 탄수화물에 흡착되어 흡착 물질로서 결합되어 있다가 이산화탄소의 발생과 더불어 감소하는 경향을 보이게 된다. 이 때문에 이산화탄소 발생이 지속되면 원두의 향기 성분이 사라지게 된다. 따라서 원두의 이산화탄소 보유 정도는 커피의 품질 정도, 즉 신선도를 판단하는 중요한 기준이다.

한편, 이산화탄소 발생 현상은 원두 포장 용기의 압력을 증가시켜 포장 용기를 파손시키거나 원두에 이산화탄소 내의 산소 성분이 재흡수되어 산패가 일어나게 한다. 이를 방지하기 위해 가스치환 밸브를 사용해 이산화탄소를 배출하고 산소와의 접촉을 차단하는 포장 방식이 널리 사용되고 있다.

이와 같은 이산화탄소를 포함한 다양한 가스의 발생은 커피의 로스팅 정도가 높을수록 발생 속도가 빠르고 포장용기 내의 압력이 높아지면 점차 감소하지만 발생된 가스가 배출되지 않으면 원두 산패의 한 요인으로 작용할 수도 있다.

나. 추출 커피 향미에 따른 원두의 숙성 정도 이해

커피의 추출은 커피에서 커피 성분을 뽑아내는 과정으로서 물이 커피 입자 속으로 스며드는 과정(침투), 커피 성분 중 물에 녹는 가용성 성분을 녹이는 과정(용해), 용해된 성분을 커피 입자 밖으로 용출되는 과정(분리), 즉 침투, 용해, 분리의 단계를 거치게 된다. 커피를 잘 추출하기 위해서는 커피의 상태를 살펴보고 주입하는 물의 양과 추출 타이밍이 적절한지 판단할 수 있어야 한다. 다시 말해, 커피를 추출하기 전에 로스팅 정도, 로스팅 후 경과 시간에 따른 원두의 품질 정도를 판단하여 추출하려는 양과 뜸 들이는 시간 및 전체 추출량과 수율을 결정해야 한다.

로스팅 정도가 약한 커피의 특징은 밝은 갈색을 띠고, 커피 표면에 주름이 남아 있고, 센터컷 주변의 갈라짐이 거의 없고, 오일이 보이지 않는다. 로스팅 정도가 강한 커피의 특징은 어두운 갈색을 띠고, 커피 표면이 펴져서 주름이 없고, 센터컷이 많이 벌어져 있고, 센터컷 주변의 갈라짐이 많고, 오일이 보이기도 한다. 그 중간 정도가 미디엄 로스팅이다.

로스팅 정도가 강한 커피는 팽창이 많이 된 것이기 때문에 추출수율도 높아진다. 그러므로 로스팅 정도가 강할수록 추출에 사용하는 물의 온도를 낮게 하며 추출 시간을 길게 하고, 반대로 로스팅 정도가 약한 커피는 팽창이 덜 되어 추출수율이 낮기 때문에 추출이 잘 되도록 고온의 물을 사용하며 추출시간을 짧게 한다. 낮은 온도로 강하게 원두를 추출할 시 쓴맛을 적게 추출할 수 있으나 원두의 맛을 끌어내려면 추출 시간을 늘려야 한다. 높은 온도로 약하게 로스팅된 원두를 추출할 시 빠른 시간에 원두가 가진 여러 가지 맛을 뽑아낼 수 있으나 물 온도가 지나치게 높거나 너무 오랫동안 추출할 경우 잡미까지 추출되므로 주의해야 한다. 다만 추출하는 물의 온도는 원두의 특성에 맞추는 게 가장 정확하고, 분쇄도는 강하게 로스팅될수록 약하게 로스팅된 커피에 비해 굵게(Coarse) 하는 것이 좋다.

한편, 추출된 커피의 형상을 통해서도 커피의 이산화탄소 잔류 정도를 알 수 있다. 추출 온도가 높으면 이산화탄소의 분출이 과도해 큰 거품을 형성하고, 온도가 낮으면 거품 생성이 적은 것을 확인할 수 있다.

4. 커피 원두 평가하기

가. 크레마 상태 관련 지식

에스프레소추출에서 중요한 요소는 크레마(Crema) 추출 유무이다. 크레마는 영어의 크림(Cream)에 해당되는 단어로서, 포타필터에 담긴 커피 케이크를 물이 매우 높은 압력(8~10bar)으로 통과하여 향을 담당하는 용해성 물질 대부분과 신선한 커피에서 나오는 비용해성 지방 성분이 결합하여 생성된 미세한 거품을 말하며 에스프레소 향을 지속시켜 주는 효과가 있다. 신선하지 않은 커피는 과도한 가스 배출과 산패에 따라 향기 성분이 소실되어 풍부한 크레마가 생성되지 않거나 생성되었다 해도 빠르게 사라진다.

크레마는 붉은빛이 감도는 황금색이고 부드러운 거품 형태로 3~4mm 정도 두툼하게 잔 위에 담기게 되며 농도가 짙고 촉감이 부드러워야 한다. 크레마의 양은 에스프레소 양의 10% 이상 되어야 하고 지속성이 있어야 하며 구멍(Hole)이 없이 깨끗해야 한다. 크레마의 양은 로부스타를 사용하면 고형 성분의 양이 증가하여 많아진다.

나. 부풀림과 원두 상태의 관계에 대한 이해

원두를 다양한 추출 방법으로 추출할 때, 신선할수록 원두 내의 이산화탄소 발생이 많아져 핸드드립 추출 시 크게 부풀어 오르는 것을 관찰할 수 있다. 다만 팽창이 크다는 것은 신선한 커피로 판단하는 지표로 사용될 수는 있으나 향미가 우수한 커피라고 할 수 있는 근거는 조금 미약하다. 커피의 향미는 추출된 커피의 사용 형태와 개인의 기호에 따라 크게 좌우되기 때문이다.

[사진 5-2] 원두의 신선도에 따른 부풀림 정도

다. 커피 맛에 따른 원두 상태에 대한 이해

한 잔의 커피를 추출해서 맛있는 커피를 즐기기 위해서는 가장 먼저 신선한 원두를 선택하는 것이 중요하다. 로스팅 정도에 따라 신선한 원두를 판단하는 기준이 다를 수 있으나 일반적으로 로스팅 후 일주일 이내의 원두를 신선한 원두로 취급한다. 또한 추출 목적에 알맞은 분쇄도를 고려해서 에스프레소용은 0.3mm 이하의 미세한 분쇄로, 드립은 0.5~0.7mm 정도의 중간 크기로 분쇄하는 것이 좋다. 이외에도 적절한 추출 기구의 사용, 적절한 커피 사용량, 신선한 물, 온도, 시간 등이 적절한 추출을 위한 중요한 요소이다.

로스팅 정도가 약하면, 향기에 있어서는 저분자 물질의 가벼운 향미 특성이 강하고 좋은 신맛과 달콤한 맛을 가진다. 신맛이나 단맛은 40℃ 이하에서 두드러지고 향기 성분들도 가벼운 특성이 있어서 낮은 온도에서 즐기는 편이 좋다. 반대로 로스팅 정도가 강하면, 고분자 물질의 무거운 향기 특성이 강하여 온도가 떨어지면 향기의 강도가 현저하게 떨어진다. 맛에 있어서도 구수한 맛과 쓴맛이 주가 되기 때문에 식었을 때 강한 쓴맛을 나타내게 된다.

학습 정리

1. 커피 생두를 품종별로 평가하고 분류할 수 있다.
2. 커피 생두를 가공처리 방법별로 평가하고 분류할 수 있다.
3. 커피 생두를 원산지별로 평가하고 분류할 수 있다.

예상 문제

1. 다음 중 아라비카종의 특징에 대한 설명으로 틀린 것은?
   ① 대체로 풍부한 신맛과 고급스런 향을 지녔다.
   ② 염색체의 개수는 44개이다.
   ③ 카리브 해, 중남미, 서부 아프리카 등지에서 주로 생산된다.
   ④ 로부스타에 비해 병충해에 취약한 특성을 가지고 있다

2. 다음 마라고지페(Maragogype)에 대한 설명 중 틀린 것은?
   ① 생산성이 좋아 많은 커피 생산 국가에서 널리 재배되고 있다.
   ② 브라질에서 발견된 티피카(Typica)의 돌연변이종이다.
   ③ 생두가 일반 생두에 비해 커서 흔히 코끼리 콩(Elephant Bean)이라 부르기도 한다.
   ④ 파카마라(Pacamara)는 마라고지페와 파카스(Pacas)의 교배종이다.

3. 다음은 어떤 품종에 대한 설명인가?

아라비카 원종에 가장 가까운 품종으로 콩은 긴 편이고, 좋은 향과 신맛을 가지고 있으나 주요 질병과 해충에 취약하여 생산성이 낮다. 블루마운틴, 하와이 코나가 대표적인 이 계통의 품종이다.

   ① 버번(Bourbon) ② 티피카(Typica)
   ③ 마라고지페(Maragogype) ④ HdT(Hibrido de Timor)

4. 다음 중 건식법의 가공 과정에 대한 설명으로 맞는 것은?
   ① 물이 부족하고 햇볕이 좋은 지역에서 주로 이루어진다.
   ② 펄핑을 하지 않을 뿐 발효나 세척 과정은 습식법과 동일하게 진행된다.
   ③ 건조에 소요되는 기간은 습식법에 비해 덜 걸린다.
   ④ 수확한 파치먼트를 건조장에 고르게 펼친 다음, 수분이 일정 수준 이하가 될 때까지 건조시킨다.

5. 다음 중 습식법 가공 과정에 대한 설명으로 틀린 것은?

① 건식법에 비해 생산단가가 싸고 친환경적이다.
② 수확한 체리는 물을 이용해 가벼운 체리와 무거운 체리로 분리한다.
③ 물이 풍부한 중남미 지역에서 아라비카 커피 생산 시 주로 이용된다.
④ 발효 탱크에서 16~36시간 정도 발효시키면 pH가 3.8~4.0으로 내려간다.

6. 다음 설명에 해당하는 커피 생산 국가는?

> 나라는 작지만 양질의 커피를 생산하는 커피 재배국으로서 커피 재배의 최적의 조건인 화산암이 잘 발달되어 있다. 주로 습식법을 사용하고, 대표적인 커피로는 '타라주(Tarrazu)'를 꼽을 수 있다. 특히 로부스타 재배가 법으로 금지되어 있다.

① 코스타리카 ② 온두라스
③ 엘살바도르 ④ 과테말라

정답

1. ④ 2. ① 3. ② 4. ① 5. ① 6. ①

6장

커피기계운용

능력 단위 : 커피기계의 운용

능력 단위 정의 : 에스프레소 머신, 커피 그라인더, 보조 커피기계의 설정으로 조절 가능한 범위 내에서 커피의 맛을 변화시키거나 유지할 수 있으며, 관리를 통해 각 커피기계의 정상 상태를 오랫동안 유지할 수 있는 능력을 갖는다.

수행 준거

1. 에스프레소 머신 운용하기
   - 커피기계를 설정하고 각 부 명칭을 알 수 있다.
   - 커피기계의 현재 상태를 파악할 수 있다.
   - 커피기계의 소모품을 교체할 수 있다.
   - 커피기계를 세척 관리할 수 있다.

2. 커피 그라인더 운용하기
   - 커피 입자를 조절할 수 있다.
   - 커피 사용량을 조절할 수 있다.
   - 커피 그라인더를 작동할 수 있다.
   - 커피 그라인더의 소모품을 교체할 수 있다.
   - 커피 그라인더를 청소할 수 있다.

3. 보조 커피기계 운용
   - 보조 커피기계를 사용할 수 있다.
   - 보조 커피기계의 상태를 파악할 수 있다.
   - 보조 커피기계의 소모품을 교체할 수 있다.
   - 보조 커피기계를 세척 관리할 수 있다.

1. 에스프레소 머신 운용하기

1. 에스프레소 머신 설정 및 작동하기

가. 에스프레소 머신의 구조

[그림 6-1] 에스프레소 머신의 구조

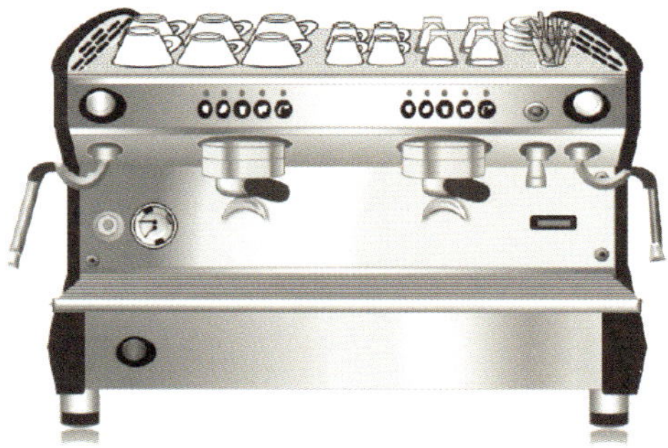

1) 그룹 헤드(Group Head) : 커피 추출수가 통과되는 마지막 단계이며 샤워 스크린을 통해 추출수가 고르게 분사되는 역할을 한다.

2) 포타필터(Potafilter) : 분쇄된 커피를 담아 그룹 헤드에 장착하는 도구로서 예열된

상태로 보관을 해야 하며 청결에도 항상 신경을 써야 한다. 포타필터라 부르기도 한다.

3) 압력 게이지 : 통상적으로 두 개의 압력 게이지가 있으며 하나는 메인 보일러의 압력을 표시하고 다른 하나는 펌프의 추출 압력을 표시한다.

4) 스팀 노즐(Steam Nozzle) : 뜨거운 증기가 나오는 부분으로 찬 우유를 데우거나 거품을 만들 때 사용한다. 이는 스팀 밸브를 열어 작동시키며 스팀 토출구의 수나 각도를 잘 살펴야 좋은 스티밍을 할 수 있다.

5) 전원 스위치 : 에스프레소 머신의 전원을 조절하는 스위치이다.

2. 에스프레소 머신의 이해와 작동 원리

가. 구조의 이해

에스프레소 머신은 기본적으로 에스프레소 커피 추출에 필요한 추출 압력과 추출 온도, 추출량으로 설정되어 있다. 에스프레소 머신의 구조는 적절한 추출 온도를 유지하기 위한 보일러, 적절한 추출 압력을 유지하기 위한 펌프, 적절한 추출량을 유지하기 위한 플로 메터(Flow Meter), 적절한 물의 흐름을 제어하기 위한 솔레노이드 밸브, 이 모든 부품들을 컨트롤하는 메인보드(PCB) 등으로 나눌 수 있다.

나. 각 부품의 역할

1) 보일러

커피 추출을 위한 열수를 만드는 부분이다. 보통은 동 재질로 만들어져 있고 몇몇 기계는 크롬으로 도금 처리가 된 것도 있다. 보일러는 통상 메인 보일러와 커피 보일러로 나뉘며 사용 용도에 따라 크기가 결정된다.

가) 일체형 보일러

메인 보일러는 10~14L 정도의 용량(2그룹 기준)이 일반적이다. 여기에는 전기 히터가 내장되어 있다. 전기 히터는 물을 끓여주는 열원이므로 에스프레소 머신 선택 시 중요하게 고려되어야 한다. 평균적으로 3~6kw 정도(2그룹 기준)이며 용량이 클수록 물이 끓는 시간이 짧아진다고 보아도 무방하다. 커피 보일러는 메인 보일러를 가로지르는 원통형이 일반적이며, 용량은 1L 미만이다. 커피 보일러는 물을 끓이는 메인 보일러와는 달리 전기 히터가 내장되어 있지 않고 열 교환 방식을 채택하고 있다. 메인 보일러에서 데워진 열을 받아들여 커피 보일러 안의 물을 가열하는 방식이다.

나) 독립형 보일러

메인 보일러는 일체형 보일러와 거의 흡사하지만 용량의 차이가 있다. 2그룹을 기준으로 할 때 일체형보다 상대적으로 작게 만들어졌다. 이는 각각의 보일러(메인 보일러와 커피 보일러)에 열원이 따로 있어서 일체형의 메인 보일러와 같이 열을 커피 보일러에 빼앗길 일은 없다.

커피 보일러는 메인 보일러에서 떨어져 나와 그룹 헤드의 윗부분이나 뒷부분에 위치한다. 그룹별로 열원이 따로 장착이 되어 있거나 때로는 용량이 큰 하나의 커피 보일러에서 모든 그룹에 온수를 공급하기도 한다.

[사진 6-1] 일체형 보일러(왼쪽)와 독립형 보일러(오른쪽)

2) 모터 펌프(Motor pump)

펌프는 추출 압력을 만들어 주는 부품이다. 수도관의 수압을 8~10bar로 만들어 에스프레소가 추출될 수 있도록 만들어 주는 장치이다. 회전 모터가 작동하여 펌프를 돌려주게 된다. 작동되는 동안은 꾸준하게 압력을 유지시켜주며 추출에 도움을 준다.

펌프를 작동시키는 모터에는 콘덴서라는 구동 변압 장치가 함께 연결이 되어 있다. 이것은 전류를 저장해 두었다가 모터 작동 시 한꺼번에 방전을 시켜 모터가 힘차게 구동할 수 있도록 해 준다.

[사진 6-2] 모터 펌프(Motor Pump)

3) 플로 메터(Flow Meter, 유량계)

플로 메터는 유량 감지 센서 중 하나이다. 이 부속은 에스프레소 머신의 유량을 조절해 주는 장치이며 추출량을 자동으로 세팅할 수 있다. 플로 메터 내부에는 바람개비 모양의 센서가 달려 있고 물의 유량을 감지하여 회전수를 알려 준다. 지정한 회전수에 도달하게 되면 추출을 멈추게 하는 장치이다.

[사진 6-3] 플로 메터

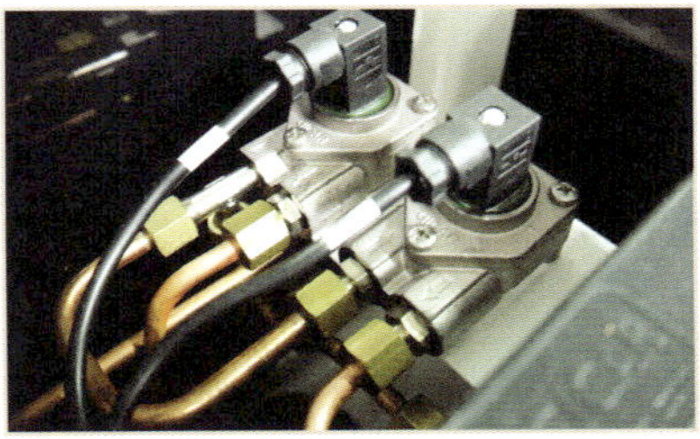

4) 솔레노이드 밸브(Solenoid Valve)

흔히 전자변 또는 전자 밸브라고도 일컫는다. 전자 코일의 전자력을 이용하여 자동적으로 밸브를 개폐시키는 것으로 물의 흐름을 차단시키거나 순환시킬 때 필요한 장치이다. 에스프레소 머신에는 많은 수의 밸브들이 장착되어 있는데 그중 하나만 손상되어도 추출이나 누수에 영향을 미칠 수 있다.

메인보드에서 신호를 받아 밸브를 개방하거나 차단하는 시스템으로, 코일에 전류가 흐르면 전자석의 원리로 밸브 내부의 아마튜어(Armature)를 들어 올려 개방하고 전류가 멈추면 스프링 장력에 의해 다시 차단하는 방식이다.

[사진 6-4] 솔레노이드 밸브

5) 과압 방지기

과전압이 흐르거나 전기 차단이 원활하지 않아 지속적으로 보일러 히터에 전류가 공급되고 보일러 안에 과압이 생길 경우 보일러 폭발을 방지하는 안전장치이다. 이 장치에는 제조회사에서 이미 설정해 놓은 압력 값으로 봉인을 해 두는 경우가 대부분이므로 임의로 조절해서는 안 된다.

기본적으로 보일러의 각 부위는 3bar 정도는 견딜 수 있도록 설계되어 있다. 하지만 각 부위의 노후로 인하여 그 이하의 압력에서도 누압이 발생할 수 있고, 그 이상의 압력이 일정 기간 계속 되면 장치가 개방되면서 보일러 안의 압력을 외부로 배출시켜 준다. 이때 굉장히 심한 소음을 내며 스팀이 외부로 방출된다. 하지만 전원 스위치를 즉시 차단하면 곧 멈추게 된다.

[사진 6-5] 과압 방지기

6) 압력 조절기

메인 보일러 안의 압력을 결정짓는 장치이다. 일정한 압력을 유지할 수 있도록 전기 공급을 담당한다. 압력 조절기가 불량이면 전기 공급을 차단시키지 못해 보일러의 압력을 계속 상승시킬 수 있다. 이때 과압 방지기가 작동하여 보일러의 폭발을 막게 된다.

[사진 6-6] 압력 조절기

7) 메인보드(PCB)

에스프레소 머신의 모든 기능 및 장치를 통제하고 제어하는 장치로 가장 중요한 부속 중 하나이다. 램(RAM)과 롬(ROM)이 장착되어 있어 수량과 온도 등 여러 가지 변화되는 상황들을 기억하고 저장한다. 이 장치가 고장이 나면 에스프레소 머신은 사용할 수 없게 된다.

[사진 6-7] 메인보드(PCB)

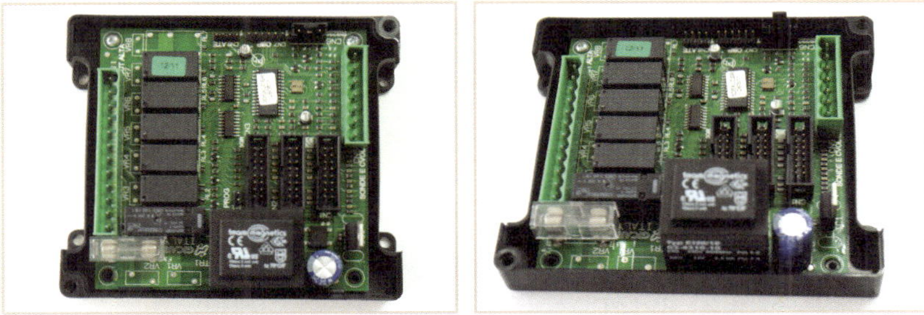

다. 에스프레소 머신 설정하기

1) 보일러 온도 설정

일반적으로 에스프레소 머신은 압력 조절기로 설정한다. 보일러 히터를 작동시켜 들어가는 전류를 조절하며 보일러에 압력을 만들어 주고 일정 압력에 도달할 때까지 전기를 공급하여 물을 끓게 만든다. 보일러는 보통 압력을 1bar~1.3bar 정도로 세팅한다.

최근에는 디지털 온도 센서를 장착한 에스프레소 머신들이 등장했는데, 온도를 수치화하여 쉽게 인지할 수 있지만 아날로그보다 고장률이 높고 비싸다는 단점이 있다.

2) 수량(水量) 설정하기

에스프레소 머신은 수동과 자동으로 나눌 수 있다. 수동 에스프레소 머신은 모든 작동을 바리스타가 통제하고 제어해야 하지만, 자동 에스프레소 머신은 머신 스스로 통제되고 제어될 수 있도록 세팅 가능한 기계이다. 이를 관여하는 장치가 플로 메터이다.

대부분의 기계에서 수량을 세팅하는 방법은 ①프리 버튼을 3초 이상 길게 누른다. ②모든 버튼이 점등된다. ③이때 포타필터에 분쇄된 커피를 담고 장착한 후 설정하고자 하는 추출 버튼을 누른다. ④추출을 하고자 하는 양이 되면,

한 번 더 추출 버튼을 누른다. 추출을 멈추면 설정이 완료된 것이다.

에스프레소 머신 중에는 좌측 그룹이 메인으로 지정되어 있어 좌측을 특정 값으로 설정하면 그 설정값이 그대로 우측 그룹에도 적용되는 경우가 많다. 때로는 연동되지 않아서 우측 그룹을 수동으로 저장해야 하는 경우도 있고 따로 설정을 해야 하는 상황도 간혹 있다.

3) 추출 압력 설정하기

추출 압력은 펌프에 의해 결정된다. 보통 8~10bar로 설정되며 펌프에 부착된 압력 조절 나사로 조절한다. 현재 추출 압력이 6bar로 설정되어 있어 9bar로 상승시키고 싶다면, ①조절 나사의 고정 너트를 먼저 풀고 ②조절 나사를 시계 방향으로 돌려 조절한다. 이때 추출 버튼을 눌러 작동되는 중에 조절을 해야 좀 더 정확히 원하는 추출 압력을 설정할 수 있다. ③설정이 완료되면 고정 너트를 다시 잠근다.

3. 에스프레소 머신의 상태 파악하기

가. 에스프레소 머신 추출 구조의 이해

에스프레소 머신은 분쇄된 커피를 뜨거운 물로 추출하는 방식을 기계화한 것으로 이해하면 된다. 에스프레소 머신은 일반적으로 상수도와 직접 연결되어 있어 물 공급을 수동으로 할 필요가 없다. 또한 배수되는 물도 하수구로 바로 연결되어 있는 것이 일반적이다. 간혹 이런 시설을 할 수 없는 장소에는 간이 진동 펌프와 배수통을 연결시켜 사용하기도 한다.

가장 먼저 해야 할 일은 설치가 완료된 에스프레소 머신의 전원을 켜서 보일러를 뜨겁게 히팅하는 것이다. 전원 스위치는 보통 전면부 중앙이나 가장자리에 위치하는 것이 보통이나 간혹 에스프레소 머신의 바닥이나 드립 트레이를 들어내야 보이는 기계도 있다.

전원 스위치는 일반적으로 '0, 1, 2'로 되어 있거나 '0, 1'로 되어 있다. 3단계로 되어 있는 기계는 보통 '0'은 전원이 꺼져 있는 상태(Off)를 의미하고, '1'은 보일러에 전원이 들어가 있지 않아 히터가 타버리는 것을 막아주는 안전 스위치라 할 수 있고, '2'는 모든 기능을 사용할 수 있는 전원 상태(On)를 의미한다. 2단계로 되어 있는 기계는 '0'은 Off, '1'은 On을 의미한다.

안전 스위치가 없는 기계는 보일러에 적정 수위까지 물이 채워지지 않으면 히터에 전원을 공급하지 않는 방식을 채택하고 있다.

나. 에스프레소 머신을 이용하여 커피 추출하기

위의 과정을 거쳐 보일러 히팅이 완료되면 추출을 시작할 수 있다. 히팅이 완료되었는지 여부는 에스프레소 머신에 부착된 압력 게이지를 확인해야 한다. 1~1.3bar에 게이지 바늘이 위치하면 사용이 가능하다. 이때 에스프레소 머신을 점검하는 의미에서 추출 버튼을 눌러 추출 압력이 9±1bar가 되는지와 스팀 레버를 열어 스팀은 잘 나오는지 확인해 보는 것이 좋다.

모두 정상적으로 작동되면 추출을 시작할 수 있다. 추출 버튼을 눌렀을 때 가장 먼저 반응하는 장치는 펌프이다. 동시에 솔레노이드 밸브가 작동되어 그룹 헤드로 가는 추출 라인을 개방해 줄 것이다. 9bar로 밀어 내는 추출수는 플로메터를 거쳐 커피 보일러 하단으로 들어가게 되고 이렇게 들어간 물의 양만큼 추출 라인을 따라 개방된 그룹 헤드를 거쳐 추출되게 되어 있다.

메인 보일러는 물이 70% 정도 채워져 있어 30%의 공간에 압력이 발생하고 스팀이 채워진다. 스팀 레버를 개방하면 스팀 완드를 따라 이동하여 노즐 밖으로 스팀이 분출되는 원리이다. 하지만 커피 추출 보일러는 보일러 안에 물이 100% 채워진 포화 상태이다. 이는 물이 들어간 만큼 배출되는, 즉 밀어내기 방식으로 추출이 이루어진다.

4. 소모품 교체하기

에스프레소 머신에는 사용 기간에 따라 교체해야 하는 부품들이 있다. 상태를 확인하고 교체 시기 등을 점검하는 방법을 알아두어야 한다.

가. 그룹 개스킷(Group Gasket)

그룹 개스킷은 보통 6개월에서 1년 정도 사용 가능하며 더 오랜 기간 사용할 수도 있다. 포타필터를 장착한 후 추출 시 그룹 주변으로 누수가 발생하는 현상이 나타나면 개스킷을 교체해야 한다. 그 전에 예방차원에서 포타필터를 장착하는 느낌이 탄성을 잃고 딱딱한 느낌이 들면 누수가 발생하지 않아도 교체하는 것이 좋다.

1) 일체형

샤워 스크린 중앙에 볼트가 없는 모델은 교체가 간단한 편이다. 샤워 스크린 옆을 드라이버로 지렛대처럼 들어 올리면 개스킷과 샤워 스크린이 동시에 분리된다. 그 다음에는 위의 방법으로 개스킷을 샤워 스크린과 함께 포타필터에 올려놓고 포타필터에 장착하면 교체 작업이 마무리된다.

[사진 6-8] 일체형 개스킷 교체 방법

2) 볼트형

교체하는 방법은 장착된 모습으로 판단해야 한다. 샤워 스크린 중앙에 볼트가 있는 모델은 먼저 볼트를 풀고 샤워 스크린을 제거한 뒤, 그 상태에서 또다시 안에 보이는 디퓨저 볼트를 풀고 해체를 하면 개스킷과 같은 높이가 된다. 이때 송곳이나 일자드라이버로 개스킷을 떼어 내거나 너무 경화되어 딱딱해진 경우라면 깨어 내야 한다. 개스킷을 분리했다면 개스킷이 있던 자리를 솔 등으로 한번 닦아 낸 후 다시 장착하면 된다. 장착할 때 개스킷 모양을 살펴보면 일자로 잘려져 있는 부분과 모서리가 다듬어진 부분으로 구분할 수 있는데, 다듬어진 부분을 상부로 해서 장착하면 된다. 이때 날카로운 송곳 등으로 개스킷을 누르면 안 된다. 1차적으로 개스킷을 제자리에 넣고 난 다음, 포타필터를 장착하여 잘 끼워 넣으면 된다.

교체를 하고 난 뒤에 테스트용으로 추출을 해 보고 개스킷의 탄성과 누수 상태를 확인해야 모든 교체를 완료했다고 할 수 있다.

[사진 6-9] 볼트형 개스킷 교체 방법

나. 샤워 스크린(Shower Screen)과 디퓨저(Diffuser)

필터 바스켓에 물을 골고루 분사해 주는 샤워 스크린과 샤워 스크린 안쪽에 있는 디퓨저 또한 일정 기간 사용하면 교체해야 하는 소모품이다. 하지만 대부분의 사용자들이 교체하지 않고 몇 년씩 사용하는 경우를 흔히 볼 수 있다. 이는 추출에 큰 영향을 주며 추출된 커피에서 산패취를 느끼게 하기도 한다. 이 부품들은 커피 케이크 상부와의 간극과도 관련이 있으므로 반드시 교체를 해야 한다. 대부분 샤워 스크린은 그룹 개스킷을 교체할 때 같이 교체하는 것이 일반적이며 디퓨저는 그룹 개스킷 교체 시 분리하여 세척 후 사용하면 오랜 기간 사용할 수 있다.

다. 펌프(Pump)

추출 시 평균적인 추출 압력인 9bar를 만들어 주는 장치이다. 펌프는 손쉽게 교체가 가능한 부품이 아니므로 전문 엔지니어의 도움을 받아야 한다. 하지만 바리스타라면 알아 두어야 하는 기본 부속품이므로 교체 시기나 교체 방법을 알아보도록 하자.

펌프가 정상 작동을 할 때는 펌프 작동 소리가 일정하게 나며 펌프 압력 게이지를 통해 원하는 압력을 일정하게 표시해 준다. 하지만 펌프에 이상이 있을 경우에는 다음과 같은 현상이 발생하는데, 이는 오랜 기간에 걸쳐 천천히 나타나므로 조기에 감지하여 교체하면 에스프레소 머신을 원활하게 잘 사용할 수 있다.

우선 가장 먼저 느낄 수 있는 증상은 펌프 압력 게이지의 바늘이 떨리는 현상이다. 또 다른 증상은 펌프 작동 소음이 커지며 에스프레소 머신의 진동이 요란해질 수 있다. 이 증상이 갑자기 일어났다면 수도가 단수가 된 것은 아닌지를 먼저 확인해 보아야 한다. 문제가 없다면 에스프레소 머신에 연결된 하우징 정수 필터를 확인해 보아야 한다. 한편, 이 증상이 서서히 진행되었다면 펌프를 교체해야 한다. 펌프를 교체하기 위해서는 먼저 기계에 연결되어 있는 수도를 잠가 물이 유입되는 것을 막아야 한다.

펌프의 위치는 기계마다 다르기 때문에 처음 기계를 설치할 때 내가 사용하는 기계의 펌프 위치를 알아 두는 것이 좋다. 위치를 안다면 ①작업이 편하도록 기계 케이스를 분리하고, ②스패너로 펌프와 연결되어 있는 너트를 풀고, ③펌프와 펌프 모터와 연결된 연결 핀 나사를 풀어 모터와 펌프를 분리시킨다. ④그 후 펌프와 모터의 연결 부위에 있는 회전체를 손으로 돌린다. 너무 뻑뻑하거나 안 돌아가면 교체 주기가 도래한 것이다. ⑤새 제품으로 교체한 다음 ⑥분해의 역순으로 조립하면 된다. ⑦교체 후 펌프 압력이 기존이랑 다를 수

있으므로 펌프 압력을 다시 설정해야 한다. (137p의 '에스프레소 머신 설정하기'를 참조할 것)

라. 필터 바스켓

필터 바스켓은 포타필터에 장착되어 분쇄된 커피를 담을 때 사용되는 부속이다. 싱글, 더블, 트리플 등 여러 종류가 있지만 용도에 따라 더 많은 양을 넣을 수 있도록 개조하기도 한다. 이 부속은 금속으로 되어 있어 일반적으로 소모품이 아니라고 생각할 수도 있다. 그러나 사용량에 따라 바스켓 구멍이 넓어질 수도 있고 드물지만 바스켓 밑부분이 찢어져 떨어져 나갈 수도 있다. 이를 대비하여 여분의 바스켓을 구비해 두는 것이 좋다.

교체하는 방법은 매우 간단하다. 기존의 바스켓을 빼내고 새 바스켓을 원래의 위치에 다시 끼우면 된다. 요즘 새롭게 선보이는 바스켓들은 옆면의 경사도, 바스켓 홀의 위치, 홀의 개수 등 그 종류가 다양하므로 커피 맛과의 연관관계를 잘 생각하여 사용하는 것이 좋다.

마. 정수 필터

정수 필터는 수돗물의 불순물을 여과하고 정화하는 기계 외적인 소모품이다. 에스프레소 머신과 물의 관계는 에스프레소 머신의 추출 메커니즘과 연관이 있다. 그중 가장 중요한 부분은 물의 스케일(Scale) 부분이다. 대부분 지하수를 사용하는 업장에서는 석회 성분으로 인해 스케일 현상이 일어난다. 석회 성분이 많은 물은 보일러와 이동 통로인 관에 스케일 침전이 발생한다. 이는 물의 이동 통로를 마치 동맥경화처럼 비좁게 하거나 막힘을 유발하여 급기야 보일러 안에 침전이 되어 보일러 안쪽 벽과 히터에 자리 잡게 된다. 이러한 현상이 생기면 열전도율이 현저히 낮아져서 히팅에 필요한 시간을 길어지게 만든다. 이는 추출에 필요한 추출수 온도 변화에 크게 영향을 미칠 수 있다. 이를 방지하기 위하여 6개월에서 1년 사이에 교체를 권장하고 상태가 나쁘다면 이보다 더 빠른 시기에 교체를 해야 하는 경우도 있다.

정수 필터의 수명이 다 되어 갈 때 즈음이면 필터를 통과하는 유량이 현저하게 줄어들어 추출 시 물 공급을 원활하지 않게 만든다. 이는 펌프의 압력이 제대로 나오지 않게 하거나 압력 게이지 바늘의 심한 떨림, 머신 소음을 유발한다.

5. 에스프레소 머신 세척·관리하기

가. 어스프레소 머신의 오염도 체크하기

에스프레소 머신은 점성이 있는 커피를 추출하기 때문에 매일 청소하는 것이 바람직하다. 이는 추출되는 커피에서 산패취가 나지 않게 하는 데에 도움을 준다. 우선 샤워 스크린을 육안으로 확인하고 오염 물질이 있으면 청소를 해야 한다. 다음은 스팀 노즐 부분을 육안으로 확인하고 오염이 되어 있으면 즉시 청소를 해야 한다. 드립 트레이 부분 역시 커피 찌꺼기가 많지 않은지 확인해야 한다.

나. 에스프레소 머신 청소하기

1) 그룹 헤드 세척

그룹 헤드는 마감 시 매일 청소해야 한다. ①우선 포타필터의 필터 바스켓을 홀이 없는 청소용 블라인드 바스켓으로 교체하여 준비한다. ②세정제 반 티스푼 정도를 넣고 장착한다. ③추출 버튼을 눌러 펌프를 작동시킨다. 블라인드 바스켓은 홀이 없고 막혀 있는 상태여서 물이 밖으로 추출되지는 않을 것이다. 이때 세정제가 뜨거운 물에 녹아 그룹 헤드 안에 머물면서 샤워 스크린과 디퓨저에 있는 오염 물질을 녹여 준다. ④과정 '③'을 세 번 이상 하는 것이 좋으며 한 번에 30~40초 정도가 적당하다. ⑤ 동작 '④'를 완료하면 포타필터를 분리하여 버리고, ⑥다시 포타필터를 장착하여 추출 버튼을 눌러 남아 있는 세정제 성분을 헹구어 내는 작업을 한다. 이때 포타필터를 분리하고 장착하는 것을 빠르게 반복하면서 구석구석을 뜨거운 물로 헹구어 낸다. ⑦헹굼 작업이 끝나면 개스킷용 솔을 이용하여 개스킷 주변에 남아 있는 오염 물질을 제거하여 그룹 헤드 청소를 마무리한다.

2) 스팀 노즐 세척

스팀 노즐은 우유를 다루는 중요한 부분이기 때문에 위생적으로 좀 더 세심한 주의를 기울여야 한다. 너무 오랫동안 청소를 하지 않으면 노즐 구멍이 막혀 스팀이 현저히 약해진다. 이는 벨벳 밀크를 만드는 데 좋지 않은 영향을 미칠 수 있고 오래된 우유의 변질된 맛이 날 수도 있다. 사용 후에서 반드시 스팀을 충분히 배출하고 닦아 주어야 한다. 노즐 청소는 ①노즐 끝부분인 팁을 분리한다. ②세척용 솔로 노즐 안쪽까지 깊게 삽입하여 세척하고 ③스팀을 충분히 열어 오염 물질을 밖으로 배출시킨다. ④팁 부분은 구멍이 막혀 있지는 않은지 확인하고, 만약 막혀 있다면 얇은 핀 등으로 구멍을 뚫고 다시 장착하면 된다.

3) 드립 트레이 세척

에스프레소 머신 사용 후 커피 가루 등의 오염 물질이 배수구에 남게 되면 배수 라인이 막힐 수 있기 때문에 마감 청소 시 뜨거운 물을 많이 흘려보내어 찌꺼기가 남지 않도록 한다.

4) 포타필터 세척

포타필터는 추출된 커피가 직접적으로 닿는 유일한 부분이므로 위생에 각별히 주의해야 한다. 마감 시 필터 바스켓을 제거하고 안쪽 부분을 부드러운 수세미로 깨끗이 세척해야 한다. 이때 주의할 점은 거친 수세미로 안쪽 부분을 닦으면 동 재질로 된 안쪽 부분의 피복이 벗겨져 곰팡이가 생기거나 커피의 오일 성분이 흡착되어 산패된 맛을 낼 수 있다. 포타필터의 스파웃 부분은 일주일에 한 번 정도는 분리하여 쌓여 있는 찌꺼기를 제거해 주고, 포타필터와 스파웃을 머신 세정제를 녹인 뜨거운 물에 담가 미처 제거되지 않은 오염물질을 제거해야 한다.

다. 에스프레소 머신 세척 방법

1 사용한 스팀 노즐을 뜨거운 물에 담가 놓는다. 노즐에 굳어 있는 우유 찌꺼기를 제거하기 위해 반드시 필요한 작업이다.

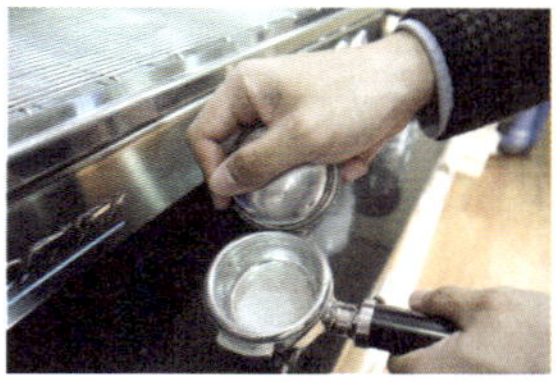

2 블라인드 바스켓을 이용하여 포타필터 바스켓을 분리한다.

3 포타필터 헤드에 블라인드 바스켓을 끼우고 티스푼 하나 정도 분량의 세정제를 넣어 준다.

4 그룹 헤드에 포타필터를 장착한 다음 수동 버튼을 눌러 준다.

5 20~30초 정도 지난 후 수동 버튼을 눌러 준다. (이 과정을 3~4회 정도 반복한다.)

6 수동 버튼을 누르고 그룹 헤드에서 포타필터를 양쪽으로 움직여 주면서 커피 찌꺼기가 씻겨 나가도록 한다.

7 뜨거운 물을 버린 후 스팀 밸브를 열어 우유 부유물들을 빼 주고 행주로 깨끗이 닦아 준다.

8 배수구에 커피 가루가 쌓여 막히지 않도록 뜨거운 물을 부어 준다.

9 배수 트레이는 빼서 깨끗이 씻은 후 물기를 닦고 다시 장착시킨다.

2. 커피 그라인더 운용하기

1. 커피 그라인더 구조의 이해

가. 분쇄의 의미와 유래

국어사전에서는 분쇄(粉碎, Grinding)를 "단단한 물체를 잘게 부스러뜨림"으로 정의하고, 화학용어사전에서는 "고체 상태의 물질을 파괴하여 지름의 감소와 표면적의 증대를 도모하는 기계적 조사"로 정의하고 있다.

분쇄는 커피뿐만 아니라 여러 산업과 분야에서 유용하게 다뤄지고 있다. 우리는 언제부터 커피를 분쇄하여 마시기 시작했을까? 6세기경 에티오피아에서 처음 커피가 발견되었을 때부터 분쇄하여 마셨을까? 아마도 그렇지는 않을 것이다. 왜냐하면 그때는 커피의 씨앗을 먹지 않았기 때문이다. 인류가 커피콩을 로스팅하여 맛보기 시작했을 때, 그제야 비로소 커피를 분쇄하여 음용했을 것이다. 분쇄 방법은 지금처럼 그라인더나 핸드밀을 사용하기 보다는 돌도끼나 절구 등으로 빻는 형태였을 것이다. 지금도 터키나 아프리카, 중동 지방에서는 절구나 맷돌 등을 이용해 커피를 분쇄하여 음용하는 모습을 볼 수 있다.

산업이 발전하고 에스프레소 머신이 발명되고 커피 추출 기구가 발전하면서 그라인더도 그와 더불어 다양한 형태로 발전하고 있다. 에스프레소(Espresso)와 핸드 드립(Hand Drip), 터키식 커피(Turkish Coffee), 베큠 브루어(Vacuum Brewer), 더치커피(Dutch Coffee), 모카포트(Mocha Pot), 에어로프레스(Aeropress), 케멕스(Chemex) 등 다양한 추출 기구들은 각각의 특성에 맞는 분쇄 입자를 요구하고 있기 때문이다. 따라서 맛있는 커피를 만들기 위한 첫 번째 단계는 그라인더의 선택과 운용에서부터 출발한다고 해도 과언이 아닐 것이다.

나. 그라인더 사양

그라인더는 커피뿐만 아니라 후추를 분쇄하는 페퍼밀(Peppermill) 등 다양한 곡물과 산업 현장 전반에 걸쳐서도 사용되고 있다. 하지만 커피의 발전과 함께 그라인더는 커피와는 별개로는 생각할 수 없는 필수품이 되었으며, 다양한 커피 추출 기구의 발명과 개발에 힘입어 용도에 맞는 그라인더 역시 개발되고 발전되어 왔다.

가정에서 주로 사용하는 수동 핸드밀(Hand Mill)과 전동 그라인더는 가격이 저렴하여 널리 보급되고 있으나 속도가 느리고 분쇄 입자가 균일하지 못하다는 단점이 있다. 대부분의 커피 매장에서는 에스프레소에 적합한 가는 분쇄 입자를 빠른 시간에 분쇄해 주는 전동식 그라인더와 핸드드립 등 다양한 추출 기구에 맞는 분쇄 입자 변경이 용이하고 균일한 굵기의 분쇄를 가능하게 하는 구조의 그라인더를 선호하고 있다.

〈표 6 - 1〉과 〈표 6 - 2〉에 에스프레소에 적합한 수동식 그라인더와 자동 그라인더의 구조를 정리하였다.

〈표 6-1〉 수동 그라인더의 구조

호퍼	2.0kg
칼날 타입	평면형(Flat burr)
정격	220V/단/370W
크기	W195×D360×H570

1. 호퍼 : 원두를 담는 통
2. 원두 투입 레버 : 안으로 밀면 열리고, 밖으로 밀면 닫히는 구조
3. 분쇄 입자 조절 레버 : 왼쪽 버튼을 누른 후 시계 방향으로 돌리면 입자가 가늘어지고, 반시계 방향으로 돌리면 입자가 굵어진다.
4. 도저 : 분쇄된 원두커피 보관통
5. 원두 배출량 조절 레버 : 시계 방향으로 돌리면 배출량이 줄어들고, 반시계 방향으로 돌리면 배출량이 늘어난다.
6. 분쇄커피 배출 레버 : 앞으로 당기면 분쇄된 커피가 배출된다.
7. ON/OFF 스위치

Model : Anfim Caimano

〈표 6-2〉 자동 그라인더의 구조

호퍼	1.3kg
칼날 타입	원뿔형(Conical burr)
정격	220V/단/450W
크기	W240×D420×H650

1. 호퍼 : 원두를 담는 통
2. 원두 투입 레버 : 안으로 밀면 닫히고, 밖으로 밀면 열리는 구조
3. 분쇄 입자 조절 레버 : 시계 방향으로 돌리면 입자가 굵어지고, 반시계 방향으로 돌리면 입자가 가늘어진다.
4. 원두 추출 버튼 : 원샷, 투샷, 프리 버튼을 눌러 추출(메뉴 버튼으로 추출량 조절)
5. ON/OFF 스위치 : 스위치를 '1'에 두면 ON, '0'에 두면 OFF

Model: Kony Electronic

2. 커피 특성별 분쇄 입자 크기 이해

가. 로스팅 포인트에 따른 분쇄 입자 및 추출 시간 결정

같은 산지에서 생산된 생두라도 로스팅 포인트(Roasting Point)에 따라 원두의 강도에도 차이가 생긴다. 강하게 로스팅한 원두는 강도가 약해져 조직이 부드럽고 바삭바삭한 상태로서 표면을 감싸고 있는 오일이 배어나며 쓴맛과 중후한 바디감이 강하고, 정도에 따라 단맛이 나타나기도 하지만 상큼한 산미와 향기 성분은 부족하다. 색상은 진한 갈색을 띠며 부피는 생두에 비해 80~100%까지 팽창한다. 반대로 약하게 로스팅한 원두는 열의 접촉이 충분히 이루어지지 않은 상태이기 때문에 생두보다는 강도가 다소 약해지지만, 연조직의 부드러움은 덜한 상태이다. 부드러운 신맛과 단맛의 조화를 느낄 수 있으며 색상은 연한 갈색을 나타낸다.

이와 같이 로스팅 정도가 다르면 원두의 강도도 다르기 때문에 분쇄 입자와 추출 시간을 달리 해야 최상의 커피를 추출할 수 있다. 약볶음 커피는 로스팅 과정에서 팽창이 충분히 이루어지지 않았기 때문에 곱게 분쇄하여 물과 커피가 닿는 면적을 최대한 늘려주어야 하고, 강볶음 커피는 이와 반대로 다소 굵게 분쇄하는 것이 좋다.

〈표 6-3〉 로스팅 정도와 분쇄 입자 크기

로스팅 정도	강도	색상	분쇄 입자
약하게 로스팅된 커피	강	연한 갈색	고운 분쇄
중간 정도 로스팅된 커피	중	갈색	중간 분쇄
강하게 로스팅된 커피	약	진한 갈색	굵은 분쇄

*동일 분량 사용

나. 습도에 따른 분쇄 입자 크기 결정

커피는 기본적으로 흡습성이 높기 때문에 습도 변화에 매우 민감하다. 주변의 습도 상태에 따라 물 분자를 흡수하거나 방출하기도 한다. 평소와 같은 굵기로 분쇄했음에도 불구하고 비가 오거나 습도가 높은 날에 유독 커피가 느리게 추출되는 이유는 커피 입자의 표면적에 닿는 수분의 양이 평소보다 많아 커피 입자가 서로 엉기는 현상이 생겨서 입자 사이를 지나가려는 가압수의 저항이 커지기 때문이다. 이때는 커피 입자를 평소보다 조금 굵게 조정해야 정상적인 추출이 이루어진다. 반대로, 낮은 습도에서는 평소보다 원두를 가늘게 분쇄해야 향미가 풍부한 정상적인 커피를 추출할 수 있다.

〈표 6-4〉 습도와 분쇄 입자 크기

습도	추출 상태(기본)	분쇄 입자 조절
높음	느림	굵게
보통	정상	정상
낮음	빠름	가늘게

*동일 분량 사용

다. 온도에 따른 분쇄 입자 크기 결정

커피의 품질을 위해서 추출에 사용되는 물의 온도는 반드시 고려되어야 할 추출 변수이다. 로스팅 정도, 사용하는 추출 기구, 커피 투입량에 따라 온도 조절이 이루어져야 한다.

일반적으로 약하게 로스팅된 커피는 물과 접촉했을 때 팽창력이 작아 낮은 온도에서는 커피 성분이 잘 우러나지 못해 밋밋하고 날카로운 신맛이 나는 커피가 추출될 수 있으므로 조금 높은 온도에서 고운 분쇄로 추출하는 것이 좋다. 반면, 강하게 로스팅된 커피는 입자가 다공질 상태로 물 흡수력이 좋기 때문에 높은 온도에서 추출할 경우 떫고 거친 잡맛과 쓴맛이 강한 커피가 추출될 수 있다. 이 경우에는 낮은 온도에서 굵은 분쇄로 추출하는 것을 권장한다.

한편, 추출 기구에 따라서도 분쇄 입자를 조절해야 하는데, 동일한 추출 기구와 분쇄 입자를 사용하더라도 물 온도가 낮으면 신맛이 강하거나 전체적으로 밋밋한 인상의 커피가 추출될 수 있다. 반대로 온도가 너무 높으면 성분이 과도하게 추출되어 쓰고 탄맛이 나는 커피가 추출될 수 있으므로 주의해야 한다.

〈표 6-5〉 온도와 분쇄 입자 크기

상태	온도 조절	분쇄 입자 조절	비고
약하게 로스팅된 커피	조금 높게	고운 분쇄	투입량 동일
강하게 로스팅된 커피	조금 낮게	굵은 분쇄	

라. 신선도에 따른 분쇄 입자 크기 결정

요리에서 재료의 신선함이 맛을 좌우하듯 원두의 신선도에 따라 커피의 품질이 달라지기 때문에 바리스타가 신선한 원두를 선택하는 것이 맛있는 커피의 전제 조건이 된다. 분쇄하지 않은 홀빈(Whole Bean) 상태보다 분쇄된 원두는 산소와 접촉하는 표면적이 크기 때문에 산패 속도가 더 빨리 진행되어 신선도가 떨어지게 된다.

신선한 상태의 원두보다 기간이 30일 또는 60일 이상 경과된 원두는 분쇄 입자를 더 가늘게 해 주어야 정상적인 추출 시간이라도 지켜낼 수 있지만 커피의 맛과 향기는 기대하기 힘들 것이다. 그러므로 분쇄는 추출 직전에 사용할 양만큼만 즉시 분쇄하는 것이 최선이다.

마. 분쇄 입자 크기에 따른 추출 시간 결정

커피 추출을 위해 분쇄를 하는 이유는 물과 접촉하는 표면적을 증가시켜 추출을 용이하게 하기 위함이다. 분쇄 입자가 너무 굵으면 물과의 접촉 시간이 짧아져서 커피 성분이 부족하게 추출되는 과소 추출(Under Extraction)로 인해 커피의 향미를 약하게 느껴지고, 너무 가는 분쇄 입자는 물과의 접촉 시간이 길어져서 과도한 추출 저항을 만들어 내어 좋은 향과 맛은 감소하고 불쾌한 쓴맛이 증가하는 과다 추출(Over Extraction)이 된다. 따라서 맛있는 커피를 위해서는 추출 방법과 기구에 적합한 크기로 분쇄하여 적정한 시간으로 추출하는 것이 중요하다.

〈표 6-6〉 추출 방법에 따른 입자 크기와 추출 시간

구분	사진	분쇄도	추출 시간
이브릭	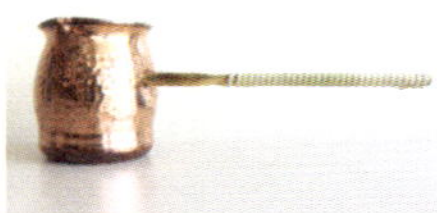	0.1mm	4~5분
에스프레소	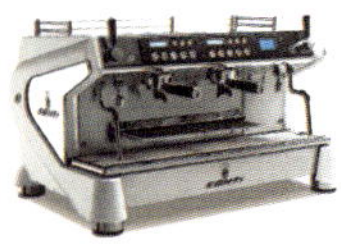	0.3mm	20~30초
모카포트		0.4mm	2~3분
사이폰		0.5mm	1분

콜드워터드립		0.5~0.7mm	3~10시간
핸드드립		0.5~1.0mm	2분~3분
프렌치프레스		1.0mm	3분~4분

3. 커피 상태별 사용량 이해

가. 분쇄 입자 크기에 따른 사용량 결정

분쇄 입자 크기는 원두를 몇 등분으로 자르고 부수어서 중요한 향미 성분들의 추출이 용이하게 표면적을 늘리는 것이다. 분쇄를 많이 하여 입자의 크기가 작아지면 이산화탄소의 배출과 물이 침투할 수 있는 표면적이 증가하여 커피의 중요한 향미 성분들을 잘 추출해 낼 수 있지만, 과도하게 분쇄하면 오일 성분과 수용성 물질 등 다른 향미 성분들의 추출도 늘어나게 된다. 따라서 추출 방법에 맞는 분쇄 입자 크기를 고려해야 한다. 동일한 조건이라면 가는 분쇄 커피는 사용량을 줄이고 굵은 분쇄 커피는 사용량을 늘려야 원하는 향미의 커피를 추출할 수 있을 것이다.

〈표 6-7〉 입자의 크기와 단위 무게당 입자의 수

	크기(mm)	입자의 수	Increase in parts/g	증가율	표면적 (sq/g)
원두	6.0	6	-	-	8
부서진 원두	3.0	48	42	1	16
거친 분쇄	1.5	384	336	8	32
중간 분쇄	1.0	1,296	912	22	48
드립 분쇄	0.75	3,072	1,776	42	64
가는 분쇄	0.38	24,572	21,500	512	128
에스프레소 분쇄	0.20	491,440	466,868	11,115	240

나. 신선도에 따른 사용량 결정

커피의 신선도는 여러 가지 요인으로 유지되거나 소실될 수 있다. 커피의 신선도는 산소와의 접촉 정도에 따라서 가장 많은 영향을 받지만 포장 방법이나 보관 장소, 분쇄 여부 또는 분쇄 입자 크기 등에 따라서도 영향을 받는다.

원두는 로스팅한 직후부터 커피에 침투하는 산소를 차단해 주던 이산화탄소가 방출되기 시작한다. 시간이 지날수록 이산화탄소가 휘발되고 남아 있던 향미 물질이 감소하면서 신선도가 저하되는 것이다. 로스팅한 지 오래된 커피는 이산화탄소가 남아 있지 않아 부풀어 오르지 않고 산패가 진행되어 맛도 변한다.

분쇄된 커피는 홀빈 상태의 커피보다 이산화탄소와 함께 향기 성분도 빨리 사라지고 신선도도 급격히 떨어진다. 그렇기 때문에 원두는 가급적 추출 직전에 분쇄하여 사용하는 것이 좋으며, 분쇄했다면 빨리 소비하는 것이 좋다. 신선도가 떨어진 커피는 수분 흡수력이 약해져 추출 속도가 빨라지므로 신선한 원두보다 사용량을 늘려 추출하는 것이 도움이 될 것이다.

다. 물 온도에 따른 사용량 결정

커피를 추출하는 물 온도는 꼭 정해져 있는 것은 아니지만, 추출 온도가 낮으면 신맛이 강하거나 전체적인 맛이 밋밋한 커피가 추출될 수 있으며, 추출 온도가 너무 높으면 과도한 성분 추출로 인해 쓰고 탄맛이 나는 커피가 추출되기도 한다. 그러므로 물 온도에 따라 커피 사용량을 다르게 하면 향기롭고 더 맛있는 커피를 추출할 수 있다.

커피의 고형 성분은 높은 온도에서 용해되어 추출되는 경향이 있다. 그래서 에스프레소 머신의 경우 95℃ 이상의 온도를 유지하도록 설계되어 있으며, 핸드드립의 경우 90~95℃ 정도의 물이 적당하다. 물의 온도가 85℃ 이하일 경우에는 커피의 고형 성분이 제대로 추출되지 않아 심심한 커피 맛이 난다. 90℃ 정도의 약간 낮은 온도에서 추출하는 커피는 사용량을 줄여서 분쇄도를 가늘게 하고 높은 온도(95℃ 이상)에서 추출하는 커피는 사용량을 늘려서 조금 굵게 분쇄하여 사용하는 것이 좋다.

하지만 가장 적합한 커피양은 실제 추출되는 양과 맛을 고려하여 결정하는 것이 바람직하다. 이러한 기준에서 이상적인 커피양보다 너무 많은 양을 사용하여 추출할 경우에는 지나치게 자극적이고 강한 성향을 갖게 되며 반대로 너무 적은 양이 사용된 경우에는 밋밋하고 특색 없는 커피가 만들어지게 되기도 한다.

라. 탬핑의 강도에 따른 사용량 결정

탬핑(Tamping)은 에스프레소추출 시 탬퍼(Temper)를 사용하여 필터 바스켓에 분쇄 커피 가루를 채운 후 다져 주는 작업을 말한다. 탬핑은 보통 15kg 정도의 힘으로 눌러주는데, 누르는 힘의 강약에 따라 크레마의 생성이나 맛 표현이 다르게 나타난다.

동일한 조건에서 탬핑의 강도가 지나치게 강하면 오히려 크레마가 제대로 생성되지 않으면서 강한 쓴맛이 나고, 탬핑의 강도가 너무 약하면 분쇄 커피 입자의 밀착력이 약해 추출 시 표면에 균열이 생길 수 있으며 농도가 옅은 크레마가 형성된 밋밋한 에스프레소를 얻게 된다. 자신의 탬핑 스타일이 강하다면 커피 사용량을 조금 적게 하여 추출하는 것이 좋으며 탬핑하는 힘이 기준보다 약할 경우에는 투입량을 좀 더 늘리면 양질의 에스프레소를 추출할 수 있다.

4. 그라인더 종류 및 특성 이해

신선하고 맛있는 커피를 원한다면 분쇄된 상태의 원두보다는 분쇄되지 않은 원두(Whole Bean)를 구입하여 추출 직전에 그라인더로 분쇄해 사용하는 것이 좋다. 물론 가정용이나 상업용에 공통적으로 해당하는 내용이다.

가. 핸드밀

핸드밀은 가격이 저렴하고 구조가 단순하며 작동법이 어렵지 않아 가정에서도 쉽게 쓸 수 있는 그라인더이다. 또한 전력이 필요 없고 잔고장이 적을 뿐만 아니라 디자인이 다양해 인테리어 소품으로도 활용도가 높다. 하지만 원두가 균일하게 분쇄되지 않아 부분적으로 과소 추출 혹은 과다 추출이 일어나 맛의 균일성이 떨어지며, 다량의 분쇄 작업이 어려워 편의성이 떨어지는 단점이 있다.

[사진 6 - 10] 다양한 디자인의 핸드밀

나. 전동식 그라인더

전동식 그라인더는 핸드밀과는 달리 분쇄 속도가 빠르고 대량 분쇄도 가능하며 무엇보다 정밀한 분쇄로 커피의 향미를 높이는 데 결정적인 역할을 하고 있다. 하지만 전기와 전자 장치를 사용기 때문에 고장의 위험이 있고 가격이 높다는 단점도 있다.

전동식 그라인더는 다양한 종류가 있는데 먼저 칼날의 형태에 따라 믹서처럼 회전하며 분쇄하는 블레이드형 충격식 그라인더와 칼날 사이로 원두가 투입되어 분쇄되는 간격식 그라인더로 구분할 수 있다. 간격식 그라인더는 다시 버 타입(Burr Type)과 롤러 타입(Roller Type)으로 나뉘고, 버 타입은 평면형(Flat Burr)과 원뿔형(Conical Burr)으로 나뉜다.

〈표 6-8〉 전동식 그라인더(칼날의 종류에 따른 분류)

<table>
<tr><th>종류</th><th colspan="3">칼날 형태</th></tr>
<tr><td>충격식</td><td colspan="3"></td></tr>
<tr><td rowspan="3">간격식</td><td>롤러 타입</td><td colspan="2"></td></tr>
<tr><td rowspan="2">버 타입</td><td>평면형</td><td></td></tr>
<tr><td>원뿔형</td><td></td></tr>
</table>

또한, 전동식 그라인더는 핸드드립이나 에스프레소 등 주요 추출 방법과 기능에 따라서도 구분할 수 있다. 에스프레스용 그라인더는 다시 수동 그라인더와 자동 그라인더로 나뉘는데, 수동 그라인더는 분쇄된 커피를 저장하는 '도저(Doser)'가 포함되어 있는 데 반해 자동 그라인더는 도저가 없이 원두가 분쇄되는 시간과 양을 세팅하여 필요한 양만큼 분쇄해 포타필터에 바로 담아내는 형식으로 '도저리스(Doserlerss)'라고 한다.

〈표 6-9〉 **전동식 그라인더**(추출 방법과 기능에 따른 분류)

<table>
<tr><th>추출 방법</th><th colspan="4">기능</th></tr>
<tr><td>핸드드립용</td><td colspan="4">   </td></tr>
<tr><td rowspan="2">에스프레소용</td><td>자동
그라인더</td><td></td><td></td><td></td></tr>
<tr><td>수동
그라인더</td><td></td><td></td><td></td></tr>
</table>

5. 커피 그라인더 청소하기

가. 그라인더 분해 및 조립 능력

〈표 6 - 10〉 수동 그라인더 청소 방법

	1. 원두 투입 레버를 바깥쪽으로 당긴다. 2. 세 군데의 나사를 풀고 호퍼를 본체에서 분리한다.
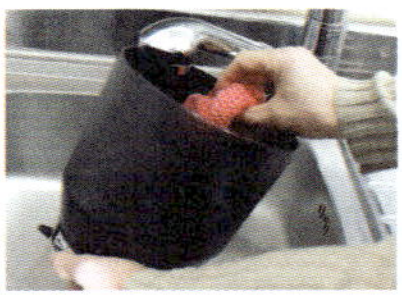	3. 세제를 이용하여 호퍼를 세척한다.
	4. 호퍼와 그라인더날 사이에 있는 원두를 수저 등을 이용하여 최대한 꺼내 밀폐용기에 담는다. 5. 그라인더날에 남아 있는 원두는 분쇄 후 도저에서 모두 빼 낸다.
	6. 입자 조절 캡의 고정 핀을 누르면서 반시계 방향으로 돌려 입자 조절 캡을 분해한다.
	7. 부드러운 솔을 이용해 날에 흠집이 생기지 않게 조심해서 청소한다. 솔로 제거되지 않는 찌꺼기는 청소기를 이용해 마저 제거한다.

 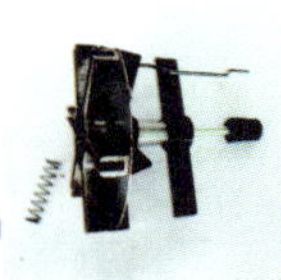 	8. 사진에 빨간색으로 표시된 부분을 반시계 방향으로 돌려 분해한다. 9. 원두 투입 조절 레버를 솔로 구석구석 털어 준다. 10. 행주로 케이스를 깨끗이 닦아 준다.
	11. 분해의 역순으로 조립한다.

Model : Anfim Caimano

〈표 6-11〉 자동 그라인더 청소 방법

	1. 호퍼를 비운 뒤 분쇄 버튼을 눌러 호퍼와 그라인더날 사이에 있는 잔여 원두를 갈아 낸다.
	2. 손 부분의 나사를 반시계 방향으로 돌려 푼 후 호퍼를 분리한다.
	3. 입자 조절 캡을 시계 방향으로 돌려 분리한다.
	4. 날이 부딪혀 손상되지 않도록 윗날을 빼 낸다.
	5. 부드러운 솔을 이용해 날에 흠집이 생기지 않게 조심해서 청소한다. 솔로 제거되지 않는 찌꺼기는 청소기를 이용해 마저 제거한다.
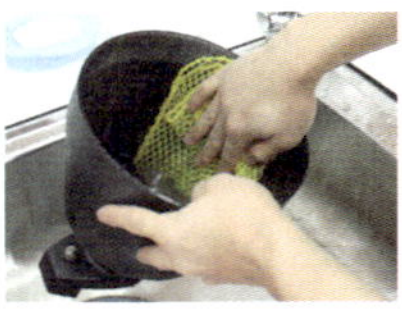	6. 세제를 이용하여 호퍼를 세척한다.
	7. 분해의 역순으로 조립한다.

Model : Kony Electronic

3. 보조 커피기계 운용하기

1. 제빙기

제빙기는 크게 수랭식과 공랭식으로 나뉘며 얼음을 얼리는 방식에 대한 차이가 있다. 이 방식에 대한 부분은 제빙기를 만드는 회사마다 차이가 있을 수도 있고, 두 가지 방식 모두 생산하여 판매하는 회사도 있다. 특성을 살펴 매장의 상황에 맞는 제빙기를 구매하는 것이 좋다.

가. 공랭식

바람을 통해서 뜨거운 열을 밖으로 내보내고 찬 공기를 이용해서 얼음을 얼리는 방식으로, 팬의 소음이 자연스럽게 생기게 되어 카페 내에서 소음이 발생할 수 있다는 단점이 있다. 주변 온도의 영향과 설치 시에 벽면에 바짝 붙이면 기계에 부담을 줄 수 있어서 설치 시 공간이 더 여유 있게 설치해야 하고 통풍이 잘 되는 곳이어야 한다.

주변의 온도가 올라가면 얼음을 얼리는 제빙 능력이 자연스럽게 떨어진다. 물의 경우에는 주변 환경의 변화에 상대적으로 반응이 적어서 제빙 능력이 일정하고 우수하다는 장점이 있다.

나. 수랭식

물을 이용해서 얼음을 얼리는 방식이다. 수랭식 제빙기는 공랭식 제빙기보다 가격으로는 약간 높을 수 있으나 소음이 매우 적다는 장점이 있다.

인테리어 설계 시 급수, 배수관 수도 시설을 설치해야 한다. 얼음을 얼리기 위해서 정수된 물이 들어가는 급수관이 필요하며, 얼음을 얼리는 데 사용되고 나온 물이 빠져나갈 배수관도 필요하다.

■ 제빙기 청소법

설치한 후에는 급수가 연결되어 있고 카페에서는 많은 메뉴에 들어가는 기본 재료이기 때문에 날을 잡아 청소하기가 어렵겠지만, 오랫동안 하지 않으면 여름에 식중독을 일으킬 수 있다.

1) 먼저 전원을 끄고 물을 잠근다.
2) 안쪽 얼음이 떨어지는 부분의 판넬을 분리해 주고, 제빙기의 안쪽과 얼음이 쌓이는 부분과 물이 떨어지는 투입구 부분도 중성세제를 솔에 묻혀 닦아 준다.
3) 제빙기 안쪽을 깨끗한 물로 닦아 준다.
4) 먼지 필터를 씻은 후 말려 준다.

제빙기 안의 토출구 쪽에 물을 많이 부어 주고 재작동 후 30~40분 정도 지나면 얼음이 생성되는데, 처음 나오는 얼음은 사용하지 말고 버리는 것이 좋다.

2. 정수기

수돗물은 음료를 만드는 데 사용하기에는 바람직하지 않은 경수 성분과 염소, 좋지 않은 맛과 냄새 등의 불순물이 포함되어 있는 경우가 많다. 물은 음료의 맛을 저하시키거나 에스프레소 머신 고장의 원인이 될 수 있기 때문에 커피 추출 시에 연수 처리된 물만 사용한다면 스케일의 발생을 줄여주지만, 음료의 향기와 맛을 유지 하는 데 좋지 않을 수 있다.

물에 흐르는 미세한 입자는 제거되지 않기 때문에 보일러에서 물을 끓이게 되면 불필요한 성분이 추출될 수 있다. 물에서 떠다니는 물질들을 제거하는 정수 능력에 따라 용해된 형태로 존재하는 맛과 냄새를 제거할 수 있다.

가. 필터의 종류

1) 여과 필터

여과 필터를 통과하면서 염소 처리된 수돗물의 이물질이 제거된다.

2) 정수 필터

활성탄을 통과하면서 물속의 미세한 잡맛과 냄새가 제거되어 무색무취의 물로 된다.

3) 스케일 억제 필터

물을 가열할 때 화학적으로 반응하고 침전하여 스케일로서 축적될 정도의 석회질 결정체 형성을 억제한다.

나. 정수기 관리 방법

1) 정수기에 설치 일자, 교체 예정 일자를 표시한다.
2) 여과 필터의 오염 상태를 점검하고 교체한다. (여과 필터의 색이 흰색에서 옅은 갈색, 검은색으로 변해간다.)
3) 매장의 정수 사용량을 예상하고 정수 필터를 주기적으로 교체한다.

학습 정리

1. 에스프레소 머신 운용하기
   - 커피기계를 설정하고 각 부 명칭을 알 수 있다.
   - 커피기계의 현재 상태를 파악할 수 있다.
   - 커피기계의 소모품을 교체할 수 있다.
   - 커피기계를 세척 관리할 수 있다.

2. 커피 그라인더 운용하기
   - 커피 입자를 조절할 수 있다.
   - 커피 사용량을 조절할 수 있다.
   - 커피 그라인더를 작동할 수 있다.
   - 커피 그라인더의 소모품을 교체할 수 있다.
   - 커피 그라인더를 청소할 수 있다.

3. 보조 커피기계 운용
   - 보조 커피기계를 사용할 수 있다.
   - 보조 커피기계의 상태를 파악할 수 있다.
   - 보조 커피기계의 소모품을 교체할 수 있다.
   - 보조 커피기계를 세척 관리할 수 있다.

예상 문제

1. 에스프레소 머신에서 메인 보일러의 적당한 압력 범위는?

   ① 0.5~1.0bar ② 1.0~1.5bar

   ③ 2.0~3.0bar ④ 8.0~9.0bar

2. 다음 중 에스프레소 머신의 일일 점검 사항이 아닌 것은?

   ① 보일러 압력 확인 ② 추출수의 온도 확인

   ③ 개스킷의 마모 상태 확인 ④ 디퓨저의 세척 상태 확인

3. 에스프레소 머신에서 추출을 위한 물이 공급되는 부분을 그룹 헤드(Group head)라고 한다. 다음 중 그룹 헤드의 부속품이 아닌 것은?

   ① 개스킷(Gasket)

   ② 디퓨터(Diffuser)

   ③ 포타필터(Portafilter)

   ④ 샤워 스크린(Shower Screen)

4. 다음은 커피 추출 시 분쇄 입자에 관한 내용이다. 설명으로 틀린 것은?

   ① 핸드드립용 커피는 에스프레소용 커피보다 분쇄 입자가 가늘어야 한다.

   ② 프렌치프레스용 커피는 핸드드립용 커피보다 분쇄 입자가 굵어야 한다.

   ③ 같은 추출 기구를 사용할 경우, 분쇄 입자에 따라 커피 맛이 달라진다.

   ④ 터키식 커피를 추출할 경우 입자를 매우 미세하게 분쇄하는 것이 좋다.

5. 다음 중 입자의 균일성이 떨어지고, 열 발생으로 인해 향미가 저하되는 그라인더 칼날의 형태는?

   ① Conical형 ② Flat형

   ③ Roller형 ④ Blade형

예상 문제

6. 커피 분쇄에 영향을 미치는 요소 중 가장 거리가 먼 것은?

① 습도 ② 로스팅 정도

③ 분쇄 시 발생하는 열 ④ 커피 종류와 산지

7. 커피 그라인더의 설계상 고려되어야 할 사항 중 틀린 것은?

① 분쇄 마찰에 따른 발열 반응의 최소화

② 분쇄 입도 분포의 안정성

③ 분쇄의 효율을 위한 미립 분말의 최소화

④ 분쇄의 안정성을 위한 내구성

8. 커피를 분쇄(Grinding)하는 이유 중 가장 타당한 것은?

① 프타필터에 채우는 커피 양을 늘리기 위해서

② 커피 유용 물질의 추출을 위한 물과의 접촉 면적을 늘리기 위하여

③ 커피의 추출을 위한 도징(Dosing)을 용이하게 하기 위하여

④ 커피의 향미 성분(아로마, 플레이버)을 증가시키기 위하여

정답 1. ② 2. ③ 3. ③ 4. ① 5. ④ 6. ④ 7. ③ 8. ②

7장

커피추출운용

능력 단위 : 커피추출운용

능력 단위 정의 : 커피추출운용이란 에스프레소 머신 이외에 다양한 추출 기구와 추출 방법을 이용하여 커피를 추출하고 추출된 커피를 관능적으로 평가하는 능력을 갖는다.

수행 준거

- 커피 추출 기구 활용하여 원리, 구조와 특성을 이해하고 추출할 수 있다.
- 추출된 커피를 활용하여 관능평가를 할 수 있다.

1. 커피 추출 기구 활용하기

1. 여과식 커피 추출하기

분쇄커피를 걸러주는 필터(종이, 금속 등)을 이용해 물이 한 번 통과하여 커피를 추출하는 방식을 여과(濾過)라 한다.

가. 한드드립 추출 기구

핸드드립(Hand Drip)이란, 일본에서 유래된 용어로 커피와 물이 만나 중후한 맛을 내기에 유리한 방식이다. 핸드드립은 드립 포트와 드리퍼를 사용하여 커피를 추출하는데, 멜리타(Melitta), 칼리타(Kalita), 고노(Kono), 하리오(Hario) 등 다양한 브랜드에서 핸드드립 추출 기구를 출시하고 있다.

1) 핸드드립 추출 기구

[사진 7 - 1] 칼리타 드리퍼

[사진 7 - 2] 고노 드리퍼와 하리오 드리퍼

[사진 7-3] 칼리타 핸드드립 세트

드리퍼, 드립 서버, 드립 포트, 필터로 구성

2) 여과지 접는 법

가) 고노 필터

① 종이 필터를 준비한다. ② 옆면을 안으로 접는다. ③ 드리퍼에 밀착시킨다.

[사진 7-4] 고노 필터

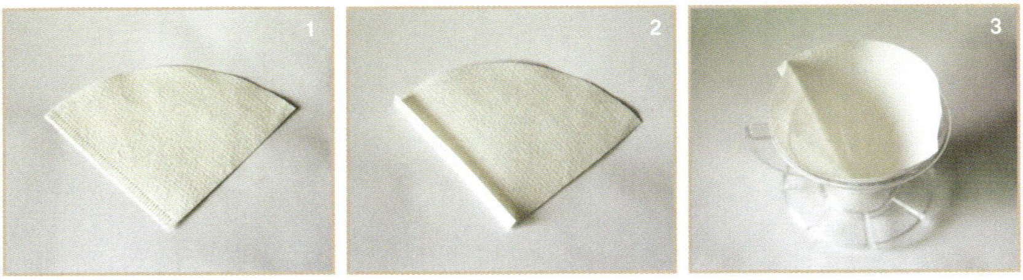

나) 칼리타 필터

① 종이 필터를 준비한다. ② 옆면을 안으로 접는다. ③ 아랫면을 뒤쪽으로 접는다. ④ 양쪽 끝을 접는다. ⑤ 드리퍼에 밀착시킨다.

[사진 7-5] 칼리타 필터

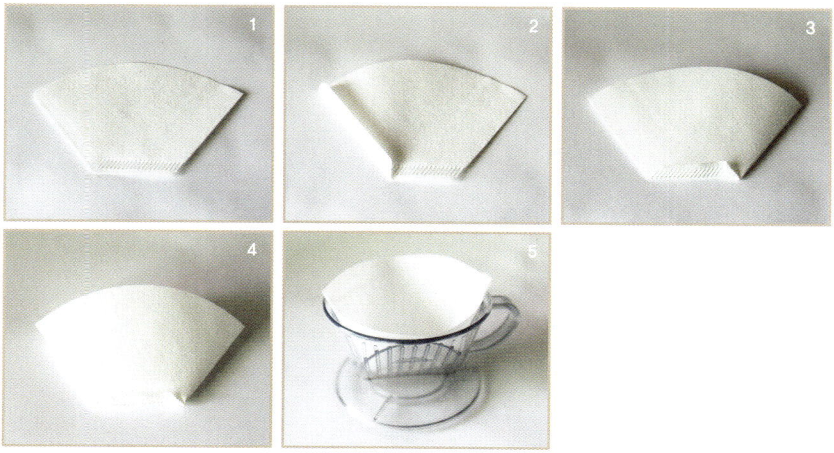

3) 준비물

[사진 7-6] 핸드드립 준비물

드리퍼, 드립 서버, 드립 포트, 종이 필터, 계량스푼, 전기 포트, 그라인더, 로스팅된 원두

4) 추출 과정

가) 로스팅 원두 준비하기

로스팅된 원두 15g을 중간 굵기 분쇄 후 드리퍼 안의 종이 필터에 담고 커피

가루를 평평하게 고른다. 물의 온도는 강하게 로스팅된 커피인 경우 저온(90℃ 이하)으로 맞추고, 서버와 커피잔을 예열한다.

나) 뜸들이기

드리퍼의 중심에서 시작하여 바깥쪽으로 나선형을 그리며 물을 주입한다. 필터에 물이 직접 닿지 않도록 주의한다. 뜸을 들이고 나서 서버에 커피 방울이 똑똑 떨어지는 정도가 적당하다.

다) 1차 추출하기

커피가 평평해지기 시작하는 순간 1차 추출을 시작한다. 중심에서 바깥으로 나선형을 그리며 물을 주입한다. 종이 필터와 0.5cm 간격을 남겨둔 지점에서 다시 중심에서 바깥으로 물을 주입한다. 45~50ml 가량 추출되면 종료한다.

라) 2차 추출하기

부풀었던 커피가 평평하게 되면 2차 추출을 시작한다. 1차와 같은 방법으로 하되 드립 포트를 약간 높게 들고 주입한다. 드리퍼 안에 커피액이 보이지 않을 때까지 90~100ml를 추출한다.

마) 추출량 맞추기

뜨거운 물을 부어 120ml까지 물의 양을 맞춘다. 농도가 진한 커피를 원할 경우 물을 희석하지 않는다.

바) 커피 잔에 따르고 서빙하기

예열한 잔에 커피를 따르고 서빙한다.

[사진 7 - 7] 핸드드립 추출 방법

나. 콜드워터드립 추출하기

콜드워터드립(Cold Water Drip)은 과거 네덜란드령 인도네시아 식민지에서 재배된 커피를 유럽으로 운반하던 선원들이 배에서 커피를 먹기 위해서 고안된 방식이다. 이후 일본에서 연구 개발한 방식이 우리가 알고 있는 더치커피(Dutch Coffee)이다. 숙성과 장기 보관이 가능하여 와인과 비교되며, 숙성 기간에 따라 변하는 커피 맛을 느낄 수 있다.

1) 준비물

[사진 7-8] 콜드브루 추출 도구

로스팅된 원두(중간 분쇄), 사용량(추출 기구별로 적당량), 물의 양(사용한 커피의 10배)

2) 추출 과정

가) 콜드워터드립 도구와 전용 필터를 준비한다.

나) 커피를 채워 넣는다.

다) 종이 필터를 커피 위에 놓는다.

라) 준비된 물을 상부 수조에 붓는다.

마) 물이 1초에 1~2방울 정도 떨어지도록 조절한다.

바) 물이 가운데로 떨어지는 것을 확인하며 조절한다.

사) 커피가 추출되기 시작한다. (추출 중간에 물이 떨어지는 속도를 체크해 준다)

아) 물이 다 떨어지면 추출이 완료된다.

[사진 7-9] 콜드워터드립 추출 방법

2. 침지식 커피 추출하기

추출 용기에 분쇄된 커피를 넣고 뜨거운 물을 붓거나 찬물을 넣고 가열하여 성분을 뽑아내는 과정을 침지(浸漬)라 한다.

가. 배큠브루어 추출하기

1840년경 스코틀랜드의 로버트 네이피어(Robert Napier)에 의해 고안된 진공 여과 방식의 추출 기구이다. 이후 1842년 프랑스의 바슈 부인(Mme. Vassieux)에 의해 오늘날의 두 개의 유리로 된 구를 상하로 연결한 기구로 만들어 졌으며, 1924년 일본 고노에 의해 상품화되면서 사이폰(Siphon)이라고 상품명이 붙여졌다.

1) 준비물

[사진 7 - 10] 사이폰 추출 도구

로스팅된 원두(중간 분쇄) 10g/1인, 고온의 물 240ml(120ml/1인)

2) 추출 과정

가) 상부 플라스크에 필터를 넣고 필터를 고정한 후에 로드 중앙에 위치하도록 조정하여 스프링을 결합한다.

나) 상부 플라스크에 분쇄한 커피를 담는다.

다) 하부 플라스크에 뜨거운 물을 부어 준다.

라) 마른 수건으로 하부 플라스크 외부의 물기를 완전히 닦아 준 다음 알코올램프로 가열한다. 로드는 하부 플라스크에 살짝 걸쳐 둔다.

마) 하부 플라스크의 물이 끓으면 상부 플라스크를 끼우고 물이 끓어서 상부 플라스크로 올라가기를 기다린다.

바) 하부 플라스크의 물이 상부 플라스크 안으로 이동하면 나무 스틱을 이용하여 커피와 물이 잘 접촉하도록 젓는다.

사) 적정한 시간이 되면 알코올램프를 빼내고 안전하게 불을 끈다. 하부 플라스크가 진공 상태로 바뀌면서 커피가 내려오게 된다.

아) 추출이 끝나면 상부 플라스크를 앞뒤로 조심스럽게 흔들어 하부 플라스크에서 분리한 후 예열된 잔에 따른다.

[사진 7 - 11] 사이폰 추출 방법

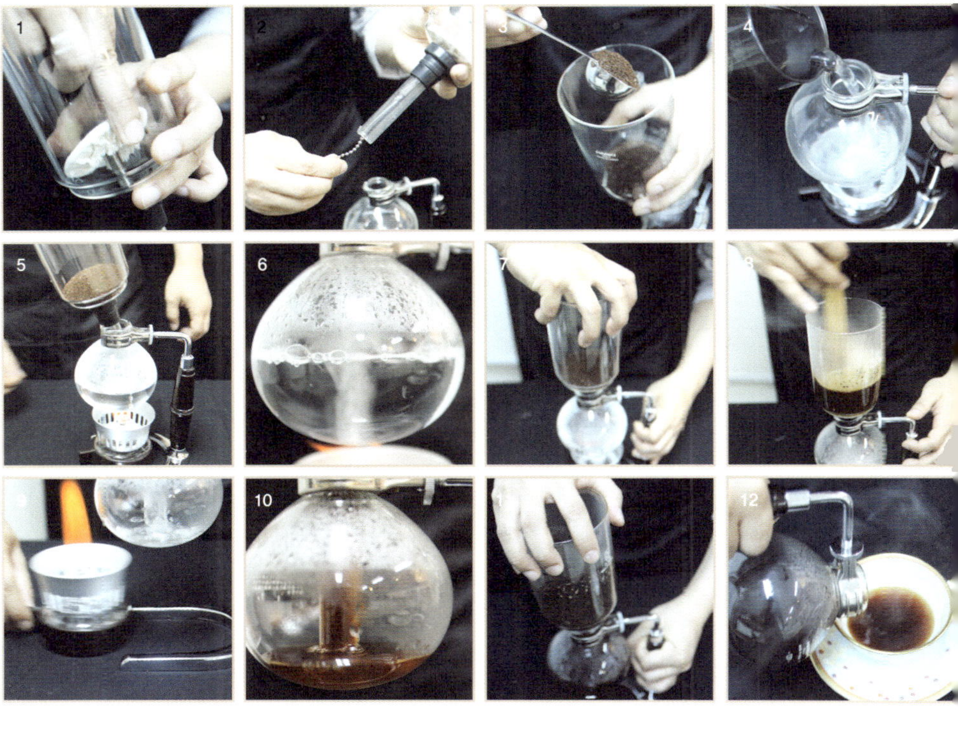

나. 이브릭 추출하기

이브릭(Ibrik)은 곱게 분쇄한 커피를 물에 넣어 끓여 먹는 방식(달임 방식)인 터키식 추출 기구로, 이는 가장 오래된 커피 추출 방법 가운데 하나이다. 기호에 따라 설탕, 향신료 등을 첨가하여 즐기기도 한다.

1) 준비물

[사진 7 - 12] 이브릭 추출 도구

이브릭, 스푼, 로스팅된 원두(고운 분쇄), 설탕, 물, 가스레인지, 잔

2) 추출 과정

가) 이브릭에 커피 10g과 물100ml를 넣는다. 기호에 따라 설탕을 곁들인다.

나) 가스레인지를 약불로 조정하여 끓여 준다. (알코올램프나 버너를 이용해도 무관하다.)

다) 약불에 끓이다가 저어 주면서 거품이 끓어오르면 2~3번 불 위로 올리고 내리기를 반복한다.

라) 커피 가루가 가라앉기를 조금 기다렸다가 예열된 잔에 따라 마신다.

[사진 7 - 13] 이브릭 추출 방법

다. 프렌치프레스 추출하기

1850년대 프랑스에서 처음 금속 재질로 만들어졌으며, 1930년 칼리마니(Attilio Calimani)라는 이탈리아인이 유리와 금속 재질을 이용한 현재 모습의 프렌치프레스를 만들었다. 커피 플런저(Coffee Plunger)라고도 한다.

1) 준비물

[사진 7 - 14] 프렌치프레스 추출 도구

프렌치프레스, 로스팅된 원두(굵은 분쇄) 8.25g, 물 150ml

2) 추출 과정

가) 프렌치프레스를 준비한다.

나) 뜨거운 물을 부어 예열한다.

다) 분쇄한 커피를 넣는다.

라) 물을 부어 준다.

마) 4분 동안 침지시킨다.

바) 프레스를 눌러 커피 찌꺼기를 거른다.

[사진 7-15] 프렌치프레스 추출 방법

2. 커피 추출 관능평가하기[1)]

1. 커피 관능평가하기

커피의 관능평가(Sensory Evaluation)는 인간의 감각기관을 통해 평가하는 것으로서 후각(Olfaction), 미각(Gustation), 촉각(Mouthfeel)의 세 단계로 이루어진다.

가. 후각

커피 향기는 로스팅된 커피에 함유되어 있는 기체 상태의 화합물로 구성되어 있으며 코의 점막에 있는 후각 세포에 의해 기억된다. 이렇게 향을 인식하는 과정을 후각 작용이라고 한다. 향기 특성은 커피의 독특한 맛의 변조와 결합하여 각기 다른 특별한 향미를 형성하게 된다. 그러므로 후각은 비슷한 커피 품종을 다른 것과 구별해 주는 기본적인 관능 수단이다.

1) 커피지도사 1급, 2022년, 커피투데이 인용

[그림 7-1] 후각 구조

<table>
<tr>
<td>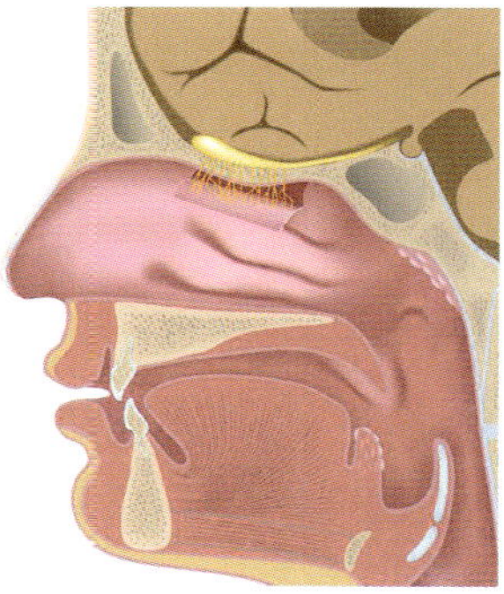</td>
<td>

- 후각 신경은 코 안쪽에 있다 : 코 안쪽 맨 위쪽에 엄지손톱 크기.
- 냄새–후각수용체–전기적신호–후각신경대뇌피질(후각피질).
- 후각수용체는 350여개.
- 후각은 순응(적응, Adaptation)이 빠르다.
- 순응은 지속적인 자극에 대해 감각 기능이 떨어지는 것.
- 습관은 후각 세포는 반응하나 의식적으로 지각되지 않는 현상(익숙한 곳의 냄새).
- 후각 신경은 시상을 거치지 않고 곧장 대뇌로 정보 전달(후각은 감정과 기억을 담당하는 뇌로 곧장 연결되며 기억에 직접 영향을 미치고 무의식적으로 작용).

</td>
</tr>
</table>

나. 미각

커피 맛은 로스팅된 커피를 추출했을 때 물에 녹는 무기, 유기성분에 의하여 구성된다. 커피 맛은 혀에 있는 미뢰를 통해 느끼게 된다. 이러한 맛을 느끼는 과정을 미각 작용이라고 하며 단맛, 짠맛, 신맛, 쓴맛의 네 가지 기본 맛을 동시에 인식하는 것이다. 커피 맛은 네 가지 기본 맛의 결합으로 나타난다. 이 가운데 신맛. 짠맛, 단맛은 전체 커피 맛 중에서 더 뚜렷하게 나타나는데 이런 맛을 내는 성분이 많이 들어 있기 때문이다. 쓴맛의 역할은 단지 다른 세 가지 맛의 강도를 조절할 뿐이다.

다. 촉각

촉각은 음식이나 음료를 섭취하거나 섭취한 후 입안에서 물리적으로 느끼는 촉각의 포괄적인 개념이다. 입안에 있는 말초 신경은 커피의 질량감(점도)와 부드러운 정도(미끈함)을 감지하는데, 이 두 가지를 집합적으로 합친 개념으로 바디(Body)라고 표현한다.

1) 커피 촉감에 관한 용어

- 지방 함량에 따른 부드러운 정도 : Buttery 〉 Creamy 〉 Smooth 〉 Watery
- 고형성분의 양에 따른 질량감 : Thick 〉 Heavy 〉 Light 〉 Thin

2) 바디와 농도

바디(Body)는 촉감(촉각)의 특성이지만, 농도(Strength)는 맛(미각)의 강도에 대한 특성이다. 물에 녹지 않는 물질들이 바디를 표현하는 감각의 원인인 반면, 농도는 용해된 성분이 감각의 원인이 된다. 바디는 '부드럽다', '무겁다'로 표현되며 농도는 '진하다', '연하다'로 표현된다.

학습 정리

1. 여과식 추출 기구별 원리와 구조, 특성을 이해하고 추출할 수 있다.
   - 핸드드립 추출 기구의 특성을 이해하고, 커피 특성에 맞게 추출할 수 있다.
   - 콜드워터드립 추출 기구의 특성을 이해하고, 커피 특성에 맞게 추출할 수 있다.

2. 침지식 추출 기구별 원리와 구조, 특성을 이해하고 추출할 수 있다.
   - 사이폰 추출 기구의 특성을 이해하고, 커피 특성에 맞게 추출할 수 있다.
   - 체즈베 추출 기구의 특성을 이해하고, 커피 특성에 맞게 추출할 수 있다.
   - 프렌치프레스 기구의 특성을 이해하고, 커피 특성에 맞게 추출할 수 있다.

3. 추출된 커피를 활용해 관능평가를 할 수 있다.
   - 후각을 통해 추출된 커피의 향미를 평가할 수 있다.
   - 미각을 통해 추출된 커피의 맛을 평가할 수 있다.
   - 촉각을 통해 추출된 커피의 촉감을 평가할 수 있다.

예상 문제

1. 다음 중 필터를 사용하여 추출하는 방식이 아닌 것은?
① 사이폰 ② 에스프레소
③ 핸드드립 ④ 이브릭

2. 다음 커피 추출법 중 드립식 추출과 관련이 없는 기구는?
① 필터(여과지) ② 드리퍼
③ 서버 ④ 쉐이커

3. 1840년경 영국의 로버트 네이피어가 고안한 기구이며, 추출된 커피액을 진공 여과 원리로 분리해 내는 기구는 무엇인가?
① 프렌치프레스 ② 베큠브루어(사이폰)
③ 이브릭 ④ 모카포트

4. 진공 상태의 저기압을 이용하여 커피를 추출하는 방식의 기구는 무엇인가?
① 프렌치프레스 ② 베큠브루어(사이폰)
③ 이브릭 ④ 모카포트

5. 찬물로 장시간 추출하는 방식으로, 원두의 분쇄도와 물이 맛에 중요하게 작용하는 커피 추출 방식은?
① 이브릭 ② 콜드워터드립
③ 사이폰 ④ 에스프레소

6. 터키식 커피를 추출할 때 사용되며, 가장 오래된 추출 기구로 알려져 있는 것은?
① 멜리타 ② 사이폰
③ 이브릭 ④ 모카포트

예상 문제

7. 유리, 금속, 합성수지 등으로 제작되었으며 종이 필터를 사용하지 않아 추출한 커피가 탁하게 보이며, 마시고 난 다음 컵 바닥에 약간의 커피 가루가 남아 있는 추출 기구는?

① 프렌치프레스　　② 모카포트
③ 사이폰　　④ 에스프레소 머신

8. 다음 중 원두의 분쇄도가 굵으며 추출 시간이 가장 긴 추출 기구는?

① 모카포트　　② 프렌치프레스
③ 사이폰　　④ 핸드드립

9. 커피 촉감에 대한 용어 중 지방함량에 따른 정도를 표시하는 용어가 아닌 것은?

① Creamy　　② Heavy
③ Buttery　　④ Watery

정답 1. ④　2. ④　3. ②　4. ②　5. ②　6. ③　7. ①　8. ②　9. ②

8장

커피테이스팅

- 능력 단위 : 커피테이스팅
- 능력 단위 정의 : 커피의 향, 맛, 바디의 감각적인 영향들을 통해 일정한 기준에 따라 커피의 질과 수준을 평가하며 커피의 품질을 판별하고 관리할 수 있는 능력을 갖춘다.

.

- 수행 준거

  • 관능평가

  후각 : 커피에서 발현되는 다양한 아로마(Aroma)를 맡아보고 설명한다.

  미각 : 커피를 마시면서 전체적인 느낌과 풍미를 맛(Taste)으로 설명한다.

  촉각 : 커피를 마실 때 입안에서 느낌과 강도를 설명한다.

  • 향미 평가 준비

  커핑이란 : 커핑의 목적과 과정을 이해하고, 커피 감별사의 역할과 능력 및 평가지 작성법을 학습한다.

  커핑 준비물 : 커핑을 하기 위한 기물의 종류와 사용 방법과 순서를 학습한다.

• SCA 향미 평가 방법

커핑이 진행되는 각 단계를 숙지하고, 평가 항목과 작성법을 학습하여 숙련한다.

• COE 향미 평가 방법

SCA 향미 평가 방법과의 차이점을 파악하고, COE 향미평가 방법을 숙지한다.

1. 커피테이스팅 준비하기

1. 관능 평가 – 후각

가. 커피에서 느껴지는 향의 종류

커피에는 다양한 향기 요소들이 복합적으로 들어 있다. 흔히 사람들이 커피의 향기를 감지할 수 있는 단계는 로스팅 이후이며, '커피 향'이라는 하나의 단어로 함축시켜 사용하고 있다. 그러나 커피에는 매우 많은 향기 성분들이 들어 있고, 그 시작은 커피나무가 광합성을 통해 자라나고 꽃을 피워 열매를 맺는 과정에서부터 출발한다. 이러한 향기 성분은 기체 상태 혹은 증기 상태를 통해 사람들에게 전달된다. 코에 있는 점막 세포가 커피에서 생성되는 휘발성 화합 물질의 자극을 감지하는데, 이러한 화합물에 대한 자극은 냄새를 맡거나 목으로 삼키는 행위를 통해 감지되며, 보통 사람의 경우 2,000~4,000가지의 향기를 구별할 수 있다.

후각 기관은 수많은 세포들로 이루어져 있으며, 이 세포들을 통해 감지되는 향기에 대한 민감도는 사람마다 다르다. 생활 습관, 심리 상태, 환경 등에 따라 같은 강도의 향기에 대해서도 평가 정도가 지극히 개인적이고 다양하게 나타난다. 커피가 기호식품으로 분류되어 있는 이유도 이러한 개인차 때문이라 하겠다.

커퍼(Cupper)는 향기 자극에 대한 고도의 감각을 필요로 한다. 그러나 감각만으로 좋은 커퍼가 될 수 있는 것은 아니며, 향기에 대한 수많은 경험과 학습, 그리고 그에 대한 기억력이 뒷받침되어야 한다. 아무리 뛰어난 감각을 지닌 사람일지라도 경험하지 못한 향기에 대해 평가하지는 못할 것이며, 경험이 있다 하더라도 차후에 그 향기를 기억하지 못한다면 좋은 커퍼가 될 수 없을 것이다. 커피는 품종과 산지에 따라 각각 서로 다른 향기 특질을 가지고 있는데, 이러한 향기를 총칭하여 부케(Bouquet)라고 부른다.

커피에 들어 있는 향기 화합물들은 평가 방법에 따라 크게 두 가지로 분류되며, 각각의 분류체계는 또다시 세분화된다.

1) 생성 원인에 따른 향기 분류

가) 효소 작용

식물 상태에서 자연적으로 생성되는 향기들로, 커피나무에서 체리가 열리고 자라는 동안 경험하는 여러 가지 환경적 자극에 대한 효소 작용으로 생성된다. 주로 에스테르 형태의 화합물로 분자 입자가 작고 가벼운 형태이고, 휘발성이 강하여 가장 먼저 후각을 자극하는 향기들이다. 꽃향기(Flowery), 과일 향(Fruity), 풀 향기(Herby)와 같이 밝고 화사한 향기가 여기에 포함된다.

나) 갈변 반응

갈변 반응은 로스팅 과정에서 일어나는 변화 반응으로, 생두에 열을 가하면 내부에 들어 있는 당(糖)이 반응하여 갈색의 원두로 변화시키는 것을 말한다. 갈변 반응이 일어나면 생두가 지니고 있는 탄수화물과 단백질 요소들에 의해 고소한 향이나 달콤한 향이 나타나게 된다. 커피에서 흔히 맡을 수 있는 견과류 향(Nutty), 캐러멜 향(Caramelly), 초콜릿 향(Chocolaty)이 이 단계에 속한다. 향은 커피의 품종에 따라 혹은 로스팅의 정도에 따라 다르게 나타난다. 약하게 로스팅된 커피는 알데히드와 케톤 형태의 화합물에 의해 견과류 향이 나타나며, 중간 단계로 로스팅된 커피는 열에 의한 반응 정도가 진해지면서 알코올이나 이종환상 화합물에 의해 캐러멜 향이 지배적이다. 강하게 로스팅된 커피는 피라진 화합물에 의한 초콜릿 향이 나게 된다. 향기 생성 물질들은 로스팅을 너무 강하게 하면 쉽게 소멸되므로 로스팅 정도와 향기 강도는 꼭 비례하여 증가하는 것은 아니다.

다) 건류 반응

건류 반응은 로스팅 후반부에 일어나는 반응으로 목질화된 커피콩에 지속적으로 열을 가해줄 때 커피콩 내부의 섬유질이 반응하여 생성된다. 분자 구조가 가장 크고 무거워 휘발성이 약한 이종환상 화합물, 질소 화합물, 탄화수소 화합물로 구성되어 있으며, 커피의 뒷맛에서 느껴지는 송진 향(Turpeny), 향신료 향(Spicy), 탄 향(Carbony)으로 나뉜다.

2) 전체 커피의 향기 분류

가) 프래그런스(Fragrance) – 분쇄 커피 향(Dry Aroma)

커피는 로스팅 시 부피 팽창 과정에서 생성되는 다공질 안에 이산화탄소와 향기 성분이 내재되어 있기 때문에 원두 상태보다 분쇄를 했을 때 향기가 더 풍부해진다. 원두를 분쇄하면 커피 조직이 파괴되면서 이산화탄소가 기화되고 이때 향기 성분이 함께 나오게 되는데 에스테르 형태의 가장 휘발성이 강한 화합물로서 꽃향기와 같은 단 향이 느껴진다.

나) 아로마(Aroma) – 추출 커피 향(Cup Aroma)

분쇄된 커피 가루가 뜨거운 물과 만나면 향기 물질을 포함한 여러 가지 성분이 용해되는데, 이때 뜨거운 물이 기화되면서 향기 성분도 함께 기화하게 된다. 프래그런스 단계에서 발현되지 못한 향기 성분까지 추출되어 좀 더 복합적인 향을 맡을 수 있다. 케톤이나 알데히드 형태의 화합물로 과일 향, 풀 향, 견과류 향이 지배적으로 느껴진다.

다) 노즈(Nose) – 마시면서 느끼는 향

추출한 커피를 마실 때 느낄 수 있는 향으로 향기 성분이 입안에 분사되면서 비휘발성 액체 상태의 유기 성분이 공기와 혼합되어 느껴진다. 당의 카보닐 화합물에 의해 생성된 향기로 로스팅 과정에서 갈변화 반응으로 생성되는 볶은 견과류 향, 캐러멜 향, 캔디나 시럽향이 나타난다.

라) 애프터테이스트(Aftertaste) – 후미, 뒷맛

커피를 마시고 난 뒤 커피 맛이 감소되는 시점에서 나타나는 뒷맛을 말한다. 건열 반응에 의해 생성되는 지질이나 고형 물질과 같은 무거운 분자 구조의 성분들이 입안에 잔류하면서 공기와 만나게 되는데, 이때 발현되는 향기로서 피라진 화합물에 의한 송진 향, 향신료 향, 탄 향 등이 나타난다.

2. 관능 평가 – 미각

가. 미각 체계

미각은 혀를 덮고 있는 점막에 위치한 수용체가 가용성 화합물의 자극을 인식하여 맛을 느끼는 것을 말한다. 미각 역시 후각처럼 생활 습관이나 환경, 심리 상태 등에 따라 느껴지는 정도의 차이가 발생하므로 개인마다 평가 결과가 다양하게 나타날 수 있다. 또한 추출된 커피의 온도는 미각세포가 자극을 인지하는 데 영향을 주므로 너무 뜨거운 온도의 커피는 판단을 방해할 수도 있다.

커피는 기본적으로 쓴맛, 단맛, 신맛, 짠맛의 네 가지 맛으로 구성되어 있다. 각각의 맛은 성분 함유량의 차이에 따라 강하게, 혹은 약하게 느껴진다. 커피에서 지배적으로 느껴지는 맛은 쓴맛이다. 이 쓴맛은 나머지 세 가지 맛을 왜곡시킬 수 있다. 이 때문에 커피 맛을 감별할 때 쓴맛은 평가 대상에서 제외하기도 한다.

1) 단맛

단맛은 설탕, 꿀에서 나타나는 주된 맛으로, 사람의 혀가 본질적으로 좋아하는 맛이다. 단맛을 내는 물질은 포도당을 비롯한 단당류, 단백질 및 아미노산류, 알코올류가 있다. 커피에서는 탄수화물로서 환원당과 캐러멜화된 당, 일부 단백질이 단맛을 낸다. 단맛은 쓴맛의 강도를 줄여 주고 신맛, 짠맛과 상호 상승 작용을 일으킨다. 신맛을 내는 물질을 소량 넣어 주면 단맛의 자극이 더욱 강해진다. 이러한 맛의 상승적 변화에 대해 단맛이 주는 역할은 매우 크다. 단맛은 '감미롭다', 달콤하다', 부드럽다' 등의 용어와 관련이 있다.

2) 짠맛

염소, 브롬, 요소, 질산염, 황산염 용액의 특징적인 맛이다. 짠맛은 소금 등의 염에서 나타나는 주된 맛이다. 짠맛은 주된 맛으로 표현되는 경우에 좋지 않은 느낌을 주지만 커피 맛을 따질 때 없어서는 안 되는 맛이다. 커피 음료에서 일정한 염의 작용이 없다면 커피 맛은 감칠맛을 잃어 아무런 감흥을 주지 못할 것이다. 맛에 대해 활력을 불러일으키는 주된 원천은 짠맛이 있다.

3) 신맛

신맛은 식초에서 나타나는 주된 맛이다. 주석산, 구연산, 사과산 용액의 특징적인 맛이다. 커피에서 신맛은 가장 중요한 맛 인자이다. 자연계에서 신맛은 산성을 띠는 물질에서 나타나는데, 커피 역시 산성도 6.5 정도로 약산성을 띤다. 커피에서 신맛을 내는 요소는 각종 비휘발산들이며 신맛은 고급 커피를 논함에 있어 많이 이야기된다. 많은 아라비카 커피는 고지대에서 재배되는데(중남미 및 아프리카의 경우 기본 지대가 높다), 재배 고도가 높을수록 신맛의 띠는 경향이 있어 신맛의 생성이 증대되고 그 순도는 높아지게 된다. 이러한 신맛은 산도와는 큰 연관이 없다. 같은 산성도를 띠더라도 신맛의 느낌 자체는 다른 경우가 많다. 이것은 신맛이 다른 맛과 복잡한 관련을 맺기 때문으로 보인다. 신맛은

'새콤하다', '시큼하다', '산뜻하다'와 같은 용어와 관련이 있다.

4) 쓴맛

쓴맛은 퀴닌, 카페인, 기타 알칼로이드 용액의 특징적인 맛이다. 일반적으로 쓴맛은 사람이 싫어하는 맛이며 '쓰다'는 말에는 부정적인 뉘앙스가 담겨 있다. 그러나 쓴맛이 전혀 없는 커피는 아무런 개성이 없어 뭉툭한 느낌을 준다. 쓴맛은 커피에서 통상적으로 나타나야 하는 맛으로, 문제가 되는 경우는 쓴맛이 주도적으로 나타나는 때로 한정된다. 쓴맛은 에스프레소같이 강한 로스팅에서 많이 다루어진다. 맛의 균형이 일정한 가운데 전체적으로 진한 느낌을 주는 커피를 두고 '맛이 풍부하다'고 한다. 이에 비해 추출이 불균형하게 되었다거나 하는 잘못이 있는 커피는 쓴맛이 많이 나타나게 된다. 좋은 쓴맛은 '쌉쌀한 맛'으로 분류되며 입안에 자극적이지 않고 목에 그 맛이 남지 않는 것이다. 신선하고, 적당한 온도에서 추출된 커피에는 대부분 날카로운 쓴맛이 없지만, 오래된 커피를 사용하거나 추출 온도 혹은 방법이 적절하지 않으면 날카롭고 자극적인 쓴맛이 남는다.

3. 관능 평가 – 촉각

커피에서 촉각(Mouthfeel)은 음료를 섭취하는 도중 또는 섭취한 후 커피에 들어 있는 지방 성분이나 고형 성분에 의해 입안에서 물리적으로 느끼는 촉감을 말한다. 커피 오일로 인해 혀가 느끼는 점도(Viscosity)와 미끈함(Oilness)을 종합하여 '바디(Body)'라고 말한다. 바디는 커피를 추출하는 방법이나 커피 종류에 따라서 차이가 나고, 커피의 오일 성분이 모여 크레마를 만들어 내기 때문에 크레마가 많을수록 높은 바디감을 형성한다.

커피의 촉각을 담당하는 지방 성분과 고형 성분은 그 함량에 따라 표현 방법이 다음과 같은 네 가지로 구분된다.

- 지방 함량에 따른 분류 :

  매우 기름짐(Buttery) > 기름짐(Creamy) > 부드러움(Smooth) > 묽음(Watery)

- 고형성분의 양에 따른 분류 :

  진함(Thick) > 중후함(Heavy) > 연함(Light) > 묽음(Thin)

가. 지방

커피는 보통 발아하기 위해 약 7~17% 정도의 지방을 함유하고 있고, 아라비카종에 비해 로부스타종이 좀 더 지방 함유량이 높다. 이 지방 성분은 로스팅 과정에서 열분해 작용으로 발생하며, 2차 크랙 전후 단계에서 표면에 배어 나온다. 로스팅을 강하게 한 커피는 오일이 배어 나오는 속도가 빠르다. 커피에 들어 있는 지방산은 포화지방산인 팔미트산, 불포화지방산인 올레인산, 필수지방산인 리놀레산이 있다. 이 가운데 불포화지방산은 공기 중의 산소와 만나 빠르게 변질되어 커피 맛을 변화시키는 요인으로 작용한다.

나. 침전물

로스팅 과정에서 일어나는 단백질 분자 간의 결합은 물에 녹지 않는 불용성 단백질로 변화되어 커피 추출 시 컵 바닥에 가라앉게 된다. 침전물의 입자 크기에 따라 여과되지 않고 가용 성분과 함께 추출되는데, 그 정도가 지나치면 텁텁함이나 불쾌감을 줄 수도 있다. 반면 너무 깔끔하게 여과된 커피의 경우 바디가 약해 다소 밋밋한 감을 줄 수도 있다.

다. 추출 콜로이드

커피 추출액에 들어 있는 지방 성분과 부유 물질이 결합하여 커피 콜로이드

(Colloid)를 만들어 내는데, 이 콜로이드는 본질적으로 지방의 성질을 갖고 있다. 커피 콜로이드는 추출액의 표면장력을 감소시켜 부드럽고 매끈한 느낌을 줌으로써 커피액의 촉감을 더해 주는 역할을 하여 커피 향미 생성에 상승 작용을 한다. 그러나 지방 성분은 커피의 향기와 맛을 오염시키는 외부 물질을 운반하는 역할을 하기도 한다. 커피 추출액을 계속 가열하면 커피 콜로이드의 안정성이 깨져 성분이 분해되므로 커피 향미가 변화된다.

라. 바디와 농도

커피에서 바디와 농도는 엄연히 다른 개념이다. 바디는 지질이나 불용성 고형 성분에 의한 입안의 말초신경 반응으로 '중후함', '미끈함'으로 표현되며, 농도는 물에 녹는 가용 성분의 함량 정도에 따른 강도로 '진함', 연함'으로 표현된다. 따라서 바디의 정도와 농도의 정도는 항상 일치하는 것은 아니다.

4. 커핑테이스팅 준비하기

가. 커핑이란?

커핑(Cupping)은 커피 감별사, 즉 커퍼가 커피에 들어 있는 다양한 향과 맛의 특성을 체계적으로 평가하는 것을 말한다. 커핑을 하는 목적은 생두와 원두의 품질을 평가해 커피의 등급을 정하고 샘플 커피의 풍미 표현하여 선호도를 결정하기 위함이다. 커핑은 커피의 향기와 맛을 감별하는 민감한 작업이므로 철저한 기준과 체계적인 진행 과정을 거치게 된다. 커핑은 분쇄된 커피의 향을 맡는 것을 시작으로 향기의 종류, 강도, 신맛, 바디, 밸런스, 애프터테이스트, 결점 등 다양한 분야에 걸쳐 평가하게 된다.

나. 커핑 준비

1) 로스팅

커핑에 사용되는 원두는 8시간 이후 24시간 이내에 로스팅되어야 하며, 로스팅 정도는 에그트론(Agtron) No.55~60 사이여야 한다. SCA 또는 COE 커핑 시 이 포인트를 기준으로 삼는 이유는 커피의 향과 맛이 최상으로 표현되는 로스팅 포인트로 간주하기 때문이다. 로스팅 시간은 8~12분 사이여야 하며 샘플로 사용될 커피는 밀봉하여 직사광선을 피해 보관해야 한다. 또한, 반드시 냉장이나 냉동이 아닌 실온(20°C)에서 보관해야 한다.

[사진 8 - 1] 샘플 로스터(Sample roaster)

2) 분쇄

향기는 분쇄 후 시간이 지나면 빠르게 소실되고 산패가 가속화되기 때문에 커핑을 하기 전 15분 이내에 분쇄가 이루어져야 한다. 커피는 가늘게(Fine Ground) 분쇄해야 하는데, 분쇄된 커피 입자의 약 70~75% 정도가 미국 표준 20번 체(U.S. Standard Size 20sieve)를 통과하는 굵기여야 한다. 분쇄 표준을 정하는 것은 분쇄 커피의 추출 수율이 18~22%가 되도록 하기 위해서이다.

3) 비율

커피와 물의 비율은 물 150ml(약 5oz)당 커피 8.25g이다. 이 비율로 추출하면 가용성 성분의 농도가 1.1~1.3% 정도가 된다.

커피 사용량 = (컵 용량×0.055) 예) 8.25g = 150ml×0.055

4) 물

커피는 물에 따라 맛이 달라지므로 커핑에 있어서 물은 매우 중요한 요소이다. 커핑에 사용되는 물은 깨끗하고 냄새가 없어야 하며 100~200ppm 사이의 총용존 미네랄(Total Dissolved Solids, TDS)을 함유하고 있어야 한다.

5) 커핑 컵, 스푼

커핑 시 사용되는 컵의 재질은 강화 유리나 도기이며 용량은 약 150~180ml(5~6oz)이고 컵의 지름은 7.6~8.9cm(3~3.5inch)가 되어야 한다.

[사진 8 - 2] 커핑 컵과 스푼

기본적으로 샘플당 5개의 컵이 필요하다. 스푼은 은(Silver) 재질이나 일반 스테인리스 스푼을 권한다.

6) 기타

커핑 시트, 필기도구, 그라인더, 온도계, 주전자, 린싱컵(Rinsing Cup, 스푼을 씻고 입을 헹굴 컵), 스핏툰(Spittoon, 커피를 뱉을 타구), 타이머, 생수

2. 커피테이스팅 하기

1. 커핑 방법

커핑 준비가 완료되면 커핑 컵에 8.25g의 커피를 담아 향기를 맡는 동작부터 시작하게 된다. 커핑은 많은 요소들을 평가하는 행위로서 세분화된 동작과 구체적인 평가가 포함된다. 평가 과정에 있어서 각 단계별 동작, 즉 냄새 맡기(Sniffing), 흡입(Slurpping), 삼키기(Swallowing) 등의 동작을 하게 되며 커피의 향기와 맛 성분이 신경세포에 잘 전달될 수 있도록 한다.

커핑을 할 때는 각 샘플 간의 통일성과 유사성을 평가하기 위해서 5개의 컵을 준비하고 동시에 맛을 보게 된다. 많은 수의 샘플을 평가할 때는 커피를 삼키지 않고 준비한 타구에 커피를 뱉은 뒤 미지근한 물로 입을 헹구어 주면 다음 샘플을 보다 정확히 평가할 수 있다.

가. 분쇄 커피 담기

샘플 로스터기로 24시간 이내에 로스팅한 커피를 15분 이내에 가늘게 분쇄한 후 각각의 컵에 8.25g씩 담는다.

[사진 8-3] 분쇄 커피 담기

나. 분쇄된 커피 향기(Fragrance, Dry Aroma)

향기는 휘발성이기 때문에 상온에 오래 두면 향기가 날아가므로, 분쇄한 후 15분 이내에 코를 컵에 가까이 대고 깊게 들이마셔야 한다. 향기를 맡았으면 향기 속성과 강도를 체크한다.

[사진 8-4] 코를 컵에 가까이 대고 깊게 들이마신다.

다. 물 붓기(Pouring)

물을 붓는 방식은 침출식으로, 깨끗하고 냄새가 없는 약 93℃ 정도의 끓인 물을 커핑 컵(150ml)에 잘 부어 준다. 커피 가루가 골고루 적셔지도록 부은 다음, 휘젓지 않고 그대로 3~5분 동안 성분이 용해될 시간을 가진다.

커피에 직접 물을 붓는 침출 방식을 이용하는 이유는 물과의 접촉 시간을 늘려 최대한 많은 성분을 추출하고, 추출하는 사람의 기술에 따라 맛이 다르게 나오는 것을 방지하기 위함이다.

[사진 8-5] 커피 가루 전체가 물에 젖도록 골고루 부어 준다.

라. 추출 커피의 향기(Wet Aroma, Break Aroma)

물을 붓고 3~5분 정도 지나면 이때부터 본격적인 커핑이 시작된다. 커피 입자는 컵 표면에 분리 층(Crust)을 만든다. 커피 층이 형성되어 있을 때 향기를 맡는 것을 웨트 아로마(Wet Aroma)라고 한다. 커피 층은 정확한 향기를 맡는 데 방해가 되므로 커핑 스푼으로 세 번 정도 밀면서 아래에 갇혀 있는 커피 향의 변화를 평가한다. 이 단계를 브레이크 아로마(Break Aroma)라고 하며 이러한 행동을 통해 평가할 샘플의 향기 특성을 폭넓게 평가할 수 있다. 커퍼가 느꼈던 향기를 기억 속 향기와 접목시켜 평가지에 작성하면 되는데, 최대한 구체적인 느낌을 적는 것이 좋다.

[사진 8-6] 커피 성분이 충분히 우러나올 수 있도록 3~5분 정도 기다린다.

[사진 8-7] 커피 층을 밀어낼 때는 스푼을 너무 깊게 담그지 않도록 주의한다.

마. 거품 걷어 내기(Skimming)

브레이크 아로마 평가가 끝나면 마시면서 느껴지는 향과 종합적인 맛 평가를 위해 커핑 컵 위에 떠 있는 부유물들을 걷어 낸다. 표면의 거품을 스푼 두 개를 이용해 걷어서 없애는 작업을 스키밍(Skimming)이라 한다.

[사진 8-8] 스푼 두 개를 사용하여 거품을 신속히 걷어 낸다.

바. 슬러핑(Slurping)

슬러핑이란 커피액을 입안에 분사시키는 방법으로, 커핑 스푼을 입술에 대고 공기와 함께 커피를 빨아들이는 동작을 말한다. 거품을 걷어 내고 물의 온도가 약 70~75℃ 정도가 되면 커핑 스푼을 이용하여 입안으로 강하게 흡입해 혀와 입안 전체에 골고루 퍼지게 한다. 프래그런스/아로마, 플레이버, 애프터테이스트, 산미, 바디, 균형감 항목을 평가한다. 커피는 온도가 낮아질수록 맛이 달라지므로 온도 변화에 따라 두세 차례 반복해서 평가하여 정확한 맛을 평가할 수 있도록 한다.

[사진 8-9] 스푼은 물에 헹군 다음 사용한다.

사. 평가

프레그런스/아로마, 플레이버, 애프터테이스트, 어시더티, 바디, 밸런스 평가와 함께 커피의 유니포미티(Uniformity), 클린 컵(Clean Cup), 스위트니스(Sweetness) 항목들도 평가한다.

아. 커핑 시트 작성

평가 중간에는 커핑 시트의 항목별로 기록을 하도록 한다. 일반적으로 커핑에 많이 사용되는 평가표는 스페셜티커피협회(Specialty Coffee Association, SCA) 커핑 시트이다.

커핑을 통해 평가하는 항목은 프레그런스/아로마, 플레이버, 애프터테이스트, 어시디티, 바디, 밸런스 평가와 함께 커피의 유니포미티, 클린 컵, 스위트니스, 오버올 등이 있다.

3. 커피테이스팅 결과 정리하기

1. SCA 커피 커핑

스페셜티커피협회(Specialty Coffee Association, SCA)가 규정한 커핑 프로토콜(Cupping Pro-tocol)을 준수하여 시행한다.

2. SCA 커핑 시트지 작성하기

가. 샘플 원두명(Sample#)

샘플 원두의 번호 또는 명칭을 표기한다.

나. 로스팅 정도(Rost Level or Sample)

샘플 원두의 로스팅 정도를 간략하게 표기한다.

다. 프래그런스(Fragrance)/아로마(Aroma)

1) 드라이 아로마(Dry Aroma)

컵에 든 분쇄 커피에 코를 가까이 대고 가스 형태로 올라오는 향을 맡는다. 이때 컵을 가볍게 두드리면서 평가를 해야 효과적이다. 휘발성이 강하므로 유의해서 빠르게 평가해야 한다. 분쇄된 커피 향을 통해 생두 가공 방식과 산지에 대해 어느 정도 구분할 수 있다.

2) 브레이크 아로마(Break Aroma)

물을 붓고 약 3~4분 후 표면의 커피 층을 부수며 아로마를 평가한다. 커핑 스푼으로 3번, 표면의 커피 층 윗부분을 밀어 주며 갇혀 있던 향을 맡는다. 이러한 작업을 '브레이크(Break)'라고 한다.

- 분쇄 상태의 향 평가, 물을 붓고 난 뒤의 향 평가, 브레이크 하며 향 평가.
- 특별한 향이 인지되면 그 향에 대한 정보를 '퀄리티(Qualities)' 항목에 표기한다.

3) 드라이 아로마와 브레이크 아로마의 섬세한 조화를 평가한다.

라. 플레이버(Flavor, 향미)

맛과 향을 체크하는 단계로서 입안에 머금었을 때 미각과 후각이 결합하여 만들어진다. 커핑 스푼으로 강하게 슬러핑하면서 체크한다.

마. 애프터테이스트(Aftertaste, 후미)

맛과 향의 지속성을 체크하는 항목으로 '여운'을 뜻하기도 한다. 커피를 목으로 넘긴 이후의 여운이 짧거나 불쾌하거나 깔끔하지 못하다면 낮은 점수를 얻는다. 긍정적인 맛과 향이 입안과 목 부분까지 느껴지고 오래 지속될수록 좋은 점수를 얻는다. 커피가 뜨거운 때보다 조금 식었을 때 평가하기 좋다.

바. 어시더티(Acidity, 산미)

1) 브라이트니스(Brightness) – 긍정적 지수, 사워(Sour) – 부정적 지수

신맛을 평가하는 항목으로서 밝고 산뜻한 신맛에 과일의 느낌을 좋다고 평가하며, 커피를 입안에 머금었을 때 바로 느끼며 평가할 수 있다.

2) 맛의 강도(Intensity)

신맛의 강도를 평가하는 항목으로서 과도하거나 강렬한 신맛은 좋은 점수를 받지 못한다. 원두의 일반적 특징 및 산지를 숙지하여 평가하는 것이 올바르다.

사. 스위트니스(Sweetness, 감미)

단맛을 평가하는 항목으로서 로스팅한 원두의 탄수화물에 당 성분의 미각적 요소를 평가한다. 미각의 민감도와 경험이 매우 필요하며, 뒷 여운에서 느껴지는 단맛을 세심하게 평가해야 한다.

1) 맛의 강도(Intensity)

단맛의 강도를 평가하여 점수를 부여한다.

아. 바디(Body)

입안에서 느껴지는 촉감을 평가하는 항목으로서 혀와 입천장, 입안 전체에서 느껴지는 커피의 감촉을 점수로 표현한다. 묵직하고 부드러운 감각에 가까울수록 높게 평가하며 질감이 가볍거나 텁텁하고 거칠수록 점수가 낮아진다. 신선한 청량감을 가질 경우에는 신중하게 고려하여 점수를 줄 수 있다.

자. 밸런스(Balance, 균형감)

앞서 평가한 플레이버, 애프터테이스트, 어시디티, 바디가 전체적으로 얼마나 조화를 이루고 있는지를 평가하는 항목이다. 어느 한쪽이 강하거나 치우쳐 있거나 약할수록 낮은 점수를 부여한다.

차. 우니포미티(Uniformity, 균일성)

준비된 한 샘플의 여러 컵의 상호적 균일성을 평가하는 항목이다. 여러 컵 간의 맛 또는 향에 차이가 난다면 낮은 점수를 받게 된다.

카. 클린컵(Clean Cup, 깔끔함)

커피를 슬러핑하는 순간부터 목으로 넘긴 이후까지 부정적인 요소가 있는지를 평가하는 항목이다. 이때 결점 요소를 발견해야 하는데, 이는 많은 경험이 필요한 부분이다. 결점 요소를 발견했다면, 맛에 대한 결점인지 향에 대한 결점인지를 반드시 체크하고 평가하여야 한다.

타. 오버올(Overall, 종합)

샘플에 대한 이전까지의 평가와 더불어 커피의 주관적인 점수를 부여할 수 있다. 각 항목의 평가를 마친 후 전반적인 느낌을 주관적으로 평가한다.

파. 토탈 스코어(Total Score, 총점)

앞서 체크한 10개 항목의 점수를 모두 더한 총점을 기록한다.

하. 디펙트(Defects, 결점)

커피 향미에 악영향을 주는 요소

- 테인트(Taints, 약한 결점) 결점 컵당 -2점
- 폴트(Fault, 강한 결점) 심각한 결점 컵당 -4점

갸. 파이널 스코어(Final Score, 최종 점수)

총점에서 디펙트 점수를 뺀 최종 점수를 기록한다.

[그림 8-1] SCA 공식 커핑 시트

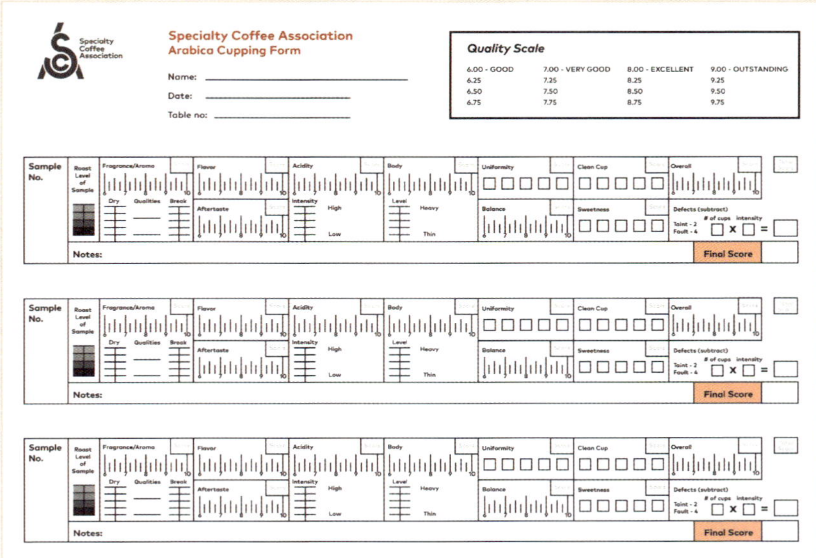
Specialty Coffee Association

Specialty Coffee Association
Arabica Cupping Form

Name:
Date:
Table no:

Quality Scale

6.00 - GOOD	7.00 - VERY GOOD	8.00 - EXCELLENT	9.00 - OUTSTANDING
6.25	7.25	8.25	9.25
6.50	7.50	8.50	9.50
6.75	7.75	8.75	9.75

Sample No. | Roast Level of Sample | Fragrance/Aroma (Dry, Qualities, Break) | Flavor | Aftertaste | Acidity (Intensity: High, Low) | Body (Level: Heavy, Thin) | Uniformity | Balance | Clean Cup | Sweetness | Overall | Defects (subtract): Taint - 2, Fault - 4, # of cups × intensity = | Notes: | Final Score

3. COE 커피 커핑

COE(Cup of Excellence)는 1999년, 국제무역기구 산하단체인 국제커피기구에서 품질 좋은 커피를 생산하는 나라들이 제대로 보상받을 수 있도록 하기 위해 만들어졌다. 매년 9개 국가(브라질, 볼리비아, 과테말라, 엘살바도르, 온두라스, 니카라과, 르완다, 코스타리카, 콜롬비아)의 생두가 국제 커핑 심사위원들에 의해 평가되고, 84점 이상 점수를 받은 커피는 경매를 통해 판매된다.

이 시스템은 소비자에게는 품질 좋은 생두를 구매할 수 있는 기회를 제공하고, 생산자에게는 품질에 따른 적당한 보상을 통해 더욱 품질 좋은 생두를 생산할 수 있는 동기부여가 된다.

4. COE 커핑 시트 작성하기

COE는 SCA와 비교했을 때, 향에 대한 평가보다 맛에 대한 평가에 비중을 두고 있다. 따라서 향에 대한 평가는 참고 정도로만 생각할 수 있다. 커핑 시트는 8개 항목으로 구성되어 있으며 0~8점 사이에 0.5 단위로 채점할 수 있다.

5. SCA와 COE 커핑 비교

가. SCA

대량의 커피 원두(컨테이너당 60kg, 약 250포대)를 평가하는 데 적합한 평가 방법이며, 스페셜티 커피와 커머셜 커피(Commercial Coffee)를 명확하게 구분하는 방식으로서 부정적인 면도 확실히 평가하게 된다. SCA는 생두 평가 자체가 목적이며, 샘플 커피의 로스팅 정도는 애그트론 No.55~60로 하여 진행한다.

나. COE

커피 중에서도 가장 좋은 품질의 커피를 골라내는 방식으로, 소량 생산에 한정해 세밀하게 커피를 평가하는 데 사용된다. COE에 참가하는 커피 원두는 보통 20~50포대 정도의 작은 생산 단위이다. 생산 단위가 작다는 것은 수확에서 정제까지의 관리에 많은 신경을 썼다는 것을 의미하며 제품 품질이 좋다.

COE에서는 부정적인 심사를 통과한 커피가 참가하므로 샘플 커피는 4컵으로 진행한다. 특히 84점이 상급 라운드로 가기 위한 커트라인이라는 점에서 사실상 84점 이상의 샘플들 가운데 점수를 차별화시키는 것이 주요한 과제이다. 이미 여러모로 품질이 검증된 생두를 전제로 하기 때문에 맛 평가에 초점을 두며, 가장 평균적인 로스팅 포인트인 애그트론 No.50~55 정도의 샘플 로스팅 방식을 채택한다.

[그림 8-2] COE 공식 커핑 시트

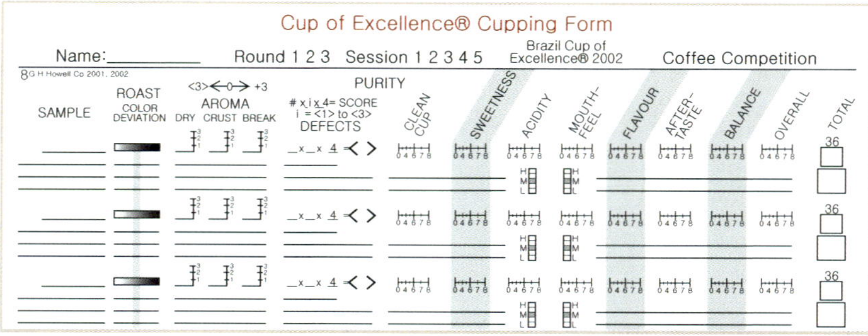
Cup of Excellence® Cupping Form

Name:__________ Round 1 2 3 Session 1 2 3 4 5 Brazil Cup of Excellence® 2002 Coffee Competition

© G H Howell Co 2001, 2002

SAMPLE | ROAST COLOR DEVIATION | <3>←0→ +3 AROMA DRY CRUST BREAK | PURITY # x i x 4= SCORE i = <1> to <3> DEFECTS | CLEAN CUP | SWEETNESS | ACIDITY | MOUTH-FEEL | FLAVOUR | AFTER-TASTE | BALANCE | OVERALL | TOTAL

학습 정리

1. 커피테이스팅 준비를 할 수 있다.
   - 커피테이스팅 방법에 따라 필요한 기물과 도구를 준비할 수 있다.
   - 커피테이스팅 방법에 따라 원두와 정수물을 준비할 수 있다.
   - 커피테이스팅 방법에 따라 커피를 추출할 수 있다.

2. 커피 테이스팅 하기
   - 커피테이스팅 하는 방법을 숙지할 수 있다.

3. 커피테이스팅 결과 정리하기
   - 커피테이스팅 후 SCA 커핑 시트 혹은 COE 커핑 시트를 작성하여 결과를 정리할 수 있다.

정답 1. ① 2. ② 3. ③ 4. ② 5. ①

예상 문제

1. 커피 샘플의 향과 맛의 특성을 체계적으로 평가하는 방식을 무엇이라 하는가?

① 커핑　② 커퍼
③ 플레이버　④ 아로마

2. 다음 중 커피 맛을 감별하기 위한 기본적인 미각에 해당하지 않는 것은?

① 짠맛
② 쓴맛
③ 단맛
④ 신맛

3. 다음 중 SCA 커피 커핑 항목에 해당하지 않는 것은?

① 밸런스
② 후미
③ 추출
④ 아로마

4. SCA 커피 커핑을 실시하는 가장 중요한 목적은 무엇인가?

① 원두의 품질 평가　② 생두의 등급 평가
③ 로스팅 정도 평가　④ 결점두 선별

5. 다음 중 커피의 향미를 평가하는 순서로 맞는 것은?

① 향기 - 맛 - 촉감
② 색깔 - 촉감 - 맛
③ 촉감 - 맛 - 향기
④ 맛 - 향기 - 촉감

9장

라떼아트

능력 단위 : 라떼아트

능력 단위 정의 : 커피 관리의 전문성을 향상시키고 고객의 기호를 만족시키기 위해 다양한 기구 및 소스 등을 활용하여 에스프레소에 우유와 우유 거품으로 시각적인 디자인을 만드는 능력을 갖춘다.

수행 준거

- 에스프레소와 우유 거품을 활용하여 푸어링 아트를 할 수 있다.
- 에칭 펜과 소스를 이용하여 에칭 아트를 할 수 있다.
- 스텐실 아트 기구를 사용하여 스텐실 아트를 할 수 있다.

1. 푸어링 아트 하기

1. 라떼아트(Latte Art)

에스프레소를 기본으로 하는 음료에 부드럽고 광택이 있는 우유 거품을 이용하여 여러 가지 디자인을 하는 것을 말한다. 에스프레소의 황금색 크레마와 실크처럼 부드럽고 광택이 있는 우유 거품으로 만들 수 있다. 완성된 라떼아트의 외형은 부드럽고 광택이 있어야 하며 크레마와 우유 거품의 색감이 선명하게 표현되어야 한다. 라떼아트는 단순히 디자인을 만드는 것이 아니다. 추출이 잘된 에스프레소와 품질 좋은 스팀 밀크는 음료의 맛에 큰 영향을 미칠 수 있으며 고객에게 시각적인 만족감을 줄 수 있다는 장점이 있다.

2. 스팀 밀크를 부어 만드는 푸어링(Pouring) 기법

가. 로제타(Rosetta)

[사진 9 - 1] 로제타

■ **방법**

① 에스프레소가 담긴 잔을 기울여 잔의 40%를 스팀 밀크로 채우고 중앙에서 3~4번 흔들기 시작한다.

② 스팀 피처를 흔들면서 오른쪽으로 이동한다.

③ 로제타 잎 끝부분에서 스팀 피처를 약 10cm 정도 올린다.

④ 그림을 가로질러 왼쪽으로 이동한다.

나. 튤립(Tulip)

[사진 9-2] 튤립

■ **방법**

① 에스프레소가 담긴 잔을 기울여 스팀 밀크로 잔의 50%를 채우고 중앙에서 큰 원을 그린 뒤 푸어링을 멈춘다.

② 첫 번째 원의 오른쪽 끝에서 겹치지 않도록 다시 원을 그리다.

③ 살짝 왼쪽으로 이동하여 잔의 90% 차도록 스팀 밀크를 붓는다.

④ 스팀 피처를 조금씩 올리면서 그림을 가로질러 왼쪽으로 이동한다.

2. 에칭 아트 하기

에칭(Etching) 기법은 완성된 메뉴 위에 핀과 같은 뾰족한 기구를 이용하여 그림을 그리는 방법을 말한다. 작은 스푼 형태의 에칭 도구를 추가하면 더욱 다양한 그림을 그릴 수 있다.

1. 에칭 기법으로 물범 그리기

- **물범**(Seal)

[사진 9-3] 에칭 기법으로 물범 그리는 과정

■ **방법**

① 에스프레소가 담긴 잔을 기울여 잔의 50%를 채우고 중앙에서 큰 원을 그린 뒤 푸어링을 멈춘다.

② 에칭 핀으로 크레마를 찍어 눈을 그린다.

③ 에칭 핀으로 크레마를 찍어 코를 그린다.

④ 에칭 핀으로 크레마를 찍어 입을 그린다.

2. 다양한 소스를 이용한 에칭 기법

주로 코코아가루나 다양한 시럽을 이용해 보다 화려하고 다양한 디자인을 완성할 수 있다. 푸어링 기법보다 손쉽게 만들 수 있어 쉽게 접근할 수 있다는 장점이 있다. 그러나 메뉴 위에 그림을 그리다 보니 음료의 맛을 유지하기 위해서는 신속함을 필요로 한다.

■ **커피 꽃**(Coffee Blossom)

[사진 9-4] 커피 꽃

■ **방법**

① 에스프레소가 담긴 잔을 기울여 스팀 밀크로 잔의 50%를 채우고 중앙에서 큰 원을 그린다.

② 초콜릿시럽 또는 캐러멜시럽을 이용해 두 개의 원을 그린다.

③ 에칭 핀으로 컵 한가운데에서부터 가장자리까지 긋는 작업을 여덟 방향으로 나눠 한다.

④ 다시 에칭 핀으로 컵 가장자리에서 한가운데로 그어 들어오는 작업을 여덟 방향으로 나눠 하여 모양을 완성한다.

* 에칭 핀이나 도구는 재료가 묻어 있지 않게 깨끗한 행주로 닦으면서 사용한다.

3. 스텐실 아트 하기

스텐실이란, 글자나 모양을 오려낸 후 물감으로 구멍의 그림을 찍어 만드는 기법이다. 스텐실 아트는 여러 가지 모양의 종이 등 다양한 도구로 아트를 만드는 것이다.

■ 스텐실 아트로 만드는 강아지(Dog)

[사진 9-5] 스텐실 아트로 강아지 만드는 과정

학습 정리

1. 에스프레소와 우유 거품을 활용하여 푸어링 아트를 할 수 있다.
   - 로제타, 튤립 등을 만들 수 있다.
2. 에칭 펜과 소스를 이용하여 에칭 아트를 할 수 있다.
3. 스텐실 아트 기구를 사용하여 스텐실 아트를 할 수 있다.

예상 문제

1. 다음 중 라떼 아트의 방법이 아닌 것은?

① 푸어링 기법 ② 에칭 기법

③ 스텐실 기법 ④ 스푼 기법

2. 다음 내용이 설명하는 것은?

완성된 메뉴 위에 핀과 같은 뾰족한 기구를 이용하여 그림을 그리는 방법을 말한다. 작은 스푼 형태의 에칭 도구를 추가하면 더욱 다양한 그림을 그릴 수 있다.

① 푸어링 기법 ② 에칭 기법

③ 스텐실 기법 ④ 스푼 기법

3. 푸어링 아트 제조 시 준비해야 할 재료가 아닌 것은?

① 우유 ② 스팀 피처

③ 초코소스 ④ 에스프레소

정답 1. ④ 2. ② 3. ③

10장

커피블렌딩

능력 단위 : 커피블렌딩

능력 단위 정의 : 특성이 다른 생두 또는 원두를 혼합해 개별 커피 원두의 장단점을 보완하여 새로운 맛과 향의 커피를 만들 수 있는 능력을 갖는다.

수행 준거

- 블렌딩 생두/원두의 특성을 이해하고 선택할 수 있다.
- 블렌딩 방법을 이해하고 선택할 수 있다.
- 블렌딩 배합 비율을 이해하고 선택할 수 있다.

1. 블렌딩 생두·원두 선택하기

1. 원산지별 생두·원두 선택하기

가. 원두의 산지별 종류 및 특성에 대한 이해

1) 상업적 분류에 따른 세계 3대 커피

커피 향미의 특성은 생두의 품질, 로스팅, 추출 등 여러 가지 요소에 의해 결정되지만 가장 근본적인 요소는 생두이고, 생두는 크게 아라비카종과 로부스타종으로 나뉜다. 아라비카 커피는 맑고 깨끗하며 신맛과 달콤함을 가져 고급스럽고, 로부스타 커피는 상대적으로 탁하고 거칠면서 구수함과 쓴맛 특성이 비교적 강하게 나타난다.

아라비카 커피의 긍정적 특성은 높은 가격에 거래되고 더 많이 생산되는 것이다. 이러한 이유로 많이 생산되는 아라비카종은 생산 규모에 따라 마일드 커피와 브라질로 분류되며, 상업적 분류에 따른 '세계 3대 커피'는 마일드, 브라질, 로부스타가 되었다.

이 분류는 커피를 블렌딩할 때 가장 기본적인 향미 특성을 결정하는 요소로 잘 이해할 필요가 있다.

가) 마일드

브라질에서 생산되는 커피를 제외한 아라비카 커피를 총칭하는 마일드 커피는 신맛과 더불어 달콤한 맛의 특성을 가지고 있으며 맑고 깨끗해 좀 더 고급스러운 느낌을 준다. 일반적으로 추출 시 신맛이 강하게 드러나고 진하게 마시기에는 자극이 강한 편이기 때문에 향미를 즐기기에는 연하게 해서 마시는 것이 좋다. 물을 타서 마시는 아메리카노 커피에 적합한 커피이다.

나) 브라질

브라질은 커피 재배에 적합한 양질의 토양인 테라록사(Terra Roxa)가 광범위하게 분포되어 있어 재배 면적이 남미의 절반을 차지하고 있을 정도로 넓고, 평균 기온은 25℃ 내외이며 적당한 강수량으로 인해 세계 제일의 커피 생산량을 갖고 있다. 브라질 커피는 마일드와 로부스타의 중간적인 특성으로 신맛도 조금, 달콤 구수함도 조금, 쓴맛도 조금씩 갖고 있다. 연하게 마시면 밋밋한 느낌이 강해져 오히려 진하게 마시는 것이 향미를 즐기기에 좋다. 특히 어느 쪽으로도 치우치지 않는 균형감 있는 향미적 특성과 중후한 특성의 바디감(Body)으로 인해 이탈리아 에스프레소 커피블렌딩에는 거의 대부분 쓰이고 있다.

다) 로부스타

아라비카종에 비해 향미는 떨어지지만 재배가 쉽고 커피녹병에 대한 저항성이 우수하여 수확량이 많아 블렌딩용으로 사용된다. 로부스타 커피는 구수함이 특징이고 강렬한 느낌을 주는 신맛은 조금 약하지만 쓴맛은 강하다. 커피에 있어서 쓴맛은 일부러 추구할 필요가 없는 부정적인 특성이다. 커피의 단맛에는 달콤함과 구수함이 있는데, 로부스타 커피는 그중 구수한 특성이 강한 편으로 구수한 맛을 추구하는 데 사용하면 좋다.

[사진 10-1] 마일드, 브라질, 로부스타

마일드 브라질 로부스타

2. 가공 방식별 생두·원두 선택하기

가. 건식법

건식법은 물을 사용하지 않는 친환경적 가공법으로, 별도의 가공 시설이 필요하지 않으며 물이 부족하거나 햇볕이 좋은 지역에서 시행되고 있다. 건식법에서는 체리를 수확한 후 별도의 과정을 거치지 않고 체리 상태로 바로 건조시키거나, 키질 또는 체질을 통해 이물질과 돌을 제거한 다음 물에 띄워 무거운 체리인 싱커(Sinker)와 가벼운 체리인 플로터(Floater)를 분리하여 각기 따로 건조시킨다.

건식법을 사용하는 나라는 브라질이 대표적이고 그 외에도 에티오피아, 인도네시아, 예멘 등이 있다. 대부분의 로부스타종도 이 방법으로 가공한다. 건식법으로 가공한 커피를 내추럴 커피(Natural Coffee) 또는 언워시드 커피(Unwashed Coffee)라 부른다.

이 공정의 커피 특징은 바디가 강하고 달콤 구수하며 부드럽고 복합적인 향미를 가지게 되나 결점두가 많은 단점이 있다.

나. 습식법

습식법은 일정한 설비와 풍부한 물이 확보된 상태에서 가능하며, 건식법에 비해 상태가 균일하고 양호한 생두를 얻을 수 있다는 장점이 있다. 습식법은 콜롬비아, 케냐, 탄자니아, 코스타리카 등 대부분 아라비카 커피를 가공할 때 사용하며, 인도네시아에서 로부스타를 가공할 때도 사용된다. 습식법으로 가공된 커피를 워시드 커피(Washed Coffee) 또는 마일드 커피(Mild Coffee)라 한다.

이 공정의 커피 특징은 더욱 깔끔하고 더욱 밝고, 더욱 과실 향이 나는 편이나 바디가 약한 단점이 있다.

다. 펄프드 내추럴(Pulped Natural)

펄핑을 한 다음 점액질을 제거하지 않고 점액질이 묻어 있는 파치먼트 상태로 건조시키는 방법을 말한다. 현재 브라질에서 주로 사용되고 있다. 브라질은 우기와 건기가 명확하고 습도가 낮아 점액질이 있는 상태에서 건조시켜도 파치먼트가 손상될 위험이 적기 때문이다. 펄프드 내추럴 가공법은 건식 가공에 비해 파티오에서의 건조 시간과 발효 위험의 감소, 점액질이 파치먼트에 달라붙은 채로 건조되어 독특한 향미 특성을 얻게 된다는 장점이 있다.

2. 블렌딩 방법 선택하기

1. 블렌딩이란

단종 커피(Single-origin Coffee)가 나라별 커피의 특성을 발현하기 위한 노력이라면, 블렌딩은 두 가지 이상의 특성이 다른 나라별 커피를 혼합하여 새로운 맛과 향을 창조하는 것을 말한다. 즉, 단종 커피가 나라별 커피의 본래 특성을 발현한다면 블렌딩 커피는 개인별, 업장별 커피의 특성을 발현하는 작업이라고 할 수 있다.

2. 블렌딩의 목적

가. 새로운 맛과 향을 창조하기 위하여

나. 차별화된 커피를 만들기 위하여

다. 원감 절감을 위하여

3. 블렌딩 과정

가. 원산지가 다른 커피블렌딩

나. 로스팅 정도가 서로 다른 커피블렌딩

다. 가공 방법이 서로 다른 커피블렌딩

라. 품종이 서로 다른 커피블렌딩

4. 블렌딩 방식

블렌딩 방식은 각 커피별로 로스팅을 한 후에 비율에 따라 블렌딩하는 방법(후 블렌딩)과 생두 상태에서 혼합한 후 동시에 로스팅하는 방법(선 블렌딩)이 있다. 방법에 따라 각각의 장단점이 있다.

가. 후 블렌딩

커피별로 각각 로스팅한 후 블렌딩하는 방식으로, 커피의 특성을 최대한 발휘할 수 있으며 커피 특성에 차이가 많은 경우 적합한 방식이다. 사용되는 커피 종류만큼 로스팅을 해야 하므로 작업이 어렵고, 항상 일정한 로스팅을 해야 하는 부담이 있다. 또한 블렌딩하고 난 후 단종별로 재고가 발생할 수 있으며, 로스팅 정도가 달라 블렌딩 커피의 색상이 불균일하다. 최초의 적정한 블렌딩 비율을 결정할 때 사용하는 방법이다.

나. 선 블렌딩

생두 상태에서 미리 정해 놓은 블렌딩 비율대로 혼합한 후 동시에 로스팅을 하는 방식이다. 로스팅을 하는 동안 커피의 플레이버가 통일성을 가질 수 있는 장점이 있고, 한 번만 로스팅을 하면 되기 때문에 편리하다. 또한 블렌딩 커피의 색상이 균일하고 재고 부담이 없으며 상대적으로 균일한 커피 맛을 낼 수 있다. 그 반면에 커피의 특성에 차이가 많은 경우에는 적용이 어렵고, 적정한 로스팅 정도를 결정하기 어려운 단점이 있다.

3. 블렌딩 배합 비율 선택하기

블렌딩에 사용되는 원두 및 생두의 수는 제한이 없으나 사용하는 커피의 종류가 너무 많으면 제조 과정이 지나치게 복잡하게 되고, 관리와 일정한 로스팅 등 어려움이 많아 현실적으로 3~5가지 범위에서 선택하는 것이 좋다.

또한 원산지 명칭을 딴 블렌딩은 명칭에 사용되는 커피를 적어도 30% 이상 사용하는 것을 권장한다.

지속적으로 구입 가능한 생두를 사용하여 안정적으로 수급할 수 있는 것이 좋으므로, 소량 생산되는 커피나 특수한 커피는 사용하지 않는 것이 좋다.

1. 신맛과 부드러운 뒷맛을 느낄 수 있으며 아메리카노에 적합한 블렌드

브라질 Natural	에티오피아 Yirgacheffe	과테말라 Antigua	콜롬비아 Huila
40%	15%	20%	25%

2. 향은 약하나 바디가 강하며 단맛이 좋은 블렌드로 베리에이션용으로 적합한 블렌드

브라질 Natural	과테말라 Antigua	콜롬비아 Medelin	만델링 G2
40%	20%	25%	15%

3. 강한 향과 풀 바디의 커피로 라떼나 아메리카노에 적합한 블렌드

콜롬비아 Huila	브라질 Natural	케냐 AA	과테말라 Antigua
40%	20%	15%	25%

4. 풍부한 향과 부드러운 신맛이 나는 커피로 아메리카노나 라떼에 적합한 블렌드

파푸아뉴기니 Sigri	도미니카 AA	온두라스 SHG	페루 Chanchamayo
40%	20%	15%	25%

5. 단맛과 강한 바디, 풍부한 크레마를 가진 커피로 이태리식 에스프레소에 적합한 블렌드

브라질 Natural	도미니카 AA	페루 Chanchamayo	인도 Robusta
40%	20%	15%	25%

6. 감귤류의 신맛과 감칠맛이 좋은 블렌드

에티오피아 Limu	과테말라 Antigua	케냐 AA	탄자니아 AA
40%	20%	15%	25%

7. 명확한 신맛을 느낄 수 있는 동시에 뒤쪽에 단맛이 남아 있는 블렌드

과테말라 Antigua	코스타리카 Tarrazu	파푸아뉴기니 Sigri
40%	20%	15% 25%

8. 강한 신맛과 단맛, 과일 향을 느낄 수 있는 블렌드

콜롬비아 Narino	브라질 Pulped Natural	파푸아뉴기니 Sigri	엘살바도르 SHG
40%	20%	15%	25%

학습 정리

1. 새로운 맛과 향을 만들기 위해 커피 생두/원두를 선택할 수 있다
2. 블렌딩 방법을 선택할 수 있다.
3. 원하는 맛과 향을 내기 위한 블렌딩 배합 비율을 선택할 수 있다.

예상 문제

1. 다음 중 블렌딩을 하는 이유로 틀린 것은?
   ① 커피 원가를 낮추기 위해
   ② 차별화된 커피를 만들기 위해
   ③ 새로운 맛과 향을 창조하기 위해
   ④ 단종 커피의 특성을 최대한 살리기 위해

2. 다음의 내용에 해당하는 것은?

• 서로 다른 커피를 혼합하여 새로운 맛과 향을 지닌 커피를 만들기 위한 작업이다. • 같은 품종이라도 로스팅의 강약 정도를 달리해서 배합하는 경우도 있다. • 커피의 특성을 조절할 수 있다는 장점이 있다.

   ① 커핑(Cupping)　　② 블렌딩(Blending)
   ③ 로스팅(Roasting)　　④ 믹싱(Mixing)

3. 블렌딩 방법 중 '후 블렌딩(Blending after roasting)'의 특징에 대한 설명으로 틀린 것은?
   ① 각각의 생두를 따로 로스팅하고 난 후 블렌딩하는 방법이다.
   ② 로스팅 횟수가 많아 작업이 번거롭다.
   ③ 블렌딩 비율에 맞춰 계획적인 로스팅을 하지 않으면 특정 원두가 남는 일이 발생할 수도 있다.
   ④ 각각의 생두가 수확 연도, 밀도 등에서 차이가 없을 때 적합한 방법이다.

정답 1. ④　2. ②　3. ④

11장

커피로스팅

능력 단위 : 커피로스팅

능력 단위 정의 : 커피의 특징적인 향과 맛을 만들어 내기 위하여 로스팅 과정 전체 구조를 설계하고 생두에 화력을 가해 물리적, 화학적 변화를 일으켜 원두를 제조할 수 있는 능력을 갖춘다.

수행 준거

- 로스팅 전 계획표를 수립할 수 있다.
- 로스팅 시 그린커피의 물리적 그리고 화학적 변화에 대해 이해할 수 있다.
- 로스팅 머신의 종류별 특성 및 장단점을 이해할 수 있다.
- 원두 사용 용도에 따라 로스팅 단계를 선택할 수 있다.
- 로스팅 시 꼭 알아둬야 할 사항과 기본지식을 이해하고 실전 로스팅을 할 수 있다.
- 로스팅 팁을 이해하고 실전 로스팅에 적용할 수 있다.
- 로스팅 머신을 관리하고 청소할 수 있다.

1. 커피로스팅 준비하기

1. 로스팅 전 계획 수립

커피로스팅을 하기 전에 로스팅하고자 하는 생두의 정보를 잘 파악하고 있어야 한다. 커피 생두는 원산지별, 품종별, 가공 방식 등에 따라 맛과 향의 차이를 나타낸다. 원산지는 크게 남미, 중미, 아프리카로 나눌 수 있다. 남미에는 대표적으로 브라질, 콜롬비아 등이 있으며 중미에는 과테말라, 코스타리카, 엘살바도르 등이 있다. 아프리카에는 에티오피아와 케냐 등이 대표적이다. 가공방식에는 건식법(Dry Method), 습식법(Wet Method), 펄프드 내추럴(Pulped Natural) 등으로 나눌 수 있다.[1)]

로스팅을 하기에 앞서 생두의 수분 함량, 밀도, 스크린 사이즈(균일도)를 확인해야 한다. 수분 함량은 보통 10~12%가 적정 수준이며, 너무 높거나 낮으면 로스팅 시 균형 잡힌 맛을 내기 어렵다. 밀도가 높은 생두는 열이 천천히 흡수되므로, 로스팅 시 열 조절이 중요하다. 또한 스크린 사이즈(균일도)가 일정해야 균일한 로스팅이 가능하다. 생두의 단순 밀도는 부피 대비 무게를 측정하는 방식으로 계산된다.

1) 커피 생두의 원산지, 품종, 가공방법, 생두 사이즈는 2장 커피학 개론에 언급되어 있다.

가. 단순 밀도 계산 공식

$$(g/ml) = \frac{(g)}{(ml)}$$

나. 측정 방법

1) **생두 무게 측정** : 일정량의 생두를 저울로 정확하게 측정
2) **부피 측정** : 생두를 용기에 담고, 눈금이 있는 실린더(비커)나 측정 컵을 사용하여 부피를 측정
3) **공식 적용** : 위의 공식에 값을 대입하여 단순 밀도를 계산

다. 예제

100g의 생두가 200mL의 부피를 차지한다고 가정

$$= \frac{100g}{200ml} = 0.5g/ml$$

단순 밀도가 높은 생두는 일반적으로 단단하고 밀도가 높은 것이며, 열을 천천히 흡수하는 경향이 있다. 반면, 밀도가 낮은 생두는 열을 빠르게 흡수할 가능성이 크므로 로스팅 프로파일을 다르게 설계해야 한다.

[사진 11-[illegible]] 생두 밀도계(Robin)

전자식 생두 밀도계는 정확성과 빠른 측정 속도를 제공하는 장점이 있다. 단순 밀도 방식보다 오차가 적고 일관된 결과를 얻을 수 있으며, 자동으로 밀도를 계산해 작업 효율성을 높인다. 또한, 일부 모델은 데이터 저장 및 분석 기능을 지원해 품질 관리에 유용하다.

2. 로스팅 시 물리적, 화학적 변화

로스팅이란 생두가 일정한 열을 공급받아 물리적, 화학적 변화를 일으켜 원두로 변화하는 과정이다. 한 잔의 커피를 완성하는 과정은 크게 생두, 로스팅, 추출의 세 단계로 나뉘는데, 커피 맛에 대한 비중은 보통 생두가 70%, 로스팅이 20%, 추출이 10%를 차지한다고 한다. 이에 따르면 로스팅은 생두 다음으로 커피를 만드는 데에 중요한 부분이다. 그렇기 때문에 우리는 로스팅이 진행되면서 생두가 어떠한 과정과 변화를 거치면서 원두가 되는지 제대로 알아야 할 필요가 있다. 생두가 일정한 양의 열을 전달받아 로스팅되는 동안 크게 흡열 반응과 발열 반응이 나타난다. 또한, 이 과정을 거치면서 생두는 물리적, 화학적 변화를 일으키게 된다.

가. 물리적 변화

로스팅 시 일어나는 물리적 변화는 크게 일곱 가지로 살펴볼 수 있다.

1) **수분 날리기**(Water Evaporates)
2) **내부 압력**(Interval Pressure) - **1차 크랙**
3) **크기 증가**(Increased Volume) **50~100%**
4) **중량 감소**(Mass Loss) **12~20%**
5) **콩의 껍질**(Chaff)
6) **이산화탄소 배출**(Escaping Carbon Dioxide)
7) **물리적 균열**(Physical Fracturing) - **2차 크랙**

로스팅을 마친 원두와 생두를 비교해 보면 부피가 증가하고 무게는 감소했으며 색깔이 확연히 달라진 것을 알 수 있을 것이다. 이것이 대표적인 물리적 변화이다. 로스팅 과정에서 1차 크랙 후 생두는 다공질 조직으로 바뀌며 부피가 팽창하는데, 생두 상태일 때보다 부피가 약 50~60% 증가하고, 2차 크랙이 일어난 뒤에는 세포 조직이 더욱 다공질화되어 부서지기 쉬운 상태로 변하면서 원래 크기보다 최대 100% 팽창된다. 부피가 약 50~100% 증가한 반면 중량은 수분과 더불어 생두에 포함되어 있던 여러 가지 성분이 날아가기 때문에 12~20% 정도 감소한다.

생두를 넣고 로스팅을 시작하면 색깔이 점점 변하는데, 녹색의 생두는 노란색으로 바뀌게 되고 1차 크랙이 시작될 무렵에는 시나몬 색상을 띠다가 크랙이 진행됨에 따라 옅은 갈색에서 갈색, 짙은 갈색으로 바뀌며 최종적으로는 검은색에 가까운 색을 띠게 된다. 이런 색의 변화는 로스팅 정도를 판단하는 중요한 기준으로 사용된다.

나. 화학적 변화

로스팅 시 일어나는 화학적 변화 또한 크게 일곱 가지로 살펴볼 수 있다.

1) **열분해**(Pyrolytic Reaction)
2) **캐러멜화 반응**(Caramelization)
3) **스트레커 분해**(Strecker Degradation)
4) **마이야르 반응**(Maillard Reaction)
5) **가수 분해** (Hydrolysis) – **물**(H_2O)
6) **산화 반응**(Oxidation)
7) **카르복시 이탈 반응**(Decarboxylation) – **이산화탄소**(CO_2)

화학적 변화로 인해 커피의 맛과 향을 결정짓는 가장 대표적인 두 가지 반응은 캐러멜화 반응과 마이야르 반응이다. 캐러멜화 반응이란 설탕을 오랫동안 끓였을 때 갈색으로 변하는 것을 떠올리면 된다. 캐러멜화는 원두의 색과 향에 가장 큰 영향을 준다. 생두의 당분과 아미노산 성분이 열로 인해 결합하면서 갈색으로 변하며 커피 고유의 향과 맛을 생성시키는데 이것을 마이야르 반응이라고 한다. 이렇게 캐러멜화 반응과 마이야르 반응이 적절하게 일어났을 때 로스팅이 잘 되었다고 할 수 있다.

다. 열원의 종류

열전달 방식은 전도(Conduction), 대류(Convection), 복사(Radiation)가 있는데, 로스팅 시에는 전도와 대류가 주로 사용된다.

1) **전도(Conduction)** : 콩이 드럼 표면에 접촉하거나 콩과 콩끼리 접촉될 때 열이 전달되는 것이다.
2) **대류(Convection)** : 뜨거워진 공기가 드럼 내부로 흘러 들어가 콩에 열

을 전달하는 것으로, 전도에 비해 열에너지 전달이 균일하다.

3) **복사(Radiation)** : 자외선, 적외선 같은 전자기파에 의한 열전달을 의미한다.

다. 열풍 속도, 배기를 조절하는 능력

열풍 속도는 커피를 볶는 데 있어서 열평형의 진행 속도와 드럼 내부의 기압을 변화시키는 역할을 한다. 온도가 일정한 열풍이 빠른 속도로 드럼을 통과해서 지나가면 열평형의 속도가 빨라지기 때문에 볶기가 빨리 진행된다. 그러나 공급 열량이 일정한 가운데 열풍의 속도가 빨라지면 열풍의 온도가 떨어지는 현상이 일어난다. 그래서 열풍의 속도를 이용하는 기술은 쉽지 않다. 일반적인 유동층 커피 로스팅 머신[2]에서는 이 문제가 가장 중요한 요령이 된다.

열량이 충분한 경우에는 열풍의 속도를 빠르게 함으로써 볶는 속도를 짧게 할 수 있지만, 열량이 부족한 경우에는 지나친 풍량은 커피의 외부 온도를 떨어뜨려 로스팅 시간이 오히려 길어져서 향미를 나쁘게 할 수도 있다.

풍속이 빨라지면 드럼 내부의 기압이 낮아진다. 그렇게 되면 커피 주변의 공기 흐름이 빨라져서 커피 내부에 발생한 가스나 향미 성분들이 빠져나오기 좋은 조건이 된다. 그런데 이것도 지나치면 맛이 가벼워지는 현상이 일어난다.

자신에게 적절한 향미를 만들어내기 위한 적정 기압은 스스로 찾아가야 될 일인지도 모르겠지만, 일단 확인봉의 구멍을 통해 드럼 내부의 연기가 나오는 상황은 피하는 것이 좋다. 이렇게 되면 내부에 약간의 고기압이 형성되어 커피 내부로부터의 가스 배출을 방해하게 된다.

2) 열풍의 힘에 커피가 떠오르거나 휩쓸려 움직이는 상태에서 커피가 볶아지도록 고안된 커피 로스팅 머신. 일반적으로 커피콩의 옆을 빠르게 지나가는 유속을 이용하는 방식이기 때문에 열 공급이 빨라서 볶기도 빠른 속도로 진행된다. 원리상 저온 고속 볶음기에 해당한다.

3. 로스팅 단계

생두는 로스팅 단계에 따라 발현하는 맛과 향의 차이가 확연하다. 로스터는 이 커피가 사용될 추출 시스템에 대하여 확실히 이해하고 있어야 하며, 어떠한 맛과 향을 표현하고자 하는지에 따라 로스팅 프로파일의 결정이 이루어져야 한다.

[사진 11-2] 생두 분류법

SCA 분류법		일본식 8단계 분류법	
Very Light	#95	라이트	L-31.2
Light	#85	시나몬	L-27.3
Moderately Light	#75	미디엄	L-24.2
Light Medium	#65	하이	L-21.5
Medium	#55	시티	L-18.5
Moderately Dark	#45	풀시티	L-16.8
Dark	#35	프렌치	L-15.5
Very Dark	#25	이탈리안	L-14.2

로스팅 단계별 명칭이나 정의는 나라나 지역마다 다르다. 우리나라에서 많이 사용하는 라이트부터 이탈리안까지의 8단계 분류는 일본식 분류법이며 이를 명도(L값)로 표시하기도 한다. SCA는 원두의 밝기에 따라 애그트론 넘버(Agtron No.) 25~95까지 총 8단계로 분류하고 이를 다시 베리 라이트부터 베리 다크까지 명칭을 붙여 사용한다.

4. 결점두

생두가 여러 이유로 손상된 것을 결점두라 한다. 브라질, 인도네시아 등의 생산 국가들은 국가별 기준 용량의 샘플에 섞여 있는 결점두를 점수로 환산하여 분류한다. 손상된 생두는 추출된 커피의 맛과 향에 부정적 영향을 미칠 수 있기 때문에 로스팅 전에 로스터가 핸드픽을 통해 결점두를 골라낸다.

스페셜티 커피로스팅에서는 로스팅 전 핸드픽 여부가 중요하지 않을 수 있으나, 일반적인 등급의 커머셜에서는 작은 결점두 하나가 컵 품질에 영향을 줄 수 있으므로 핸드픽을 통하여 결점이 될 만한 요소를 제거하여 좋은 원두를 생산하기 위한 노력을 하는 것이 좋다.

결점두는 수확 과정에서도 발생하지만 이후 가공의 전 과정에서 발생할 수 있다. 결점두의 원인은 종류에 따라 한 가지 이상인 경우도 있으며, 결점두의 종류와 명칭 등은 지역이나 국가 등에 따라 상이하지만 일반적으로 스페셜티 커피협회(SCA)의 기준에 의한 분류를 사용한다.

핸드픽을 할 때는 생두의 색을 잘 구분할 수 있도록 검은색이나 어두운 색상의 보드판 위에 펼쳐 놓고 결점두를 고르는 것이 좋다. 결점두에 대해서 어느 정도 분별력이 생길 때까지는 각각의 결점두 사진들을 참고하여 비교하면서 분류한다.

가. 결점두 선별

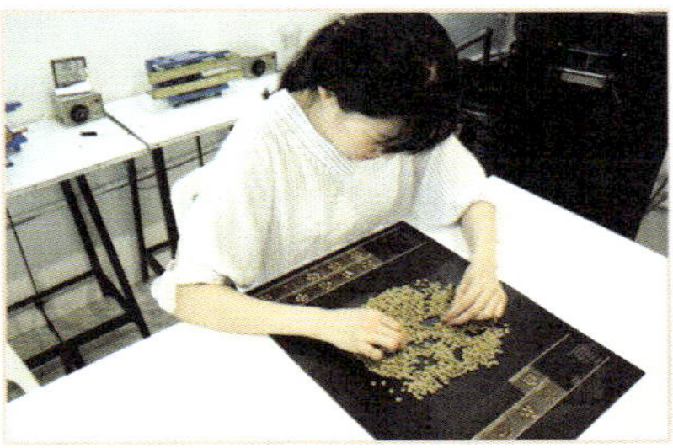

나. 결점두 분류

〈표 11-1〉 SCA 기준 결점두

종 류	발생 원인	종 류	발생 원인
블랙빈 (Black Bean)	너무 늦게 수확되거나 흙과 접촉하여 발효	헐/허스크 (Hull/Husk)	잘못된 탈곡이나 선별 과정
드라이 체리/포드 (Dried Cherry/Pods)	잘못된 펄핑이나 탈곡	펑거스 데미지 (Fungus Damaged)	보관 상태에서 곰팡이 발생
포린 매터 (Foreign Matter)	커피 이외의 외부 이물질	파치먼트 (Parchment)	불완전한 탈곡
인섹트 데미지 (Insect Damaged)	해충이 생두에 파고 들어가 알을 낳은 경우	브로큰/칩트/컷 (Broken/Chipped/ Cut)	잘못 조정된 장비 또는 과도한 마찰력
플로터 (Floater)	부적당한 보관이나 건조	위더드 빈 (Withered Bean)	발육 기간 동안 수분 부족
이머춰/언라이프 (Immature/Unripe)	미성숙한 상태에서 수확	쉘 (Shell)	유전적 원인
사우어 빈 (Sour Bean)	• 너무 익은 체리, 땅에 떨어진 체리 수확 • 과발효나 정제 과정에서 오염된 물의 사용		

다. 풀 디펙트(Full Defect) 환산표

〈표 11-2〉 풀 디펙트 환산표

프라이머리 디펙트	풀 디펙트	세컨더리 디펙트	풀 디펙트
풀 블랙 (Full Black)	1	파셜 블랙 (Partial Black)	3
풀 사우어 (Full Sour)	1	파셜 사우어 (Partial Sour)	3
드라이 체리/포드 (Dried Cherry/Pod)	1	파치먼트 (Parchment)	5
펑거스 데미지 (Fungus Damaged)	1	플로터 (Floater)	5
시비어 인섹트 데미지 (Severe Insect Damaged)	5	이머춰/언라이프 (Immature/Unripe)	5
포린 매터 (Foreign Matter)	1	위더드 (Withered)	5
		쉘 (Shell)	5
		브로큰/칩트/컷 (Broken/Chipped/Cut)	5
		헐/허스크 (Hull/Husk)	5
		슬라이트 인섹트 데미지 (Slight Insect Damged)	10

결점두가 커피 품질에 미치는 영향에 따라 프라이머리 디펙트(Primary Defect) 그룹과 세컨더리 디펙트(Secondary Defect) 그룹으로 분류하고, 이를 풀 디펙트로 점수화하며 풀 디펙트가 작을수록 품질에 더 영향을 미친다.

라. 결점두의 종류

1) 블랙빈(Black Bean)

내부나 외부 표면이 완전히 검은색으로, 외부적으로도 충격을 받지 않고 색깔이 검게 변질된 경우에만 해당한다. 체리가 너무 늦게 수확되었거나 흙과 접촉하여 발효한 경우에 생긴다. 이 결점두는 로스팅 시 2차 크랙이 일어나지 않으며 칙칙한 색을 띠고, 불쾌한 아로마와 텁텁한 쓴맛이 난다.

[사진 11-3] 블랙빈

2) 발효된 빈(Sour Bean)

전체적으로 노르스름하거나 불그스레한 갈색을 띠며, 과숙한 체리나 땅에 떨어진 체리를 수확하거나 가공 과정에서 오염된 물, 과습 상태에서 나무에 계속 매달린 채 발효된 경우에 생긴다. 불균일한 로스팅이 되며 옅은 색상을 띤다. 식초 같은 신맛과 산패된 와인맛, 혹은 맵고 불쾌한 신맛이 난다.

[사진 11-4] 발효된 빈

3) 건조된 체리(Dried Cherry/Husk/Pod)

일부 혹은 전부가 마른 껍질(Husk)에 싸여 있으며, 드라이 프로세싱 중 잘못된 탈곡으로 생긴다. 로스팅 시 발화의 위험이 있다. 흙냄새와 깔끔하지 못한 향이 난다.

[사진 11-5] 건조된 체리

4) 곰팡이 핀 빈(Fungus Damaged Bean)

생두에 곰팡이가 피어 노란색이나 적갈색을 띤다. 주로 유통 과정에서 보관 온도와 습도가 맞지 않아 발생한다. 아로마와 플레이버가 감소하고 탁하고 곰팡이향이 난다.

[사진 11-6] 곰팡이 핀 빈

5) 이물질(Foreign Matter)

돌이나 나뭇가지 등 커피 이외의 이물질로, 수확이나 선별 과정에서 제거하지 못한 경우에 발생한다. 특히 돌은 그라인더 날에 심각한 손상을 입힐 수 있다. 나뭇가지 같은 이물질은 로스팅 시 발화의 위험이 있다.

[사진 11-7] 이물질

6) 벌레 먹은 빈(Insect Damaged Bean)

주로 천공충에 의해 발생하며 외관에 1개 이상의 구멍이 뚫려 있다. 지름 0.3~1.5mm의 구멍이 3개 이상 뚫려 있는 경우 프라이머리 디펙트에 해당한다. 구멍과 함께 푸른색 곰팡이가 함께 발생하기도 한다. 내부가 뚫려 있어 로스팅 시 더 많이 로스팅되며, 아로마와 플레이버가 감소하고 불쾌한 맛과 향이 발생한다.

[사진 11-8] 벌레 먹은 빈

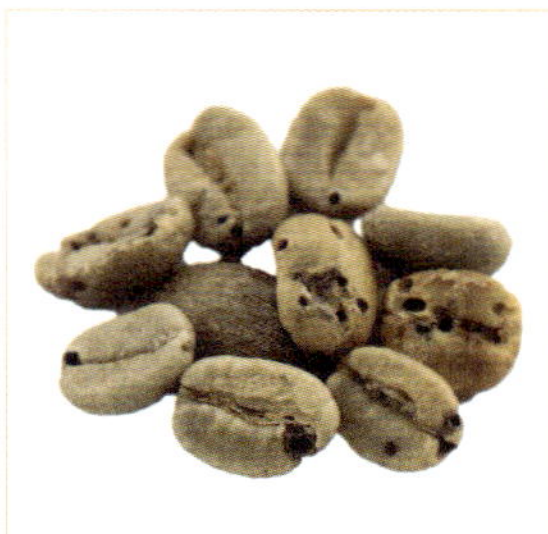

7) 조개껍질 모양의 빈(Shell Bean)

얇은 조개껍질이나 귀 모양을 한 기형적인 생두로, 유전적인 요인에서 발생한다. 로스팅 시 불균일하게 볶이기 때문에 더 어둡게 로스팅될 가능성이 크다. 케냐의 생두에서 자주 발생하며 탄맛이나 쓴맛의 원인이 되기도 한다.

[사진 11-9] 조개껍질 모양 빈

8) 깨지고 부서진 빈(Broken/Chipped/Cut Bean)

깨진 생두 혹은 그 조각을 뜻한다. 잘못된 펄핑이나 탈곡 과정에서 발생한다. 로스팅 시 균일하게 볶이지 않는다. 흙 내음이나 강한 로스팅 시 탄맛의 원인이 될 수 있다.

[사진 11-10] 깨지고 부서진 빈

9) 파치먼트(Parchment)

탈곡되어야 하는 건조된 파치먼트가 벗겨지지 않고 완전히 혹은 부분적으로 감싸고 있는 형태로서, 불완전한 탈곡 시 파치먼트가 벗겨지지 않아 발생한다. 로스팅 시 발화의 위험이 있으나 맛이나 향에는 큰 영향을 미치지 않는다.

[사진 11-11] 파치먼트

10) 물에 뜨는 빈(Floater)

하얗게 색이 바랜 생두로, 가벼워서 물에 뜨는 것이 특징이다. 잘못된 건조나 보관, 가공 후 수분이 빠진 경우에 발생한다. 로스팅 시 내부가 덜 익으나 겉은 거무스름해지는 특징이 있으며, 신선한 느낌이 없는 밋밋한 맛과 향으로 커피의 컵 퀄리티를 떨어트린다.

[사진 11-12] 물에 뜨는 빈

11) 미성숙 빈(Immature/Unripe Bean)

덜 익은 체리를 가공할 때 발생한다. 진한 녹색이 특징으로, 끝이 날카로운 보트 형태를 하고 있다. 로스팅 시 불균일하게 볶이며 옅은 색상을 띠게 된다. 풋내와 비릿한 맛이 날 수 있으며 톡 쏘는 듯한 맛이 난다.

[사진 11-13] 미성숙 빈

12) 주름진 빈(Withered Bean)

건포도 같이 주름지고 작고 기형인 생두로, 발육 기간 동안 과도한 햇빛과 부족한 수분 공급으로 인해 발생한다. 로스팅 시 큰 영향을 주지는 않으나 풋내와 약간의 비릿한 맛이 날 수 있다.

[사진 11-14] 주름진 빈

2. 커피로스팅 방법 선택하기

1. 로스팅 단계의 포착

정확한 로스팅 단계를 결정하고 그 순간을 포착하여 커피를 로스팅 머신에서 빼내어 냉각하는 기술이다. 이를 위해서는 우선 배출해야 할 순간을 명확하게 인지하고 있는 것이 중요하다. 로스터는 자신의 용도에 맞는 커피를 위한 명확한 배출의 순간을 인지하고 있어야만 한다. 앞에서 제시한 생두의 변화에 관한 기본적인 흐름을 숙지한 상태에서 봐야 한다.

로스팅이 진행되는 동안 생두의 변화에 대해 전반적인 이해를 가진 상태에서 항상 로스팅 머신에서 들려오는 소리에 귀를 기울여야 한다. 생두가 드럼 날개에 부딪히는 소리나 파열음 등은 좋은 기준이 된다. 적절한 순간에 샘플러를 이용하서 생두의 상태를 관찰하는 일도 중요하다. 아무리 오랜 시간 커피를 로스팅한 로스터도 이 동작을 등한시하는 경우는 없다. 눈으로 생두의 상태를 관찰하였으면 냄새를 맡아본다. 그리고 틈만 나면 온도나 시간에 관한 게이지를 확인하고 참고하는 것이 좋다. 그 실제적인 예가 관찰 기록이다. 이런 동작이 습관처럼 몸에 배게 된다면 좋은 로스터가 될 수 있을 것이다.

2. 로스팅 시간 조절 능력

로스팅 단계의 포착에 비하면 로스팅 시간의 조절은 비교적 쉽다. 로스팅 시간을 결정하는 요소는 열량이다. 열량을 조절하는 것은 특별히 엉터리로 만든 기계만 아니라면, 가스 압력을 조절하는 것에 의해, 혹은 전력량을 조절하는 것에 의해 가능하며, 로스팅 종료까지 필요한 시간을 조절할 수 있을 것이다. 혹시 열량이 부족한 경우라면 생두 투입량을 줄이는 요령으로 열량을 강화한 효과를 얻을 수 있을 것이다. 또한 커피가 어떤 추출 방식으로 사용될 것인지를 고려할 필요가 있다. 일단 쉬운 요령으로, 추출 시간을 길게 할 경우에는 비교적 긴 시간 로스팅하고, 추출 시간을 짧게 할 경우에는 비교적 짧은 시간 로스팅할 것을 권한다.

[그림 11 - 1] 로스팅 계획 그래프 예시

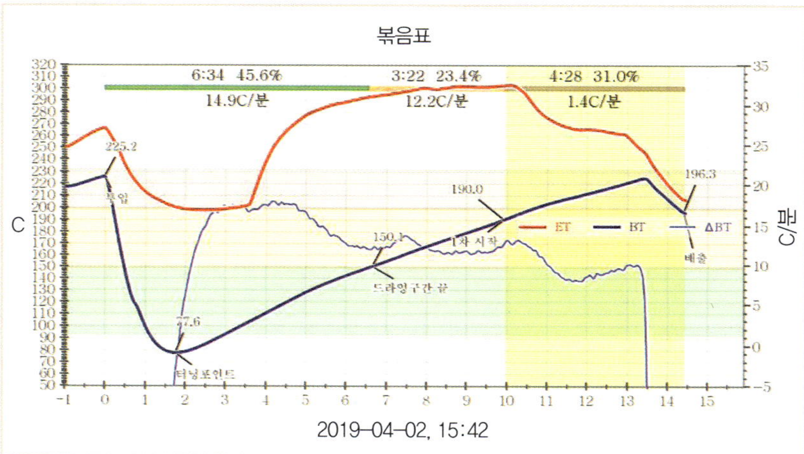

3. 로스팅 방법[3)]

로스팅 방법은 로스팅 시 온도와 시간에 따라 고온-단시간 로스팅과 저온-장시간 로스팅으로 나뉜다. 고온-단시간 로스팅은 열량을 많이 공급하면서 짧은 시간에 로스팅하는 방법이고, 저온-장시간 로스팅은 열량을 적게 공급하면서 상대적으로 긴 시간 동안 로스팅하는 방법이다.

〈표 11-3〉 로스팅 방법

	저온-장시간 로스팅	고온-단시간 로스팅
로스팅 머신 종류	드럼 로스팅 머신	유동층 로스팅 머신
커피콩 온도	200-240℃	230-250℃
시간	15-20분	1.5-3분
밀도	상대적으로 팽창이 적어 밀도가 큼	상대적으로 팽창이 커 밀도가 적음
가용성 성분	적게 추출	10-20% 더 추출
경제성	고온-단시간 로스팅이 한 잔당 커피 사용량을 10-20% 적게 사용하게 되어 경제적이다.	

3) 2022, 바리스타2급 예상문제집, P120 로스팅 방법 인용.

3. 커피로스팅 하기

1. 로스팅 머신 선택 및 로스팅

가. 로스팅 머신의 종류

로스팅 머신은 생두에 다양한 열전달 방식과 공기 흐름을 통해 고르게 로스팅을 할 수 있도록 고안된 가열 기구이다. 로스팅 머신은 열전달 방식에 따라 직화식, 반열풍식, 열풍식으로 나눌 수 있다. 또한, 오늘날에는 기술 발전과 더불어 로스팅 머신의 구조가 변함에 따라 구조에 따른 분류로 드럼 방식 구조, 유동층 구조, 재순환 방식 구조 등으로 나눌 수 있으며, 스마트 로스팅 머신들도 등장하고 있다.

1) 드럼 방식 구조

드럼 방식의 로스팅 머신은 원통형의 열전도가 좋은 금속 등을 사용하여 가로축으로 회전하며 열원을 통해 직접 가열하거나, 간접적으로 가열하여 가열된 공기나 열을 드럼 안으로 넣어 로스팅하는 방식이다.

드럼 방식 구조는 싱글 드럼, 더블 드럼이 있다. 더블 드럼은 두 겹의 철판을 짧은 간격을 두고 만든 2중 구조로, 열원이 생두를 직접 가열할 수 없으며 열전도를 낮춰 생두가 타는 일을 방지할 수 있다.

[사진 11 - 15] 싱글 드럼

[사진 11 - 16] 더블 드럼

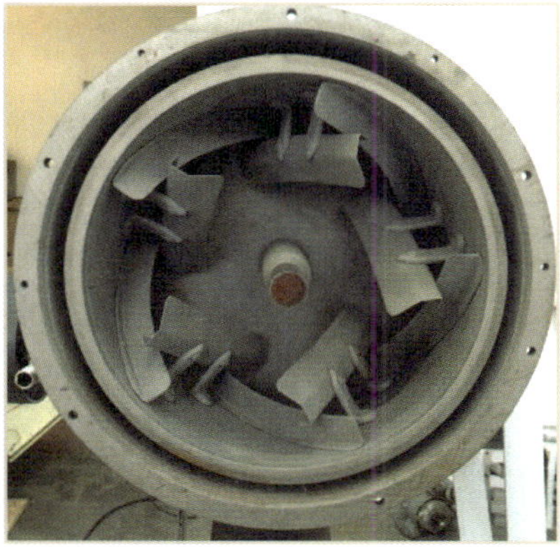

2) 유동층 구조

유동층 구조의 로스팅 머신은 생두가 들어 있는 챔버에 고온의 공기를 넣어 주어 생두를 띄워 회전시켜 로스팅하는 방식이다. 고온의 공기를 활용하여 빠른 로스팅이 가능하며, 고른 열전달을 할 수 있는 방식이다. 유동층 구조의 로스팅 머신은 로스팅이 끝나면 공기를 흡입하는 방식이나 외부 공기를 넣는 방식으로 원두를 냉각시킨다.

[그림 11 - 2] 유동층 구조의 생두의 움직임 변화

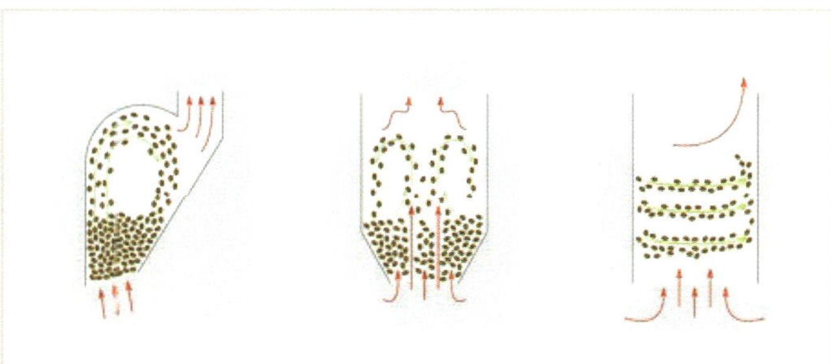

3) 재순환 구조

재순환 구조 로스팅 머신은 일반적인 로스팅 머신의 대류열 방향과는 반대 방향으로 순환하는 구조로 되어 있다. 싸이클론 내부 버너에서 발생한 대류열이 반대로 회전하는 배기팬을 통해 드럼으로 유입되는 방식이다.

한 번 사용된 열은 바로 밖으로 배출되지 않고 재순환되어 드럼으로 보내 열효율이 높은 장점을 가지고 있다. 외부에서 유입되는 공기가 없어 열 조절도 효율적으로 가능하다.

[그림 11-3] 재순환 구조 로스팅 머신의 흐름

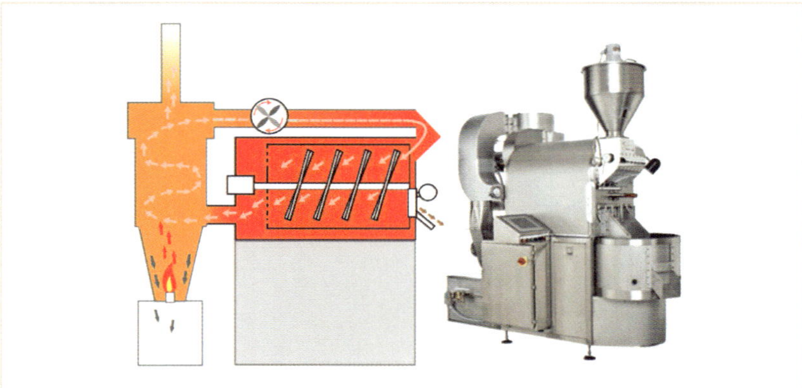

[사진 11-17] 재순환 구조의 로스팅 머신

4) 스마트 로스팅 머신

스마트 로스팅 머신은 기술 발전에 따라 나타난 새로운 방식의 전기 로스팅 머신이다. 전기를 사용해 로스팅하며 터치패드를 사용하거나 wi-fi를 통해 핸드폰으로 조절이 가능하고, 프로파일 저장 및 재현 등 여러 가지 새로운 기능들과 기술이 구현된 로스팅 머신이다. 대표적으로 우리나라의 스트롱 홀드가 있다.

[사진 11 - 18] 스트롱 홀드 S9

[그림 11 - 4] 스트롱 홀드 S9 내부 구조

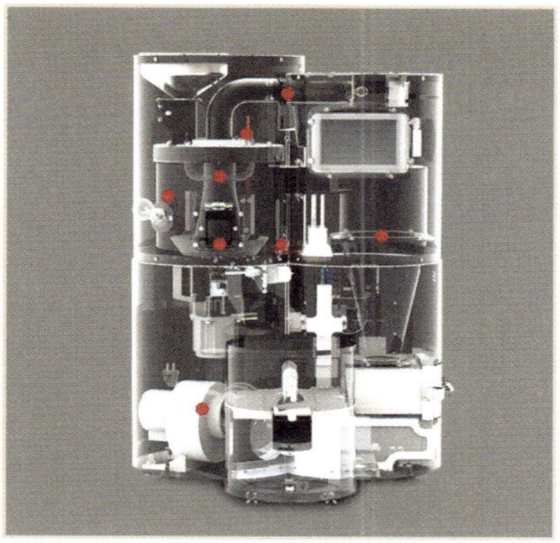

[사진 11 - 19] 이카와 로스팅 머신

나. 열전달 방식에 따른 분류

1) 직화식

직화식은 로스팅 머신 내부의 드럼에 뚫려 있는 구멍을 통해 생두에 불이 직접 닿아 로스팅이 이루어지는 방식이다. 직화식은 커피 전용 로스팅 머신이 처음으로 만들어진 방식이다. 직화식은 즉각적인 화력 조절이 가능하여 다양한 방식으로 로스팅을 할 수 있으며 로스팅 포인트 조절이 용이하다. 직화식의 단점으로는 불꽃이 직접 드럼에 닿아 생두가 쉽게 탈 수 있고, 다른 방식에 비해 열전달이 고르지 않아 일정한 로스팅을 하기에 쉽지 않다.

[그림 11 - 5] 직화식 드럼 구조

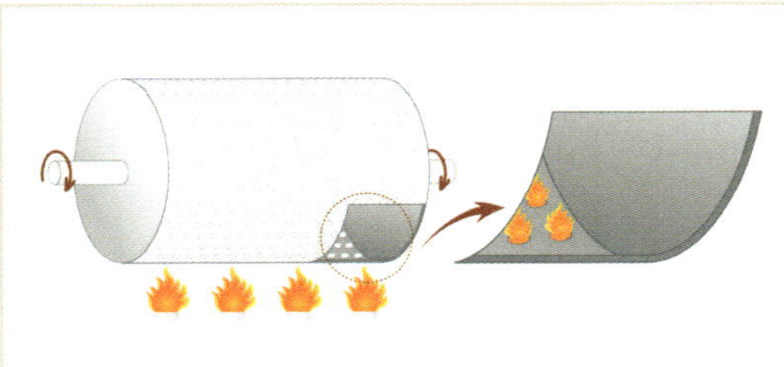

[사진 11 - 20] 직화식 로스팅 머신 후지로얄

2) 반열풍식

반열풍식은 현재 가장 많이 사용하는 방식이다. 드럼에 구멍이 뚫려 있지 않아 불꽃이 직접 생두에 닿지 않는다. 불꽃이 드럼을 가열하여 열전도를 이용해 간접적으로 생두를 가열하며, 열에 의해 생성된 뜨거운 열풍이 드럼 내부로 들어가 대류를 일으켜 로스팅하는 방식이다. 직화식에 비해 열전달이 균일하고 일정한 로스팅을 하기에 용이해 비교적 빠른 시간에 로스팅이 가능하다.

[그림 11-6] 반열풍식 드럼 구조

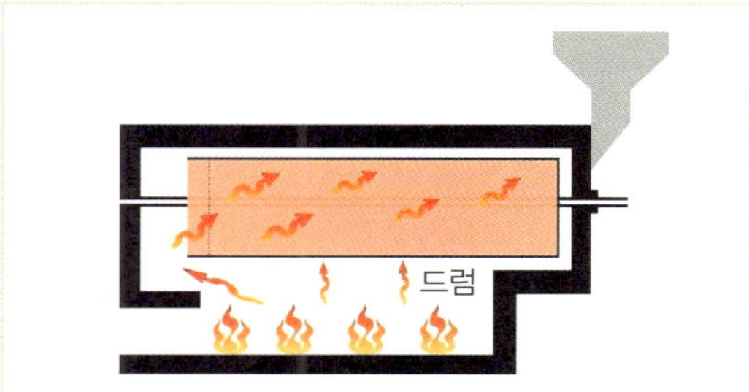

[사진 11-21] 반열풍식 로스팅 머신 THCR-1

3) 열풍식

열풍식은 열원이 드럼에 직접 닿지 않으며 뜨거운 공기를 드럼 안으로 보내주어 로스팅하는 방식이다. 열풍식 로스팅은 생두의 수분을 빠르게 빼주고 단시간에 균일한 로스팅을 할 수 있다. 열풍식은 드럼 방식이 아닌 다른 형태로도 존재하며, 가열된 열풍에 의해 생두가 공중에 뜬 상태로 로스팅을 하는 방식이 있다. 소규모, 소형 로스팅에 적합한 방식이기도 하며 가정용 로스팅 머신으로도 많이 쓰이고 있다.

[그림 12-7] 열풍식 드럼 구조

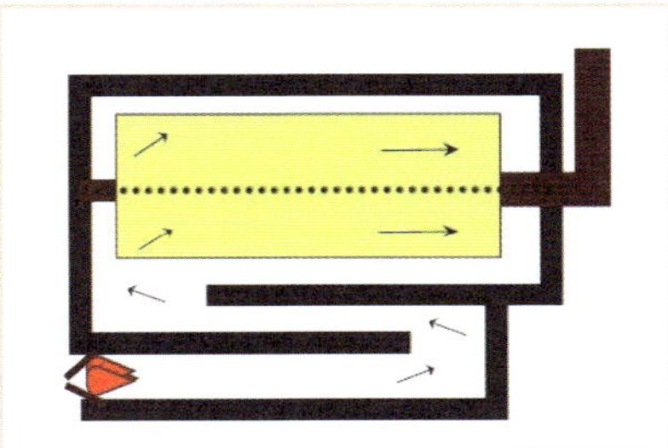

[사진 11-22] 열풍식 로스팅 머신 ESSO

다. 로스팅 머신의 구조

로스팅 머신의 구조는 크게는 비슷하지만 세부적으로는 로스팅 머신 회사 특성마다 조금씩 다르다. 로스팅 머신의 구조를 알고 활용할 수 있어야 좋은 품질의 원두를 얻을 수 있다.

[사진 11-23] THCR-1 구조 및 명칭(앞면)

[사진 11-24] THCR-1 구조 및 명칭(뒷면)

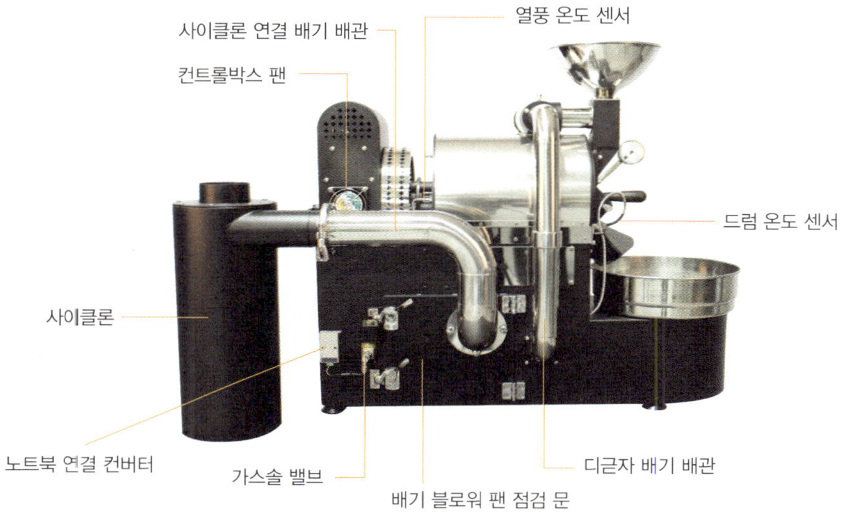

1) 호퍼(Hopper)

호퍼는 예열된 로스팅 머신의 드럼 내부로 준비한 생두를 투입하기 위하여 미리 담아 두는 통의 일종이다. 로스팅 머신 예열이 완료되면 수동 또는 자동으로 투입구를 열어 생두를 투입한다.

[사진 11-25] 수동 호퍼

[사진 11-26] 스트롱홀드 S7 자동 호퍼

2) 드럼(Drum)

드럼은 생두가 담겨져 로스팅이 되는 공간으로, 드럼의 크기에 따라 생두의 투입량이 결정된다. 드럼 내부에는 생두가 충분히 섞일 수 있도록 교반 날개가 달려 있으며, 회전축을 기준으로 돌며 열을 골고루 전달해 준다. 드럼은 로스팅 이전에 충분히 예열해 주어야 한다.

[사진 11-27] 가로형 드럼

[사진 11-28] 스트롱홀드 S7 세로형 드럼

3) 샘플러(Sampler)

샘플러는 샘플러 이외에 여러 가지 이름으로 불리며, 로스팅을 하는 도중에 소량의 원두를 꺼내어 볼 수 있는 기구이다. 생두의 색, 형태, 향 등을 확인할 수 있으며 확인한 사항에 따라 로스팅에 적절한 변화를 줄 수 있다. 로스팅 머신에 따라 샘플러를 빈번히 꺼내어 보면 로스팅 온도에 영향을 주는 경우도 있다.

[사진 11 - 29] 기센 W1 샘플러

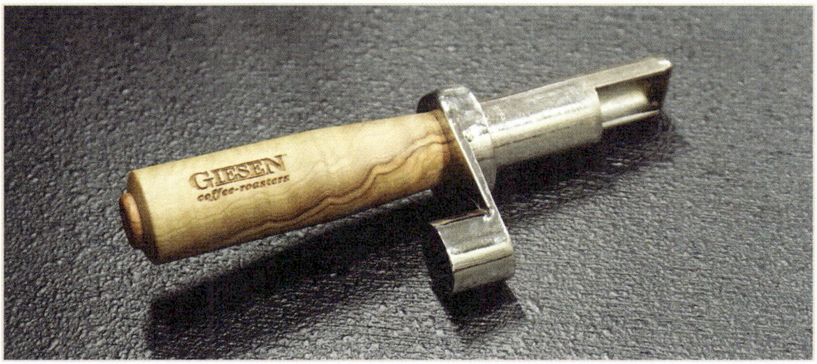

4) 쿨러(Cooler)

쿨러는 로스팅이 완료되어 배출된 원두를 식혀주는 역할을 하는 기구이다. 로스팅이 끝나도 원두는 많은 열을 가지고 있기 때문에 원하는 포인트의 원두를 얻기 위해서는 쿨러를 통해 원두를 빠르게 식혀주어야 한다. 쿨러에는 외부에서 공기가 유입되어 식히는 방식과 공기를 빨아들여 식히는 방식 등이 있다.

[사진 11-30] THCR-06 쿨러

5) **댐퍼**(Damper)

댐퍼는 드럼 내부의 열이나 연기 등을 내보내주는 연통 사이를 개폐해 주는 장치이다. 댐퍼를 조절해 줌으로써 드럼 내부의 열이나 향미, 연기의 배출을 조절하며 원두에 여러 변화를 줄 수 있다. 댐퍼가 모든 로스팅 머신에 달려 있는 것은 아니다.

[사진 11-31] THCR-01 상부 댐퍼

[사진 11-32] THCR-01 하부 댐퍼

6) 사이클론(Cyclone)

사이클론은 로스팅 시 생두에서 나오는 실버스킨이나 가루 등을 외부로 나가지 않게 모아주는 장치이다. 사이클론 하부에 열원이 달려 있는 구조도 있으며 앞서 소개했던 재순환 구조에 사용되기도 한다. 사이클론 하부에 모여 있는 채프는 주기적으로 비워주어야 로스팅이 더 원활히 이루어진다.

[사진 11－33] 기센 W15 사이클론

[그림 11－8] 사이클론 흐름도

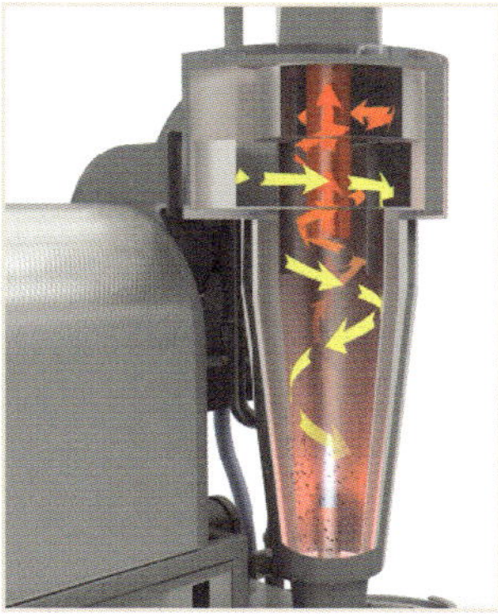

7) 열원장치

일반적인 로스팅 머신에서는 버너라고 부르며 로스팅 머신에 열을 가해 주는 장치이다. 가스를 통한 직접적인 불을 사용하기도 하며 적외선을 사용한 열원, 할로겐을 사용한 열원 등 다양한 열원장치들이 존재한다.

[사진 11－34] 직화식 버너 열원장치

[사진 11－35] 적외선 열원장치

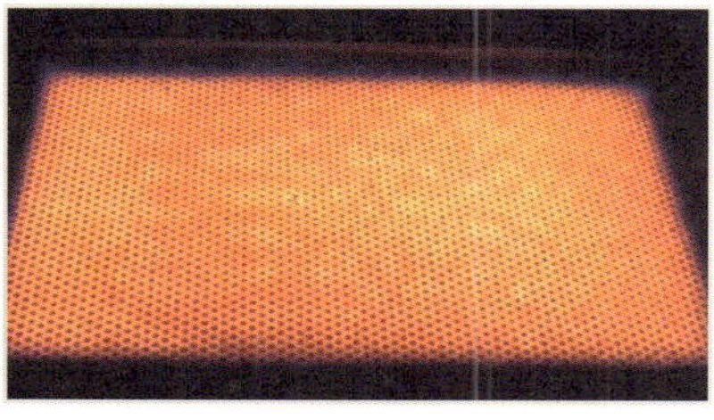

[그림 11-9] 스트롱홀드 S9 할로겐 열원장치

8) 온도 조절 장치

로스팅 머신의 온도를 조절해 주는 장치이며 현재 상태를 표시해 주는 장치이기도 하다. 다양한 종류의 조절 장치들이 있으며 온도 조절뿐만 아니라 원두의 배출이나 로스팅 그래프 등을 표시해 주는 기능도 있다.

[사진 11-36] 기센 컨트롤박스

[사진 11-37] 태환 컨트롤박스

[사진 11-38] 스트롱홀드 컨트롤패드

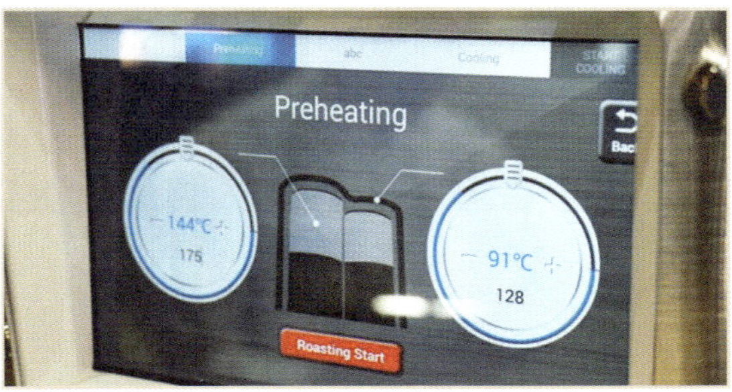

4. 커피로스팅 결과 정리하기

1. 단계별 로스팅

〈표 11-4〉 단계별 로스팅

상태				1차 크랙		2차 크랙	
반응	흡열			발열			
색깔	녹색	노란색	계피색	옅은 갈색	갈색	짙은 갈색	검은색
맛	로스팅이 진행될수록 신맛은 감소, 쓴맛은 증가						
형태	생두	수축		팽창			팽창 멈춤
중량 감소				12~14%		15~17%	18~25%

1차 크랙 이후부터는 커피로 추출해 마실 수 있는 상태라고 여기면 된다. 1차 크랙이란, 흡열을 하고 있던 생두가 발열을 하는 시점으로, '탁탁탁' 하는 소리를 내기 시작한다. 1차 크랙 이후부터 로스팅 머신의 샘플러를 통해 틈틈이 향을 맡으면서 원하는 향이 날 때 배출하면 된다. 배출하기 전이나 배출하고 나서 쿨링(냉각) 스위치를 최대한 빠르게 작동시켜 원두를 냉각시켜야 한다. 또한, 1차 크랙 시작과 동시에 초시계를 작동하여 1차 크랙 이후 배출까

지의 시간도 체크해야 한다. 이 시간을 디벨롭먼트 타임(Development Time)이라고 한다. 1차 크랙 이후 배출까지의 총 시간은 최소 약 2분 이상, 최대 4분 미만을 권장한다.

2. 로스팅 디펙트(Roasting Defects)

[사진 11-39] 티핑

가. 티핑(Tipping, Tipped)

뜨겁게 달궈진 드럼의 전도열로 생두 내부와 외부의 온도차가 커지며 생두의 투과성(수분과 이산화탄소를 밖으로 내보내는 성질)은 낮아진다. 이로써 생두의 압력은 급격하게 높아지며 열저항 임계점을 넘어가 표면이 열로 인해 변성되며 발생한다.

[사진 11-40] 스코칭

나. 스코칭(Scorching, Scorched)

드럼 내부가 과열되어 생두와 접촉하는 부분에 너무 많은 열이 전달되는 경우, 마이야르 반응이 일어나기 전에 표면이 타거나 일부분이 검게 그을린다.

다. 베이크드(Baked)

부족한 열량으로 인해 유기산 분해와 마이야르 반응 등 화학적 변화가 제대로 이루어지지 않거나 생두 내부의 증기압이 낮아 1차 크랙이 원활하지 않을 때 발생한다.

[사진 11-41] 베이크드

라. 언더디벨롭(Under Developed)

디벨롭 구간에서 충분한 시간과 열을 주지 못해 열량이 충분히 공급되지 않아 플레이버가 제대로 형성되지 않는다. 부피 팽창이 잘 되지 않으며 밀도도 높다.

[사진 11-42] 언더디벨롭

3. RoR(Rate of Rise) 개념

RoR(Rate of Rise)는 로스팅 과정에서 생두의 온도가 상승하는 속도를 나타내는 지표로, 일반적으로 단위 시간당 온도 변화(℃/min)로 표현된다.

RoR은 로스팅 곡선에서 역할을 하며, 적절한 RoR 관리는 균형 잡힌 맛과 향미를 결정하는 요소다. 일반적으로 RoR이 너무 높으면 생두가 겉만 빠르게 익어 내부까지 균일한 로스팅이 어렵고, 너무 낮으면 평범하고 둔한 맛이 날 수 있다.

로스팅 진행 중 RoR은 다음과 같은 패턴을 따른다.

- 초반(건조 단계) – RoR이 빠르게 상승
- 중반(마이야르 반응 및 1차 크랙 전후) – 점진적으로 감소
- 후반(1차 크랙 이후 및 디벨롭먼트 단계) – 지속적으로 낮아짐

RoR이 급격하게 감소하거나 급격히 변동하면 로스팅 프로파일에 문제가 생길 가능성이 높다. 이를 통해 로스터는 열 조절을 세밀하게 조정하고, 로스팅 일관성을 유지할 수 있다.

4. DTR (Development Time Ratio) 개념

DTR(Development Time Ratio)는 디벨롭먼트 단계의 시간(1차 크랙 이후부터 배출까지의 시간)이 전체 로스팅 시간에서 차지하는 비율을 의미한다.

DTR은 로스팅의 완성도와 커피의 향미 특성에 영향을 미친다. 일반적으로 DTR이 너무 짧으면 생두의 향미가 덜 발현될 가능성이 있고, 너무 길면 과하게 로스팅되어 쓴맛과 스모키한 맛이 강해질 수 있다.

일반적으로 DTR은 15~25% 사이가 적절하다고 여겨지며, 로스팅 스타일과 생두 특성에 따라 조정할 수 있다.

- 15% 이하: 신맛이 강조되며, 가벼운 바디감
- 15~20%: 밸런스가 좋은 로스팅
- 20% 이상: 바디감이 강조되지만 과하게 로스팅될 위험 있음

RoR과 DTR은 서로 영향을 주는 요소이며, 두 값을 균형 있게 조절하는 것은 안정적인 로스팅 프로파일을 설계하는 데 도움이 될 수 있다.

5. 색도계에 관한 지식

생두의 로스팅 정도는 가열 온도와 시간에 따라 결정되고 이 과정에서 색, 향기, 맛도 달라진다. 실제 로스팅에서는 로스팅이 진행됨에 따라서 로스팅 머신에서 소량의 원두를 샘플링하여 원두의 갈색 정도를 표준 샘플과 비교하여 나타내거나 기계적으로 측정한 L값으로 나타낼 수 있다. 로스팅 정도가 약하면 L값이 커지고, 강해지면 L값이 작게 표시므로 L값으로 로스팅 정도를 잘 반영할 수 있다.

〈표 11-5〉 L값과 로스팅 정도의 관계

L값	명칭	Agtron	색상
27도 이상	Light	#95	
25~27도	Cinnamon	#85	
22.5~25도	Medium	#75	
20.5~22.5도	High	#65	
18.5~20.5도	City	#55	
16.5~18.5도	Full City	#45	
15~16.5도	French	#35	
15도 미만	Italian	#25	

전자식 커피 색도계는 원두의 색상을 객관적으로 측정하여 로스팅 품질을 일정하게 유지하는 데 도움을 주는 장비이다. 이를 활용하면 배전도를 정확하게 분석할 수 있어 로스터가 원하는 프로파일을 보다 체계적으로 관리할 수 있다. 또한, 육안으로 구별하기 어려운 미세한 색상 차이를 정량적으로 측정할 수 있어 배치(Batch) 간의 편차를 줄이는 데 유용하다.

[사진 11-43] 커피 색도계 로아미(Roami)

5. 로스팅 기계 관리하기

1. 로스팅 머신 청소

로스팅 머신의 주기적인 청소는 로스팅 컨디션과 로스팅된 원두의 상태에 많은 영향을 준다. 청소 주기는 보통 6개월 정도면 적당하지만 로스팅 횟수가 많을수록 주기는 짧아지게 된다. 청소가 주기적으로 이루어지지 않으면 원두에서 잡미 또는 탄맛이 날 수 있으며, 점화 장치에 불이 잘 붙지 않는 경우도 생기게 된다.

가. 로스팅 머신 청소

로스팅 머신의 배기에 관련된 브로어, 댐퍼, 배관 등의 주기적인 청소가 필요하다. 배관을 먼저 분리 하고 댐퍼와 브로어가 있는 모터 부분을 분리 후 청소를 해 주어야한다.

[사진 11 - 44] THCR - 1 의 댐퍼, 브로어, 배관

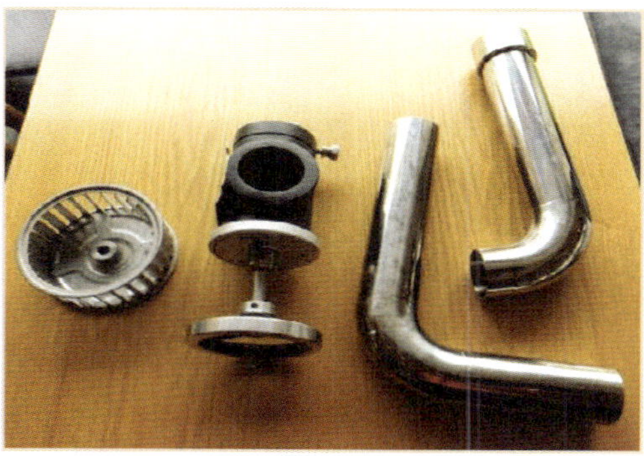

[사진 11 - 45] 브로어의 청소 전후

위의 사진들과 같이 배관, 댐퍼, 브로어 등에는 커피 체프나 찌꺼기 등이 많이 쌓여 있을 수 있다. 주기적인 청소를 해 주어야 원하는 프로파일의 원두를 만들기 쉬우며 로스팅 머신의 수명도 길어진다.

2. 로스팅 머신 상태 점검

[사진 11-46] 조작 버튼 확인

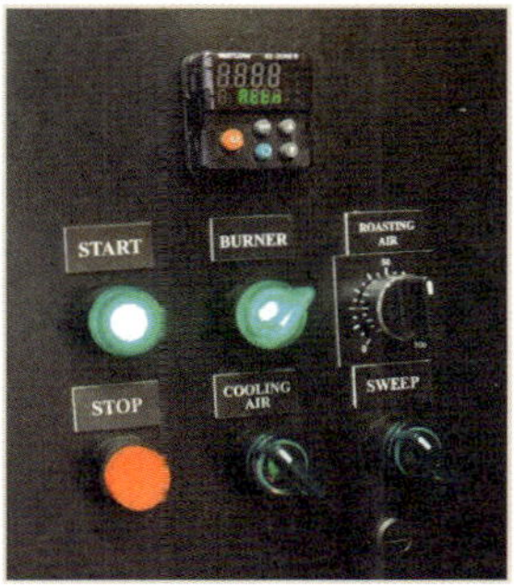

가. 조작 버튼 확인

로스팅 머신을 가동 후 각 부분의 조작 버튼이 정상적으로 작동하는지 점검 및 확인한다.

[사진 11-47] 센서 및 온도 게이지의 이상 유무 점검

나. 센서 및 온도 게이지의 이상 유무 점검

온도 변화가 표시창에 정상적으로 나타나는지 살펴보고, 한계 온도와 한계 시간에 정상적으로 멈추는지 확인한다.

[사진 11-48] 배기 상태

다. 배기 상태

배기는 로스팅할 때 가장 중요한 화력과 배출하고 원두를 급랭시키는 쿨링과 연결되어 있기 때문에 배기 상태가 항상 원활하게 이루어질 수 있도록 유지해야만 한다.

학습 정리

1. 로스팅 방법과 선택
   가. 열원이 생두에 미치는 영향에 따라 화력과 공기 흐름을 조절할 수 있다.
   나. 사용 용도에 따라 로스팅 단계를 선택할 수 있다.
   다. 생두의 결점두를 분류할 수 있다.
   라. 생두의 로스팅 프로파일 계획표를 작성할 수 있다.

2. 실전 로스팅하기
   가. 로스팅 머신 방식에 따라 로스팅 머신을 선택하고 활용할 수 있다.
   나. 로스팅 및 맛을 조절할 수 있다.

3. 로스팅 머신 관리하기
   가. 로스팅 머신 청소를 할 수 있다.
   나. 로스팅 머신 상태 점검을 할 수 있다.

예상 문제

1. 로스팅할 때 가장 중요한 부분이며 항상 청결하게 유지해야 하는 부분은 무엇인가?

① 샘플러 ② 댐퍼
③ 버너 ④ 배기 상태

2. 과육이 묻어 있는 상태로 건조시켜, 생두의 당도를 일일이 체크하면서 당도의 수치가 일정 기준 이상이 되었을 때만 손으로 골라내는 가공 방식은 무엇인가?

① 습식법 ② 펄프드 내추럴
③ 건식법 ④ 허니 프로세싱

3. 커피로스팅 중 1차 크랙 이후부터 배출까지의 시간을 일컫는 말은 무엇인가?

① 인터벌 ② 로스팅존
③ 프로파일 ④ 디벨롭먼트 타임

4. 로스팅 시 생두의 크기는 어느 정도 증가하는가?

① 50~100% ② 25~50%
③ 100~200% ④ 5~10%

5. 로스팅 시 생두의 중량은 어느 정도 감소하는가?

① 1~5% ② 12~20%
③ 13~23% ④ 20~28%

6. 로스팅 시 화학적 변화로 인해 대표적으로 향미를 결정짓는 반응 2가지는 무엇인가?

① 캐러멜화 반응 ② 산화 반응
③ 카르복시 이탈 반응 ④ 마이야르 반응

예상 문제

7. 재순환 방식을 취하고 있는 로스팅 방식은 무엇인가?

① 반열풍식 로스팅　　② 열풍식 로스팅

③ 직화식 로스팅　　④ 전기식 로스팅

정답 1. ④　2. ④　3. ④　4. ①　5. ②　6. ① ④　7. ②

12장

커피 매장 영업관리

능력 단위 : 커피 매장 관리

능력 단위 정의 : 커피 매장의 위생 관리, 영업 준비, 영업 마감, 기물 관리 및 안전 관리 등 고객에게 최상의 서비스를 제공하기 위해 영업 준비부터 마감까지 관리하는 능력이다.

수행 준거

- 식품위생법령 및 규정
- 세정제와 소독제 종류 및 기능에 대한 이해와 사용 능력
- 병원 미생물 종류에 대한 이해
- 위생 해충 종류에 대한 이해 및 제거 능력
- 장비 점검 이해 : 매장 위생 상태 점검
- 식자재 유통기한 이해
- 기계 · 기물 · 기구에 대한 이해
- POS 시스템 활용
- 커피 맛 평가 기준에 대한 이해
- 장비 점검 이해
- 세제의 종류 및 활용법
- 소독 및 소독제의 종류와 활용법
- 전기 안전 및 점검
- 소방 안전 및 점검
- 화재보험 관련 지식 및 점검 능력

1. 커피 매장 위생 관리하기

1. 식품위생법령 및 규정

가. 식품위생법 등 관련 사항

식품위생법은 식품으로 인하여 생기는 위생상의 위해(危害)를 방지하고 식품영양의 질적 향상을 도모하며 식품에 관한 올바른 정보를 제공하여 국민 보건의 증진을 목적으로 제정되었다.

1) 식품위생법에서 사용하는 주요 용어

가) '식품'이란 모든 음식물(의약으로 섭취하는 것은 제외한다)을 말한다.

나) '식품첨가물'이란 식품을 제조 · 가공 또는 보존하는 과정에서 식품에 넣거나 섞는 물질 또는 식품을 적시는 데에 사용되는 물질을 말한다. 이 경우 기구(器具) · 용기 · 포장을 살균 · 소독하는 데에 사용되어 간접적으로 식품으로 옮아갈 수 있는 물질을 포함한다.

다) '화학적 합성품'이란 화학적 수단으로 원소 또는 화합물에 분해 반응 외의 화학 반응을 일으켜서 얻은 물질을 말한다.

라) '기구'란 식품 또는 식품첨가물에 직접 닿는 기계 · 기구나 그 밖의 물건(농업과 수산업에서 식품을 채취하는 데 쓰는 기계 · 기구나 그 밖의 물건은 제외한다)을 말한다.

(1) 음식을 먹을 때 사용하거나 담는 것

(2) 식품 또는 식품첨가물을 채취 · 제조 · 가공 · 조리 · 저장 · 소분(小分)[1] · 운반 · 진열할 때 사용하는 것

마) '용기 · 포장'이란 식품 또는 식품첨가물을 넣거나 싸는 것으로서 식품 또는 식품첨가물을 주고받을 때 함께 건네는 물품을 말한다.

바) '위해'란 식품이나 식품첨가물 또는 기구 및 용기 · 포장에 존재하는 위험 요소로서 인체 건강을 해치거나 해칠 우려가 있는 것을 말한다.

사) '표시'란 식품이나 식품첨가물 또는 기구 및 용기 · 포장에 적는 문자, 숫자 또는 도형을 말한다.

아) '영양 표시'란 식품에 들어 있는 영양소의 함량 등 영양에 관한 정보를 표시하는 것을 말한다.

자) '영업'이란 식품 또는 식품첨가물을 채취 · 제조 · 가공 · 조리 · 저장 · 소분 · 운반 또는 판매하거나 기구 및 용기 · 포장을 제조 · 운반 · 판매하는 업(농업과 수산업에 속하는 식품채취업은 제외한다)을 말한다.

차) '영업자'란 제37조 제1항에 따라 영업 허가를 받은 자나 같은 조 제4항에 따라 영업 신고를 한 자 또는 같은 조 제5항에 따라 영업 등록을 한 자를 말한다.

카) '식품 위생'이란 식품, 식품첨가물, 기구 또는 용기 · 포장을 대상으로 하는 음식에 관한 위생을 말한다.

타) '식품 이력 추적 관리'란 식품을 제조 · 가공 단계부터 판매 단계까지 각 단계별로 정보를 기록 · 관리하여 식품의 안전성 등에 문제가 발생할 경우 해당 식품을 추적하여 원인을 규명하고 필요한 조치를 할 수 있도록 관리하는 것을 말한다.

파) '식중독'이란 식품 섭취로 인하여 인체에 유해한 미생물 또는 유독 물질에 의하여 발생하였거나 발생한 것으로 판단되는 감염성 질환 또

1) 완제품을 나누어 유통을 목적으로 재포장하는 것

는 독소형 질환을 말한다.

2) 위해 식품 등의 판매 금지(법 제4조)는 다음 각 호의 어느 하나에 해당하는 식품 등을 판매하거나 판매할 목적으로 채취 · 제조 · 수입 · 가공 · 사용 · 조리 · 저장 · 소분 · 운반 또는 진열하여서는 아니 된다.

가) 썩거나 상하거나 설익어서 인체의 건강을 해칠 우려가 있는 것

나) 유독 · 유해 물질이 들어 있거나 묻어 있는 것 또는 그러할 염려가 있는 것. 다만, 식품의약품안전처장이 인체의 건강을 해칠 우려가 없다고 인정하는 것은 제외한다.

다) 병을 일으키는 미생물에 오염되었거나 그러할 염려가 있어 인체의 건강을 해칠 우려가 있는 것

라) 불결하거나 다른 물질이 섞이거나 첨가된 것 또는 그 밖의 사유로 인체의 건강을 해칠 우려가 있는 것

마) 제18조에 따른 안전성 평가 대상인 농 · 축 · 수산물 등 가운데 안전성 평가를 받지 아니하였거나 안전성 평가에서 식용(食用)으로 부적합하다고 인정된 것

바) 수입이 금지된 것 또는 「수입식품안전관리 특별법」 제20조 제1항에 따른 수입 신고를 하지 아니하고 수입한 것

사) 영업자가 아닌 자가 제조 · 가공 · 소분한 것

3) 시설 기준(법 제36조)은 다음의 영업을 하려는 자는 총리령으로 정하는 시설 기준에 맞는 시설을 갖추어야 한다.

가) 식품 또는 식품첨가물의 제조업, 가공업, 운반업, 판매업 및 보존업

나) 기구 또는 용기 · 포장의 제조업

다) 식품 접객업

4) 건강 진단(법 제40조)

가) 총리령으로 정하는 영업자 및 그 종업원은 건강 진단을 받아야 한다. 다만, 다른 법령에 따라 같은 내용의 건강 진단을 받는 경우에는 이 법에 따른 건강 진단을 받은 것으로 본다.

나) 제1항에 따라 건강 진단을 받은 결과, 타인에게 위해를 끼칠 우려가 있는 질병이 있다고 인정된 자는 그 영업에 종사하지 못한다.

다) 영업자는 제1항을 위반하여 건강 진단을 받지 아니한 자나 제2항에 따른 건강 진단 결과 타인에게 위해를 끼칠 우려가 있는 질병이 있는 자를 그 영업에 종사시키지 못한다.

라) 제1항에 따른 건강 진단의 실시 방법 등과 제2항 및 제3항에 따른 타인에게 위해를 끼칠 우려가 있는 질병의 종류는 총리령으로 정한다.

5) 식품 위생 교육(법 제41조)

가) 대통령령으로 정하는 영업자 및 유흥 종사자를 둘 수 있는 식품 접객업 영업자의 종업원은 매년 식품 위생에 관한 교육을 받아야 한다.

나) 제36조 제1항 각 호에 따른 영업을 하려는 자는 미리 식품 위생 교육을 받아야 한다. 다만, 부득이한 사유로 미리 식품 위생 교육을 받을 수 없는 경우에는 영업을 시작한 뒤에 식품의약품안전처장이 정하는 바에 따라 식품 위생 교육을 받을 수 있다.

다) 제1항 및 제2항에 따라 교육을 받아야 하는 자가 영업에 직접 종사하지 아니하거나 두 곳 이상의 장소에서 영업을 하는 경우에는 종업원 중에서 식품 위생에 관한 책임자를 지정하여 영업자 대신 교육을 받게 할 수 있다.

라) 영업자는 특별한 사유가 없는 한 식품 위생 교육을 받지 아니한 자를 그 영업에 종사하게 하여서는 아니 된다.

6) 영양 표시 대상 식품(시행규칙 제6조)

가) 법 제11조 제1항에서 '총리령으로 정하는 식품'이란 다음 각 호의 식품을 말한다.

(1) 장기보존식품(레토르트 식품만 해당한다)

(2) 과자류 중 과자, 캔디류 및 빙과류

(3) 빵류 및 만두류

(4) 초콜릿류

(5) 잼류

(6) 식용 유지류(油脂類)

(7) 면류

(8) 음료류

(9) 특수 용도 식품

(10) 어육가공품 중 어육소시지

(11) 즉석섭취식품 중 김밥, 햄버거, 샌드위치

나) 제1항에도 불구하고 다음 각 호의 식품은 영양 표시 대상 식품으로 보지 아니한다.

(1) 즉석판매제조 · 가공업자가 제조 · 가공하는 식품

(2) 최종 소비자에게 제공되지 아니하고 다른 식품을 제조 · 가공 또는 조리할 때 원료로 사용되는 식품

(3) 식품의 포장 또는 용기의 주표시면 면적이 30㎠ 이하인 식품

7) 영업에 종사하지 못하는 질병의 종류(시행규칙 제50조)는 법 제40조 제4항에 따라 영업에 종사하지 못하는 사람으로 다음의 질병에 걸린 사람으로 한다.

가) 「감염병의 예방 및 관리에 관한 법률」 제2조 제2호에 따른 제1군 감

염병 – '제1군감염병'이란 마시는 물 또는 식품을 매개로 발생하고 집단 발생의 우려가 커서 발생 또는 유행 즉시 방역 대책을 수립하여야 하는 감염병으로서 콜레라, 장티푸스, 파라티푸스, 세균성 이질, 장출혈성 대장균 감염증, A형간염 등이 있다.

나)「감염병의 예방 및 관리에 관한 법률」 제2조 제4호에 따른 결핵(비감염성인 경우는 제외)

다) 피부병 또는 그 밖의 화농성 질환

라) 후천성 면역 결핍증 –「감염병의 예방 및 관리에 관한 법률」 제19조에 따라 성병에 관한 건강 진단을 받아야 하는 영업에 종사하는 사람만 해당된다.

■ HACCP의 이해

해썹(HACCP)은 위해요소 분석(Hazard Analysis)과 중요 관리점(Critical Control Point)의 영문 약자로서 '해썹' 또는 '위해요소 중점관리 기준'이라 한다.

HA(Hazard Analysis)는 위해요소 분석이라는 뜻으로, 원료와 공정에서 발생 가능한 병원성 미생물 등 생물학적, 화학적, 물리적 위해요소 분석을 의미한다. CCP(Critical Control Point)는 중요 관리점이라는 뜻으로, 위해요소를 예방, 제거 또는 허용 수준으로 감소시킬 수 있는 공정이나 단계를 중점 관리하는 것을 의미한다.

위해요소 분석이란 '어떤 위해를 미리 예측하여 그 위해 요인을 사전에 파악하는 것'을 의미하며, 중요 관리점이란 '반드시 필수적으로 관리하여야 할 항목'이라는 뜻을 내포하고 있다. 즉, 해썹은 위해 방지를 위한 사전 예방적 식품안전 관리체계를 말한다.

해썹 제도는 식품을 만드는 과정에서 생물학적, 화학적, 물리적 위해 요인들이 발생할 수 있는 상황을 과학적으로 분석하고 사전에 위해 요인의 발생 여건들을 차단하여 소비자에게 안전하고 깨끗한 제품을 공급하기 위한 시스템적인 규정을 말한다.

결론적으로 해썹이란, 식품의 원재료부터 제조, 가공, 보존, 유통, 조리 단계를 거쳐 최종 소비자가 섭취하기 전까지의 각 단계에서 발생할 우려가 있는 위해요소를 규명하고, 이를 중점적으로 관리하기 위한 중요 관리점을 결정하여 자율적이며 체계적이고 효율적인 관리로 식품의 안전성을 확보하기 위한 과학적인 위생 관리체계라고 할 수 있다.

해썹은 전 세계적으로 가장 효과적이고 효율적인 식품 안전 관리체계로 인정받고 있으며 미국, 일본, 유럽연합, 국제기구(Codex, WHO, FAO) 등에서도 모든 식품에 해썹을 적용할 것을 적극 권장하고 있다.(자료출처: 식품의약품안전처 한국식품안전관리인증원)

■ 식중독 예방 3대 원칙

1) **청결의 원칙** : 식품은 위생적으로 취급하여 세균 오염을 방지할 것 - 손을 자주 씻어 청결을 유지할 것
2) **신속의 원칙** : 세균 증식을 방지하기 위하여 식품은 오랫동안 보관하지 말 것 - 조리된 음식은 가능한 한 바로 섭취할 것
3) **냉각 또는 가열의 원칙** : 조리된 음식은 5℃ 이하 또는 60℃ 이상에서 보관할 것 - 가열 조리가 필요한 식품은 중심부 온도가 75℃ 이상이 되도록 조리할 것

2. 세정제의 종류 및 기능

가. 세정제의 종류 및 기능

식품을 위생적으로 제조 · 가공하기 위해서는 모든 단계에서 청결하고 안전을 확보하는 노력이 필요하다. 세정은 커피 매장 관리 측면에서 청결을 확보하기 위해 수돗물이나 음용에 적합한 물을 사용하여 잘 씻어서 오염을 제거하는 과정이다. 물로만 제거되지 않는 지방성 물질, 세균류 등의 오염 물질은 세제를 이용하여 제거한다.

세제는 무기세제와 계면활성력을 갖는 세척제로 크게 구별하며, 계면활성제 중 비누나 중성세제는 물에 용해하면 그 활성 부위가 음이온을 나타내는 것으로 음이온 계면활성제라 한다.

제거하기 위한 오염 물질에 따라 적합한 세제를 사용하여 청결한 안전을 확보하는 노력이 필요하다.

3. 병원 미생물 종류에 대한 이해

가. 병원 미생물

병원 미생물은 바이러스, 세균 등 사람에게 질병을 일으키는 미생물을 말한다.

1) 소화기계 감염병

병원체가 음식물이나 물에 오염되어 경구적으로 침입되어 감염이 일어나는 수인성 감염병을 말한다. 종류로는 장티푸스, 콜레라, 세균성 이질, 폴리오, 유행성간염, 파라티푸스 등이 있다.

2) 호흡기계 감염병

호흡기계로 감염되는 감염병은 환자나 보균자의 객담, 콧물 등의 비말에 의해 직접 전파되거나 공기 전파가 있다. 대표적인 호흡기계 감염병으로 디프테리아, 백일해, 홍역, 성홍열, 유행성 이하선염, 풍진, 인플루엔자, 중증급성호흡기증후군(SARS), 중동호흡기증후군(MERS)등이 있다.

4. 위생 해충 종류에 대한 이해

가. 위생 해충

위생 해충은 인간에게 질병을 매개하는 것과 질병을 매개하지는 않지만 혐오감을 주는 곤충을 말하며, 매장에서 주로 문제가 되는 것들은 모기, 파리, 바퀴 등이 있다. 쥐와 쥐에 기생하는 이, 벼룩 등도 관심을 가져야 된다.

1) 위생 해충을 제거하는 방법(질병 매개 곤충 방제)

위생 해충을 제거하는 방법에는 환경적 방법, 물리적 방법, 화학적 방법, 생물학적 방법으로 나눌 수 있다.

가) 물리적 · 환경적 방법

- 서식 장소를 완전히 제거하여 질병 매개 곤충이 서식하지 못하게 한다.
- 질병 매개 곤충의 발생이나 유입을 막기 위한 시설을 설치해야 한다.
- 질병 매개 곤충의 종류에 따른 적절한 덫을 사용하여 밀도를 낮추어야 한다.

나) 화학적 방법

- 질병 매개 곤충에 맞는 곤충 성장 억제제 또는 살충제를 사용하여 유충과 성충을 제거해야 한다.

• 잔류성 살충제를 사용하여 추가적인 유입을 막아야 한다.
• 살충제 처리가 된 창문스크린이나 모기장을 사용해야 하다.

다) 생물학적 방법

• 모기 방제를 위하여 유충을 잡아먹는 천적(미꾸라지, 송사리, 잠자리 유충 등)을 이용한다.
• 모기 유충 서식처에 미생물 살충제를 사용한다.

2) 쥐의 방제

가) 위생적 처리

• 음식물 쓰레기통이나 기타 쓰레기통의 용기는 밀폐하거나 뚜껑을 덮어 먹이 제공을 방지해야 한다.
• 쓰레기 더미, 퇴비장, 풀이 우거진 담장 등의 쥐가 숨어있는 곳을 사전에 제거함으로써 서식처를 제거한다.

나) 건물의 출입문, 환기통, 배관, 외벽, 외벽과 창문 및 전선 등을 통하여 쥐가 침입하지 못하도록 방서처리(防鼠處理)를 해야 한다.

다) 살서제(殺鼠劑)를 적당량 사용하여 쥐를 방제한다.

2. 커피 매장 영업 준비하기

1. 장비 점검에 대한 이해

영업 중 사용하는 모든 장비 및 기물들은 영업 시작 후 필요할 때 바로 사용할 수 있도록 준비해야 한다. 또한 모든 장비의 작동 확인 및 각 장비 사용에 필요한 기물 등을 철저히 점검해야 한다.

가. 장비 점검

1) **에스프레소 머신 점검** : 머신의 압력은 8~10bar, 온도는 90~95℃ 사이로 설정되어 있는지 등을 확인하고 각 버튼을 눌러 작동 유무를 확인한다. 확인 후 커피를 시험 추출해 본다.
2) **그라인더 점검** : 그라인더의 위생과 작동 유무를 확인한다. 영업 전에 원두를 넣어 원하는 굵기로 나오는지 점검한다. 매장의 그라인더날의 마모 정도를 항상 점검하여 사용 가능한 상태를 유지한다.
3) **블렌더 점검** : 블렌더에 갖춰진 도구들 중 빠진 것이 없는지 점검하고 작동 유무를 확인한다.
4) **쇼케이스 및 냉장 · 냉동기기 점검**
5) **제빙기 점검** : 얼음 제조 및 배출 여부 확인
6) **기타 장비 점검** : 각 업장의 특성에 맞게 준비된 기타 장비들을 점검한다.

2. 식재료와 유통기한

모든 식재료에는 제조일자와 유통기한이 기입되어 있어야 하며, 식재료를 오픈하였다면 오픈 날짜도 함께 기입하는 것이 좋다. 대부분의 식재료는 선입선출(First In First Out, FIFO)을 준수하여 먼저 입고된 식재료가 우선 쓰일 수 있도록, 늦게 입고된 식재료를 뒤쪽에 보관하여 순차적으로 사용할 수 있게 하는 위치 선정 방법이 중요하다.

식재료는 바닥에서 6cm 이상의 높이에 보관해야 한다. 바닥의 이물질, 습기, 미생물들이 식재료를 변질시키기 쉽기 때문이다. 또한 변질되기 쉬운 식재료는 냉장고 안쪽에 보관하여 외부와의 접촉을 최대한 줄일 수 있도록 한다.

식재료를 원활히 사용하고 변질 없이 보관할 수 있는 가장 큰 요소 중 하나는 청소를 통한 위생 관리이다. 냉장 · 냉동고 벽면에 성에가 끼지 않도록 지속적인 관리가 필요하다. 이는 냉장 · 냉동고의 효율을 높일 뿐만 아니라 식재료의 보관 기간은 원활히 유지할 수 있기 때문이다. 또한 식재료 보관 장소 내외부를 청결하게 유지하고, 보관 장소 및 내용 리스트를 작성하여 효율적인 업무를 할 수 있게 한다. 식재료의 위생과 청결을 보다 바르게 유지하는 방법은 직원들의 청소 스케줄을 작성해 정기적으로 관리하는 것이다.

3. 기계, 기물, 기구에 대한 지식

가. 에스프레소 머신

1) 에스프레소 머신의 추출, 스팀 작동 및 게이지를 확인한다. 모든 그룹의 추출 버튼을 작동하여 펌프 압력 게이지의 작동을 확인하고 양쪽의 스팀 밸브를 열어 스팀 압력 게이지 작동을 확인한다.
2) 포타필터, 샤워 스크린의 청결 상태를 확인을 한다. 포타필터를 탈착 후

샤워 스크린을 눈으로 실제 확인하고 추출버튼을 작동시켜 본다. 모든 그룹 포타필터, 샤워 스크린을 확인 점검한다.

3) 그라인더 작동 및 분쇄 상태를 점검한다. 그라인더 각 부분(호퍼, 스위치, 도저)의 상태와 구성을 확인한 후 전원 스위치를 켜서 전원과 모터의 작동 유무를 점검한다.

나. 기물 및 기구

매장에서 사용하는 기물과 기구를 점검하고 위생 관리 및 음료의 맛을 유지하기 위하여 잔의 온도 관리 등 준비 과정이 필요하다.

4. POS 시스템에 대한 이해

POS 시스템의 사용 방법은 각 POS 회사마다 다르다. 하지만 기본 구성인 메뉴 주문과 결제, 매출 관리 시스템 등은 필수로 구성되어 있다. POS 사용 방법은 기기 설명서에 표기되어 있는 매뉴얼을 통해 숙지한다.

가. POS 시스템

매장 운영 방식에 따라 서비스 방식이 달라지면서 POS 시스템 또한 달라진다. 커피 매장에서는 보통 고객이 테이블에서 직원에게 주문한 후 매장을 나가기 전에 테이블별로 결제하는 '테이블 서비스 시스템'이나 카운터에서 메뉴 주문 후 바로 결제하는 '셀프 서비스 시스템'을 사용하고 있다. 각 서비스 방식에 맞는 POS 시스템을 선택해 사용하면 된다. POS 시스템에 따라 일월별 매출과 메뉴 빈도 분석도 가능하다.

3. 커피 매장 영업 마감하기

1. 장비 점검

영업 마감 시, 장비 점검에서는 장비의 오작동 여부를 다시 한 번 확인하는 것도 중요하지만 가장 중요한 요소는 청결과 위생 관리이다. 장비 사용 후 비위생적으로 관리할 경우, 장비가 손상되거나 고장이 날 우려가 있어 이로 인해 시간과 비용이 요구될 수 있고 위생상 위해를 가할 수도 있다.

가. 장비 점검에 대한 이해

1) **에스프레소 머신 점검** : 영업 준비 전과 같이 머신의 보일러 압력이 1~1.5bar로 맞춰져 있는지 상태를 확인한다. 에스프레소 머신용 세척 가루 등을 사용하여 머신 내부 및 외부를 깨끗이 청소한다. 물기가 남지 않게 청소를 마무리해야 위생적이다.
2) **그라인더 점검** : 그라인더의 작동 유무와 함께 그라인더 내부에 있는 커피 가루, 이물질 등을 제거한다. 그라인더를 분해하여 씻어서 관리할 경우 꼭 건조시킨 뒤 조립하여야 한다. 건조되지 않은 상태에서 그라인더 부품을 조립하게 되면 부식이 발생하여 커피의 맛을 변질시킬 뿐만 아니라 기기가 망가져서 사용할 수 없는 상태가 될 수도 있기 때문이다.
3) **블렌더 점검** : 블렌더 구성품 중 빠진 것이 없는지 점검하고 깨끗이 세

척 후 건조시킨다. 블렌더는 과일이나 시럽 같은 단맛과 향이 나는 재료가 주로 쓰이기 때문에 뜨거운 물로 세척 · 건조하여 단 냄새를 제거하는 것이 중요하다.

4) **쇼케이스 및 냉장 · 냉동기기 점검** : 쇼케이스의 경우 내부 전등의 불은 끈다.
5) **제빙기 점검**
6) **기타 장비 점검** : 각 업장의 특성에 맞게 준비된 기타 장비들을 점검한다.

2. 기계, 기구, 기물의 정리 점검

에스프레소 머신, 그라인더 등 매장에서 사용되었던 기계 · 기구 및 기물의 작동 상터를 확인하고, 사용 후 위생 관리를 한다.

4. 커피 매장 기물 관리하기

1. 세제의 종류 및 활용법

세제는 세척할 대상에 따라 다르게 사용되어야 한다.

〈표 12 - 1〉 세제의 종류 및 활용법

종류	형태	색상	사용 용도 및 범위	사용 방법
락스	액체	무색	식기, 조리 기구 세척	용액을 세척 부위에 직접 세척하거나 물에 희석하여 사용
베이킹소다	고체	흰색	야채, 과일 살균	분말을 물에 희석하여 사용
주방세제	액체	무색	식기, 조리 기구 세척	용액을 세척 부위에 직접 세척

2. 소독 및 소독제의 종류 및 활용법

가. 소독 및 소독제의 종류 및 활용법

1) 소독 방법

가) 청소

오물 또는 오염되었거나 오염이 의심되는 물건을 수집하여 「폐기물관리법」에 따라 위생적인 방법으로 안전하게 처리해야 한다.

나) 소독

(1) 소각 : 오염되었거나 오염이 의심되는 소독 대상 물건 중 소각해야 할 물건을 불에 완전히 태워야 한다.

(2) 증기 소독 : 유통증기(流通蒸氣)를 사용하여 소독기 안의 공기를 빼고 1시간 이상 100℃ 이상의 습열 소독을 해야 한다. 다만, 증기 소독을 할 경우 더럽혀지고 손상될 우려가 있는 물건은 다른 방법으로 소독을 해야 한다.

(3) 끓는 물 소독 : 소독할 물건을 30분 이상 100℃ 이상의 물속에 넣어 살균해야 한다.

(4) 약물 소독 : 다음의 약품을 소독 대상 물건에 뿌려야 한다.

① 석탄산수(석탄산 3% 수용액), ② 크레졸수(크레졸액 3% 수용액), ③ 승홍수(승홍 0.1%, 식염수 0.1%, 물 99.8% 혼합액), ④ 생석회(대한약전 규격품), ⑤ 크롤칼키수(크롤칼키 5% 수용액), ⑥ 포르마린(대한약전 규격품).

그 밖의 소독약을 사용하려는 경우에는 석탄산 3% 수용액에 해당하는 소독력이 있는 약제를 사용해야 한다.

(5) 일광 소독 : 의류, 침구, 용구, 도서, 서류나 그 밖의 물건이 규정에 따른 소독 방법을 따를 수 없는 경우에는 일광 소독을 해야 한다.

다) 소독약품의 사용

살균 · 살충 · 구서 등의 소독에 사용하는 상품화된 약품은 「약사법」 제2조 제7호에 해당하는 의약외품으로서 식품의약품안전처장의 허가를 받은 제품을 용법 · 용량에 따라 안전하게 사용해야 한다.

5. 커피 매장 안전 관리하기

1. 커피 매장 안전 관리

안전 관리에 관한 기준을 확립하여 사고의 예방과 안전사고 발생 시 신속하고 적절한 초기 대응을 가능하게 함으로써 인명의 안전과 자산을 유지 보존할 수 있도록 안전 관리에 관심을 가져야 한다.

가. 전기 안전 관리

1) 사고유형별 대응 요령

전기 사고 및 화상 사고에 대한 대응 요령은 〈표 12-2〉와 같다.

〈표 12-2〉 사고 유형별 대응 요령

사고 유형	대응 요령
전기 사고	가. 전기화재 • 화재 진압 시 물을 뿌리면 감전의 위험이 있으므로, 분말소화기를 사용하여 화재를 진압한다. 나. 전격(감전) • 사고자를 안전장소로 구출한다. • 의식/화상/출혈 상태 등 확인한다. • 인공호흡 등 응급처치를 실시한다. • 119 등에 신고한다.

화상 사고	가. 옷을 입은 상태로 차가운 물에 상처 부위를 충분히 식힌 다음 옷을 가위로 잘라서 벗긴다. 나. 상처 부위나 물집은 되도록 건드리지 않도록 하고, 2차 감염을 막기 위해 상처 부위를 거즈로 덮어 준다. 다. 아무 연고나 바르지 말고 상처를 깨끗한 거즈로 덮은 뒤 즉시 의사를 치료를 받을 수 있도록 한다.

가) 옷을 입은 상태로 차가운 물에 상처 부위를 충분히 식힌 다음 옷을 가위로 잘라서 벗긴다.

나) 상처 부위나 물집은 되도록 건드리지 않도록 하고, 2차 감염을 막기 위해 상처 부위를 거즈로 덮어 준다.

다) 아무 연고나 바르지 말고 상처를 깨끗한 거즈로 덮은 뒤 즉시 의사를 치료를 받을 수 있도록 한다.

나. 일반적인 전기 사고 예방법

- 전기기기와 배선에 절연(전류가 통하지 못하도록 하는 것) 처리가 되어 있지 않은 부분은 노출하지 않는다.
- 전기기기는 땅이나 수도관과 전선으로 연결(접지)한다.
- 누전차단기를 설치하여 감전, 화재 등의 사고를 방지한다.
- 전기기기의 스위치 조작은 아무나 함부로 하지 않는다.
- 젖은 손으로 전기기기를 만지지 않는다.
- 수동 개폐기의 퓨즈로 동선이나 철사를 사용하면 매우 위험하므로 반드시 정격 퓨즈를 사용한다.
- 자동 개폐기(차단기)는 정상적으로 작동하는지 정기적으로 테스트(테스트 버튼을 눌러 차단되는지)한다.
- 불량 제품이나 부분적으로 고장이 나 있는 제품을 무리하게 사용하지 않는다.
- 배선용 전선은 중간에 연결 · 접속하여 사용하지 않는다.

다. 소방 안전 관리

1) 화재 발생 시 조치 사항

가) 최초 발견 시 비상벨을 눌러 알리고, 화재 초기에는 소화기를 사용하여 속히 불을 끄도록 한다.

나) 화재가 진행 중일 때는 교직원이나 소방관의 안내에 따라 질서 있게 신속히 대피한다.

다) 유독가스가 발생한 경우 옷이나 수건 등을 이용하여 가급적 낮은 자세로 대피한다.

라) 벽면에 부착된 피난유도등을 따라 대피한다.

마) 가급적이면 화재 발생지의 반대 방향으로 대피한다.

〈표 12-3〉 화재 시 행동 요령

구 분	단계별 행동 요령
화재 경보	화재 발생 시 건물 내 소화전 상단의 비상 버튼을 눌러 화재 상황을 건물 내 모든 사람에게 알린다.
신고	건물 내 비상전화 혹은 휴대전화를 이용해 119소방본부에 신고하여 상황을 전파한다.
초기 진화	초기 화재 장소를 목격한 사람은 화재 시 건물 내에 비치된 소화기와 소화전을 사용하여 초기 진화를 한다.
대피	화재 장소에서 진화가 안 될 시에는 안내에 따라 외부로 질서 있게 대피한다.

라. 화재보험 관련 지식

1) 화재 안전 관계법규

가) 화재로 인한 재해 보상과 보험가입에 관한 법

나) 화재로 인한 재해 보상과 보험가입에 관한 법 시행령

다) 화재로 인한 재해 보상과 보험가입에 관한 법 시행규칙

라) 소방기본법, 시행령, 시행규칙

2) 신체손해배상특약부화재보험

화재로 인한 건물의 손해와 그 건물의 화재로 타인이 사망 또는 부상한 경우 손해(후유장애포함) 배상을 담보로 하는 보험을 신체손해배상특약부화재보험이라 한다.

가) 보상범위 : 일반 화재보험의 신체손해배상특약에 따라 적용된다.

나) 보험가입 회사 : 보험업법 제4조에 따른 화재보험 사업의 가가를 받은 자를 손해보험회사라 하며, 「화재로 인한 재해보상과 보험가입에 관한 법률」 제2조에 근거한다.

다) 보험가입 대상 : 특수 건물(다중이용시설 다음 각 항목의 영업으로 사용하는 부분의 바닥 면적의 합계가 2,000㎡ 이상인 건물 등 「화재로 인한 재해보상과 보험가입에 관한 법률」 제5조에 따라 보험가입 의무사항을 확인한다)

6. 커피 매장 고객 맞이하기

1. 서비스의 어원

서비스(Service)라는 용어는 라틴어로 노예를 뜻하는 '세르브스(Servus)'라는 단어에서 유래되었다. 영어로는 '서비스(Service)', '서비튜드(Servitude)', '서브(Serve)'라는 단어가 있는데 모두 "시중을 든다"는 의미를 담고 있다.

오늘날에는 '서비스'의 의미가 크게 달라져서 자기의 정성과 노력을 남을 위해 사용한다는 뜻으로 주로 쓰이고 있다. 서비스를 단순히 친절을 베풀고 섬기는 것으로 여기거나 서비스하는 사람은 약자, 받는 사람은 강자라는 식으로 인식한다면 질 좋은 서비스를 주고받을 수 없을 것이다. 진정한 서비스는 기본적으로 상대방에 대한 섬김이 아닌 사랑과 이해를 기반으로 하고 있다고 하겠다.

2. 서비스의 정의

우리의 재화, 봉사, 친절, 땀, 노력 등을 통해 고객을 만족시켜 주고, 만족스러워 하는 그 모습을 통해 종사원들도 기쁨과 보람, 성취감을 느끼는 것이다. 말과 이론이 아닌 실천과 행동이 중요하다.

가. Give&Take : 주고받는다.

나. Two Way : 행복을 주면 행복이 온다.

다. Communication : 만족을 전하면 만족이 온다.

〈표 12-4〉 일반적인 서비스의 의미

의미	사용 예
무상으로 제공함	"음료수는 서비스입니다."
타인을 위해 봉사함	"오늘 하루는 아내에게 서비스하겠다."
상품 구매 시 제공하는 유지 · 수리	"6개월간 서비스해 드립니다."
테니스의 서브	"나는 서브가 약해서 큰일이야."
고객 대응 자세나 태도	"저 식당은 서비스가 만점이야."

* 출처 :「서비스 마케팅」, 이유재, 학현사.

3. 서비스의 특징

서비스는 생산과 소비가 동시에 일어나는 행위이며, 행위이기 때문에 중고품이 있을 수 없다. 한번 제공되면 대체할 수 없고, 주관적 영역이므로 표본 추출이 어렵다. 즉, 서비스는 실체가 없고 소멸하기 쉬우며 다양하다.

가. 서비스 산업의 특징

1) 사람이 주체이다.

2) 무형이기 때문에 팔거나 양도할 수 없다.

3) 전시하거나 샘플을 제시하기 어렵다.

4) 유동적이며 표준 규격품처럼 기준이 명확히 제시되기 어렵다.

5) 유형의 제품과는 달리 정해진 한계가 없다.

6) 소비자의 주관적인 판단으로 만족도가 결정되며, 항상 동일한 만족도를 가지지 않는다.

7) 이미 제공된 서비스의 만족도가 낮다고 인식되면 회복이 어렵다.

8) 소비자와의 접점에서 이루어진다.

9) 관리자(경영자)의 인지 밖에서 이루어지는 경우가 많다.

나. 서비스 예시(C 커피전문점의 경우)

1) 바리스타는 고객이 매장에 내방하면 고객과 눈인사를 나누고 진심으로 반가움을 담은 인사를 전한다.

2) 바리스타는 고객의 음료 구매 패턴을 인지하고 추천 메뉴를 안내한다.

3) 바리스타는 감사하는 마음으로 작별 인사를 드리고, 가능하면 고객의 성함을 사용한다.

4. 서비스 기본 정신

가. 프로의식을 가져라.

고객은 아마추어가 아닌 프로 바리스타에게 서비스 받기를 원한다.

나. 고객의 입장에서 생각하라.

서비스의 주체는 고객이다. 항상 상대방을 배려하는 마음이 필요하다.

다. 원만한 성격을 가져라.

사람은 누구나 편안하고 원만한 성격의 소유자를 좋아한다.

라. 고객의 마음에 들도록 노력하라.

내 마음에 들도록 애쓰는 사람에게 마음이 간다.

마. 긍정의 힘을 믿어라.

긍정적인 마음가짐은 상대방을 긍정적으로 만들 수 있다.

바. 공사를 구분하고 공정하게 대하라.

서비스는 누구에게나 공평하게 최선을 다해야 한다.

사. 투철한 서비스 정신으로 무장하라.

서비스 정신에서 봉사와 사랑의 마음을 놓쳐서는 안 된다.

아. 사명감을 가져라.

바리스타는 외식산업의 꽃이다.

자. 자신을 가져라.

고객에게 자신감 있는 태도는 신뢰를 준다.

■ **M 커피전문점의 경영 원칙**

우리 매장은 대한민국 최고의 바리스타들이 최상의 커피를 제공하는 일등 커피전문점이다. 고객은 나를 바라보고 내가 만든 커피를 마시면서 행복해 한다.

5. 서비스 직원의 기본자세

가. 머리는 단정하고 깔끔하게 하며 긴 머리는 묶는 것이 좋다.

나. 향이 강한 향수나 짙은 화장은 피하는 것이 좋으며 액세서리는 원칙적으로 하지 않는다.

다. 매니큐어는 색깔이 있는 것은 안 되고 손톱은 짧게 한다.

라. 유니폼은 깨끗하고 정해진 것을 착용하고, 명찰은 지정된 위치에 달아야 한다.

마. 여자 직원은 굽이 낮은 검정색 구두를 착용하고, 스타킹은 살색을 신는 것이 좋다.

바. 남자 직원은 검정색 구두를 착용하며 항상 깨끗하게 관리한다. 양말은

검정색이나 짙은 청색을 착용하는 것이 좋다.

6. 고객 영접 및 좌석 안내 요령

가. 영접

1) 밝은 얼굴로 인사말 "어서 오십시오"를 하고 고객을 반갑게 맞이한다.

2) 단골 고객일 경우에는 이름이나 직함을 불러줌으로써 친밀감을 갖도록 한다.

3) 고객이 입장하면 제일 먼저 예약 여부와 인원수를 확인한다.

나. 안내

1) 예약 손님일 경우, 예약 테이블로 안내한다.

2) 테이블이 없을 경우에는 웨이팅 룸(Waiting Room)에서 대기하도록 정중하게 말씀드리고 기다리는 예상 시간을 말씀드린 후 순서에 따라 좌석 배정을 한다.

3) 일반적인 테이블 배정 요령은 다음과 같다.

가) 젊은 남녀 고객은 벽 쪽의 조용한 테이블로 안내한다.

나) 멋있고 호화로운 고객은 영업장 중앙 테이블로 안내하여 영업장 분위기를 밝게 한다.

다) 남녀를 불문하고 혼자 오신 고객은 전망이 좋은 곳으로 안내한다.

7. 커피 음료 주문 받기와 서빙 및 매장 정리 정돈하기

1. 주문 받는 요령

가. 주문의 의의

주문은 고객의 구매 행위이며 메뉴라는 매개체를 통하여 이루어진다. 주문을 하고 받는 행위는 고객과의 상품 거래에 대한 계약 행위라고 할 수 있으므로 이 과정에서 판매를 담당하는 서비스맨은 서비스(Service)와 환대(Hospitality)를 판다는 것을 잊어서는 안 된다. 예의를 갖추고 정중한 자세로 친절하면서 세련되게 주문을 받아 고객을 만족시켜주고 숙달된 판매기술을 통해 자기 업장의 매출 증가에 도움이 되도록 노력하여야 한다.

즉, 전문가적인 세일즈맨쉽을 통해 고객에게는 체면, 기분 및 경제 사정에 맞고, 업장으로서는 보다 이윤이 높은 메뉴를 주문하도록 권유하여 훌륭한 서비스와 수익 증대를 꾀한다.

나. 주문받는 자세 및 주문 요령

1) 개인 위생 및 준비 사항을 점검한다(두발, 용모, 유니폼, 볼펜, 주문 전표).
2) 메뉴 책자를 제공하고 고객의 곁에서 대기하고 있다가 손님이 주문받을 준비가 되어 있으면 다가서서 주문을 받는다.
3) 메뉴 책자 제공은 다음과 같은 요령으로 한다.

가) 메뉴 책자는 항상 필요량을 확보해 두고 고객 1인당 한 권씩 제공한다.

나) 메뉴 책자를 들고 갈 때는 왼손을 접어 가슴 정도에 올려서 들고 간다.

다) 고객의 좌측 또는 우측에서 제시하며, 시계 방향으로 돌면서 한다.

라) 주빈이나 여자 고객, 연장자, 직책이 높은 사람부터 제시한다.

4) 주문받는 순서는 주최자(Host)의 왼쪽부터 시계 방향으로 받되, 항상 여자 고객부터 주문을 받는다.

5) 자신이 추천한 것을 손님이 거절할 수 없을 정도로 메뉴 내용을 완전히 숙지하여 자신이 판매를 유도해 나간다.

6) 주문이 끝나면 주문 내용을 복창 · 확인하고 감사하다는 인사를 한다.

7) 접객 서비스 중에 항상 고객에 대한 관심과 필요 사항을 살피고 고객이 요구하기 전에 적절한 추가 주문을 받아야 한다.

다. 주문 기록 시 주의 사항

주문서에 테이블 및 좌석 번호, 인원 수, 주문 내용, 주문자의 이름을 다른 사람이 알기 쉽게 정확하게 기재한다.

2. 커피 서비스의 기본 원칙

가. 커피는 트레이(Tray)에 들고 운반하여 고객의 오른쪽에서 오른손으로 전한다.

나. 커피를 서비스할 때는 여성 우선의 원칙을 지켜야 한다. 즉, 여자, 연장자, 남자 등의 순으로 한다.

다. 커피를 서비스할 때는 커피 잔의 손잡이와 커피 스푼의 손잡이가 오른쪽으로 향하도록 한다.

라. 커피는 최대한 신속하게 제공한다.

마. 커피 잔과 물컵은 고객이 떠날 때까지 치우지 않는다.

바. 완전히 정리되고 세팅되어 있는 테이블로 고객을 안내하여야 한다.

사. 커피를 서빙할 때는 커피가 뜨거워야 함은 물론이고 커피 잔도 뜨겁게 보관되어 있어야 한다.

아. 고객의 특별한 요구가 있거나 특별한 상황일 때는 위의 서비스 원칙에 관계없이 고객의 요구에 따르거나 특별한 상황에 맞게 서비스한다.

3. 매장 정리 정돈하기

가. 고객이 매장을 나간 후 신속하게 정리정돈을 하여 다음 고객을 맞이할 수 있게 준비해야 한다.

1) 테이블을 정리하고 소독제를 이용하여 닦는다.

2) 고객의 분실물 및 쓰레기가 없는지 체크한다. 분실물 발견 시, 고객이 계산중이라면 즉시 전달하고, 만약 고객이 없다면 습득물 대장에 기록하여 모든 직원이 공유하도록 한다.

3) 의자, 테이블 등을 다시 한 번 더 확인하여 세팅한다.

4) 사용된 기물들은 바로 세척하여 건조시킨 뒤 보관한다.

5) 그 외 공간(화장실, 매장)을 수시로 점검하여 청결을 유지한다.

8. 커피 매장 고객 불만 대응하기

1. 신규 고객 관리

신규 고객은 단골 고객을 꾸준한 관리하는 데서 자연히 창출되는 것이 외식산업의 특징이라고 할 수 있다. 운영자라면 매장의 좋은 평판이 새로운 고객을 끌어들인다는 사실을 인지해야 한다. 신규 고객을 만들기 위해서는 맛, 서비스, 분위기, 가격적인 부분을 적절히 조화롭게 설계해야 한다. 그중 무엇보다 맛과 서비스를 최우선 과제로 두어야 한다. 외식산업의 가장 큰 과제는 신선하고 맛있는 음식을 최상의 서비스로 고객에게 제공하는 것이다.

2. 불만 처리

불만 요소가 생기면, 지금 내 앞에 있는 고객은 앞으로 우리 매장의 단골 고객이 될 가능성이 아주 높으며 성공 사업의 안내자가 되어 줄 것이라는 믿음을 가져야 한다. 불만을 제기하는 고객은 물적, 인적 서비스의 불만에 대한 보상을 요구하거나 나중에 다시 방문했을 때 개선된 서비스를 받기를 희망하는 미래 충성 고객이므로 불만 요소를 적극적으로 확인해서 처리해야 한다. 이를 불만 처리라고 한다.

가. 컴플레인이란?

컴플레인(Complain)은 고객의 불만 표시를 뜻한다. 고객이 제공받은 상품이나 서비스에 부정적인 인상을 가지고 이를 표현하는 것이 컴플레인이다. 부정적인 감정의 표현이기 때문에 긍정적인 감정으로 회복시키는 과정을 필히 거쳐야 한다.

컴플레인이 발생했을 때는 적극적으로 불만 사항을 접수해야 한다. 이것은 미래에 발생할지 모르는 불만 사항을 미연에 방지하기 위한 기본 자료가 된다. 불만 사항은 고객이 서비스 제공자에게 고객의 입장에서 표현하는 충고라고 생각해야 한다. 또한 이 충고를 감사히 여기는 마음을 가져야 한다.

불만 사항을 접수했다면 신속하게 대응해야 한다. 고객은 서비스 제공자의 입장을 그려하지 않는다. 따라서 서비스를 제공하는 주체가 고객의 입장에서 대응해야 한다. 이때 신속히 대응하지 못하고 적극적인 응대가 실패하면 고객의 불만은 더욱 심각해지게 된다. 불만 사항이 접수되면 신속히 응대하고 솔직하게 답변하는 것이 최선이라는 사실을 인지해야 한다. 컴플레인 처리 절차에 따라 보고 사항을 작성하여 내용을 파악하고 불만 처리의 마지막까지 고객의 목소리에 귀 기울여야 한다. 절대 변명하거나 사실이 아닌 내용을 말하거나 임기응변으로 상황을 회피하려고 해서는 안 된다.

외식업체의 고객 불만에 관한 연구를 보면, 외식 서비스에 만족한 고객이 본인이 만족한 서비스나 상품에 대해서 다른 사람에게 알리는 구전 효과가 1인당 평균 8명 정도라고 한다. 하지만 불만족한 상품과 서비스에 대해서는 25명 이상이라고 한다. 일반적으로 좋은 정보보다 나쁜 정보에 대한 정보 습득 능력이 훨씬 뛰어나기 때문에 항상 좋은 서비스를 제공하기 위해 최선을 다해야 할 것이다.

한편, 제품과 서비스에 대해 불만이 발생했음에도 불구하고 동일한 제품과 서비스를 재구매하는 경우는 겨우 9% 정도인데, 적극적으로 컴플레인을 제시한 고객은 불만이 해결되지 않았다고 하더라도 재구매하는 경우가 58% 이상이라는 연구를 보면, 고객의 불만을 잘 듣는 것만으로도 재구매 고객을 58% 확보할 수 있다는 결론을 얻을 수 있다.

3. 서비스 행동 수칙

서비스 행동 수칙은 고객과 대면하는 접객 서비스에서는 고객을 항상 미소로 대하고, 고객과 만나는 순간에는 반드시 인사로 환대하며, 고객에게 집중하고 적극적으로 응대하고, 항상 바른 용모와 복장을 유지해야 한다. 특히 보이지 않는 서비스인 전화 응대는 고객이 잘 이해하고 만족할 수 있도록 정확히 듣고 천천히 바르게 말하는 습관을 가져야 한다. 서비스를 제공하는 상품에 대한 정확한 정보를 숙지하는 것은 고객에 대한 예의이다. 혹자는 제품의 정보를 잘 모르고 고객을 응대하는 것이 무지에서 출발한다고 하는데, 이것은 무지에서 오는 실수가 아니고 고객을 대하는 기본 예의가 없는 것이다. 마지막으로 고객의 컴플레인은 적극적이고 신속하게 해결해야 한다.

4. 성공적인 서비스 전략

소비자의 인식에 영향을 미칠 수 있는 서비스의 영역을 먼저 파악하고 나서야 비로소 정확한 전략적인 서비스 계획을 수립할 수 있다. 서비스의 가장 중요한 특징은 무형적 성질이다. 구체적인 형상이 없고 서비스를 소비하는 소비자의 매우 주관적인 판단, 즉 소비하는 시점의 심리 상태와 주변 환경이 지대한 영향을 미친다는 것이다. 결국, 서비스의 품질 평가는 소비자가 직접 소비한 경험적 판단에 의한 직접적인 요소들이 평가의 측도가 된다. 따라서 소비자가 경험한 서비스의 품질은 소비자의 경험적 연상에 의해서 주관성이 얼마나 일치하는가에 달려 있다.

서비스를 위한 추가적인 지침은 소비자의 서비스 인식에 영향을 미칠 수 있는 수많은 요소를 인지함으로써 서비스의 품질을 높이고 브랜드 가치를 상기시켜야 한다. 특히 브랜드의 유형적인 가치를 알리기 위해 최대한 다양한 요소를 활용하여 브랜드에 대한 강력한 연상을 창출하고 전달해야 한다. 또한 소비자의 서비스 접촉 및 경험을 확대시키는 커뮤니케이션 프로그램을 설계하며, 의미 있는 구성 요소 브랜드뿐만 아니라 독특한 패밀리 브랜드나 개별 브랜드를 창출함으로써 브랜드 위계 구조를 확립해야 할 것이다.[2)]

■ 서비스 품질을 향상시키기 위한 지침서[3)]

1. 경험 : 서비스 품질 평가나 기타 시스템을 통해 고객이 기대하는 바와 브랜드 인식에 관해 지속적으로 학습함으로써 고객이 정말로 원하는 것이 무엇인지를 이해해야 한다.
2. 신뢰성 : 신뢰성은 서비스 품질에 있어서 가장 중요한 측면이므로 서비스의 으선 사항이 되어야 한다.
3. 기본 서비스 : 기본적으로 갖춰야 할 사항이다. 약속을 지키고, 상식을 바탕으로 고객의 말에 귀 기울이고, 고객에게 지속적으로 정보를 제공하며 브랜드 가치를 전달할 수 있어야 한다.
4. 서비스 설계 : 구체적 사항들을 고려하는 한편, 서비스에 대한 전체적인 관점을 개발해야 한다.
5. 복구 : 서비스에 불만을 가진 고객을 만족시키기 위해서는 소비자들이 쉽

2) 케빈 레인 켈러, 『브랜드 매니지먼트』, 이상민, 김준석, 최윤희(역), 비즈니스북스

3) 'Ten lessons for Improving Service Quality', MSI Report, 93~104 (Cambridge, MA: Marketing Science Institute, Leonard L. Berry, A Parasuraman, and Aalarie A. Zeithaml, 1993)

게 불평을 호소할 수 있는 환경을 만들어 주어야 한다. 불만 사항이 발생했을 시에는 신속하게 반응하고, 문제 해결 시스템을 개발해야 한다.

6. **고객 감동** : 서비스에 있어서 신뢰가 가장 중요한 측면이기는 하나, 비범함, 신속함, 우아함, 정중함, 전문성, 이해 등으로 고객을 감동시키고 감탄하게 하는 것은 고객의 기대치를 높이는 데 있어서도 중요한 요소이다.
7. **공정한 운영** : 서비스를 제공할 때는 모든 고객에게 공정해야 하며, 고객 및 고용인들에게 공정함을 증명할 수 있어야 한다.
8. **탐색** : 팀워크는 큰 조직들이 고용인에게 동기 부여 및 능력 향상을 통해 신중하고 조심스러운 서비스 태도를 만든다.
9. **사원 조사** : 서비스에 관련된 문제가 왜 생겼으며, 그러한 문제들을 해결하기 위해 회사가 무엇을 해야 하는지를 알아내기 위해 사원들과 함께 조사해야 한다.
10. **서비스 리더십** : 고품질의 서비스는 조직 전체를 통해 고무된 리더십으로부터 비롯된다. 즉, 탁월한 서비스 시스템 설계, 정보 및 기술의 효과적인 사용, 기업 문화라 불리는 점진적으로 변화하고 눈에 보이지 않으며 막강한 힘을 가진 내부적 힘으로부터 비롯된다.

■ K 커피전문점의 사례

경기도에 위치한 K 커피전문점은 60㎡ 정도의 면적을 가진 주택가에 위치한 매장이다. 이 매장의 특이한 점은 고객의 불만을 대표가 직접 받는다는 것이다. 매장 한쪽 벽면에 "불만이 있는 고객은 사장인 저에게 직접 전화로 부탁드립니다. 저희는 고객의 불만이 무조건 다 옳다고 생각합니다. 다만, 저희의 생각이 고객께 미치지 못하여 생겨난 일입니다. 고객에게 조금 더 다가갈 수 있게 도와주세요"라는 메시지가 있다.

이 매장은 초창기 하루에 약 10통의 고객 불만 전화를 받았으며 적극적으로 컴플레인에 응대했다. 그뿐만 아니라 이후 좀 더 편리한 컴플레인 접수 시스템을 만들어 2001년 창립 이후 지속적으로 성장하였고, 2015년 이후로는 주문건이 하루 600건을 넘어서고 있다고 한다. 주택가에 위치한 평범한 커피전문점이 평범함을 뛰어넘었다고 하겠다.

양질의 서비스를 제공하는 최우선 전략은 우수한 인력을 양성하는 것이다. 성공적인 서비스를 제공하여 고객의 만족을 이끌어 내기 위해서는 서비스를 공급하는 우수한 인력을 양성하는 것이 가장 전략적인 방법이 될 것이다. 우수한 서비스 제공자를 양성하기 위해서는 복합적인 전략이 필요하다.

우선 적임자를 알아보고 적합한 자리에 배치해야 한다. 고품질의 서비스를 제공하기 위해서는 서비스 인력을 고용하고 보충하는 데 상당한 주의를 기울여야 한다. 특히, 외식 서비스업에 적합한 적임자는 관련 자격증의 취득 여부, 직무 관련 기술 습득 수준, 전문성과 더불어 고객 지향적인 성격을 가지고 있는지와 관련한 직무 적성 검사를 실시하는 것이 요즘 추세이다.

우수한 서비스 인력을 확보하기 위해서는 노력이 필요하다. 외식산업은 고임금 수준의 산업 구조가 아니기 때문에 소극적인 인력 개발은 우수한 인력을 확보하기 어렵다는 말과 같다. 따라서 관련 분야의 전문가를 채용하는 것은 경쟁에서 유리한 위치에 설 수 있는 열쇠이다.

서비스 제공자는 서비스 역량과 서비스 성향을 잘 갖춘 사람으로 채용해야 한다. 서비스 역량은 외식산업 특성의 직무를 수행하는 데 필요한 직무 기술과 관련 지식을 말한다. 서비스 성향은 상대방을 배려할 줄 아는 성격을 갖춘 것이라고 할 수 있겠다. 이것은 서비스 업무 수행에 대한 관심도라고 다시 정의된다. 서비스에 대한 관심이 없다면 서비스 성향이 없다고 볼 수 있는 것이다. 서비스에 관심이 없는 사람은 채용 후 서비스 직무 교육을 하더라도 직무 성과가 높아지기 어렵다. 서비스 역량과 서비스 성향을 갖춘 사람이라면 채용 후 직무 교육을 통한 높은 직무 능력 향상을 기대할 수 있다.

성공적인 서비스 전략의 핵심은 '권한 위임(Empowerment)'이다. 대부분의 외식 서비스 업체들은 고객의 욕구를 충족시키기 위해서는 고객을 직접 응대하는 접점 직원들에게 권한을 주어야 한다는 사실을 알고 있다. 이것은 긍정적 고객 응대, 부정적 고객 응대 양 측면에서 이루어지는 아주 적극적인 전략이다.

충성 고객을 알아보고 고객 만족을 이끌어 내기 위해 서비스 접점 직원이 자의적인 판단으로 추가 서비스를 제공하는 것은 권한 위임의 성과라고 할 수 있다. 또, 불만 고객의 불만을 해소시키기 위하여 서비스 접점 직원이 임의 결정으로 보상 서비스를 제공하는 것 또한 성공적인 서비스 전략 방법이라고 할 수 있다. 이 권한 위임 전략은 임의 판단의 한계가 명확해야 한다. 무차별적인 권한 위임과 한계가 없는 보상 서비스는 오히려 소비자의 신뢰도가 떨어지는 경향을 보이기 때문이다. 따라서 권한 위임의 한계와 기준을 명확히 짚어 주고 그 안에서 서비스 접점 직원이 판단할 수 있도록 하는 방침이 필요하다.[4)]

4) Valarie A. Zeithaml, Mary Jo Bitner, Mary Jo Bitner, Dwayne D. Gremler, 『서비스 마케팅』, 전인수, 배일현(역), 청람

학습 정리

1. 커피 매장 위생 관리를 위하여 이해할 사항은 무엇인가?
   가. 식품위생법, 식품위생법 시행령, 식품위생법 시행규칙을 이해해야 한다.
   (최신법령서비스 국가법령 정보센터(http://www.law.go.kr))
   나. 세정제와 소독제의 종류 및 사용에 대하여 이해한다.
   다. 병원 미생물에 대하여 이해한다.
   라. 위생 해충 종류와 제거 방법에 대하여 이해한다.

2. 커피 매장 영업 준비를 위하여 점검해야 할 사항은 무엇인가?
   가. 커피 매장의 장비 점검 및 위생 상태를 점검해야 한다.
   나. 식자재의 유통기한 확인 및 기계, 기물, 기구에 대하여 이해한다.

3. 커피 매장 영업 마감하기를 위하여 점검해야 할 사항은 무엇인가?
   가. 당일 영업 마감을 위해 매장의 위생 상태를 점검할 수 있어야 한다.
   나. 당일 영업 마감을 위해 기계, 기구, 기물을 점검할 수 있어야 한다.
   다. POS 시스템을 활용하여 일일 정산을 할 수 있어야 한다.

4. 커피 매장 기물 관리하기를 위하여 이해할 사항은 무엇인가?
   가. 위생을 위해 기물을 세제로 세척할 수 있어야 한다.
   나. 미생물에 의한 오염 방지를 위해 기물을 소독할 수 있어야 한다.
   다. 작업의 효율을 높이기 위해 기물을 정해진 위치에 보관할 수 있어야 한다.
   라. 위생을 위해 기물의 건조 상태를 확인할 수 있어야 한다.
   마. 음료의 맛을 유지하기 위해 잔의 온도를 확인할 수 있어야 한다.

5. 커피 매장 안전 관리하기를 위하여 이해할 사항은 무엇인가?
   가. 커피 매장 사고유형별 대응 요령을 이해한다.
   나. 화재 취약지구 안전 점검 강화에 관한 사항을 이해한다.
   다. 환경 및 식품위생 유지관리(학교보건법)를 이해한다.

6. 커피 매장 고객 맞이하기를 위하여 숙지해야 할 사항은 무엇인가?
   가. 고객 서비스의 근본적, 이론적 바탕을 숙지해야 한다..
   나. 영업장을 영접하는 기본인사, 안내, 서비스에 대해 숙지해야 한다.
   다. 고객 응대 매뉴얼을 숙지해야 한다.

7. 커피 음료 주문받기와 서빙 및 매장 정리 정돈하기를 위하여 숙지해야 할 사항은 무엇인가?
   가. 커피 음료 주문받는 방법을 숙지해야 한다.
   나. 커피 음료 서빙하는 방법을 숙지해야 한다.
   다. 고객이 사용한 매장 내 기물을 정리, 정돈하는 방법을 숙지해야 한다.

8. 커피 매장 고객 불만 및 처리하기를 위하여 숙지해야 할 사항은 무엇인가?
   가. 고객의 불만의 종류 원인을 파악할 수 있도록 해야 한다.
   나. 상황에 따른 고객의 불만 처리 방법을 숙지해야 한다.

예상 문제

1. 식품위생법에서 사용하는 용어 중 식품을 제조 · 가공 또는 보존하는 과정에서 식품에 넣거나 섞는 물질 또는 식품을 적시는 등에 사용되는 물질을 무엇이라 하는가?
   ① 식품첨가물　② 화학적 합성품
   ③ 식품완제품　④ 식품위생품

2. 식품위생법 시행규칙에서 말하는 영양표시 대상 식품이 아닌 것은?
   ① 장기보존식품(레토르트 식품만 해당)
   ② 빵류 및 만두류
   ③ 초콜릿류
   ④ 우유

3. 식품위생법상 영업에 종사하지 못하는 질병의 종류인 것은?
   ① 렙토스피라증　② 탄저병
   ③ 파라티푸스　④ 비감염성 결핵

4. 식중독 예방 3대 원칙이 아닌 것은?
   ① 청결의 원칙
   ② 신속의 원칙
   ③ 냉각 또는 가열의 원칙
   ④ 위생의 원칙

5. 커피 음료를 주문받고 제공하는 방법에 대한 설명으로 맞는 것은?
   ① 메뉴는 고객의 왼쪽 또는 오른쪽에서 제시하고, 식음료 제공은 오른쪽에서 한다.
   ② 메뉴는 고객의 왼쪽에서 제시하고, 식음료 제공도 왼쪽에서 한다.
   ③ 메뉴는 고객의 왼쪽 또는 오른쪽에서 제시하고, 식음료 제공은 왼쪽에서 한다.
   ④ 메뉴는 고객의 오른쪽에서 제시하고, 식음료 제공도 오른쪽에서 한다.

6. 커피 음료를 주문받는 요령에 대한 설명으로 <u>틀린</u> 것은?
   ① 커피 주문 전에 음식 주문을 받는다.
   ② 시계 방향으로 여성 고객부터 먼저 받는다.
   ③ 메뉴 내용을 완전히 숙지하여 자신이 판매를 유도해 나간다.
   ④ 주문이 끝나면 주문 내용을 복창 · 확인하고, 감사하다는 인사를 한다.

정답 1. ① 2. ④ 3. ③ 4. ④ 5. ① 6. ①

13장

커피 매장 운영

능력 단위 : 커피 매장 운영

능력 단위 정의 : 커피 매장 운영이란 커피 매장의 원활한 운영을 위한 식자재의 준비 및 관리 등 전반적인 운영 관리 능력이다.

수행 준거

- 커피 관련 자재 및 재고량을 파악하고 관리대장을 작성할 수 있다.
- 근로기준법을 이해하여 말할 수 있다.
- 바리스타 출퇴근 카드 및 인사기록표를 작성할 수 있다.
- 영업일지의 매출 내역 작성 및 인수인계에 관한 지식을 익혀 작성할 수 있다.
- 커피 음료 판매 원가계산 및 수익분석법을 이해하여 작성할 수 있다.

1. 커피 관련 자재 · 재고 관리하기

1. 커피 매장 식자재의 특징

커피 매장에서 사용되는 메뉴의 특성상 유통기한이 명확한 식자재가 대부분이다. 이는 식재료의 수명이 극히 제한적임을 뜻한다. 따라서 식자재의 소비주기를 정확히 파악하여 적절히 구매하는 것이 양질의 제품을 조리할 수 있는 기본 자세라고 하겠다.

특히, 커피 음료는 식자재 관리에서부터 조리되는 과정을 거쳐 고객에게 제품이 서비스되기까지의 전 과정을 항상 확인해야 한다.

가. 매출의 예측

커피 대장 식자재 구매 계획을 수립하기 위해서는 매출 변동을 정확히 예측할 수 있어야 한다. 분기별 매출, 월간 매출, 주간 매출, 일일 매출을 항상 기록하고 관리해야 전체 매출에서 식자재가 차지하는 비율을 정하고, 올바른 구매계획을 수립할 수 있다.

분기별 매출은 계절의 변화와 함께 시즌별 새로운 메뉴의 추가 식재료 구매를 예측하는 척도가 될 것이다. 새로운 메뉴 런칭 계획도 분기별 매출 변동을 예측할 때 염두에 두어야 할 사항이다. 월별 매출은 재고 원가 관리 차원에서 보유하고 있는 식자재와 불필요한 재료의 선별적 관리가 될 것이다. 주간 매출 점검을 통해서는 요일별 매출 변동에 따른 일일 식재료 변동 추이를 점검할 수 있다. 일일 매출 점검은 선입 선출의 상태 점검과 식재료의 유통기한을 체크할 수 있게 한다.

나. 선입 선출

매입순법(買入順法)이라고도 하며, 후입선출법(後入先出法)의 상대개념이다. 여러 단가의 재고품이 실제로는 어떤 순서로 출고되든, 장부상 먼저 입고된 것부터 순차적으로 출고되는 것으로 간주하여 출고단가를 결정하는 원가주의 평가 방법이다. 따라서 재고품은 비교적 최근에 입고된 물품의 원가로 구성되며, 출고품의 가격은 일찍 입고된 물품의 원가에 의해 결정 · 표시된다. 그러므로 단가가 서로 다른 수종의 동일 계열 재고품이 있을 경우에는 장부상의 잔고 칸에 종류별로 분기되어 있어야 한다.

이 방법의 장점은 ①미실현 손익을 포함하지 않은 재고자산원가가 실제 기록에 의하여 조직적으로 계산되며, ②재고품의 평가액이 시가에 비교적 가깝고, ③장부상 처리가 실제 재고품의 흐름과 다르더라도 재고 관리상 편리하며, ④디플레이션 때 이익이 과대 계상되지 않는다는 점 등이다.

단점으로는 ①인플레이션 때에 과대 이익을 계산하며, ②동종의 물품을 동시에 출고할 때에도 각기 다른 수종의 단가를 적용하게 되어 계산이 복잡하다는 점 등이 있다.

2. 재고 관리(Inventory Control)

재고(在庫)란, 경제적 가치를 지닌 모든 것의 정체(停滯) 또는 저장(貯藏)을 가리킨다. 커피 매장의 경우 원재료 · 재공품(在工品) · 반제품 · 구입 부품 · 완성품 등의 형태로 커피 메뉴 조리 과정의 각 단계 간에 필요한 자재와 필요 소모품을 뜻한다. 커피 매장 메뉴 재고는 각 재고의 보관 지침을 준수하여 보관되어야 한다.

재고를 보유하는 이유는 경제적 발주(제조) 기능, 불확실성 대처 기능, 생산평준화 기능 등 중요한 기능을 감당하기 때문이다. 재고 보유에는 비용이 소요되며, 재고 관리란 재고 보유의 이익과 비용의 균형을 유지할 수 있는 적정 수준의 재고량 보유와 관련된 관리 기능을 가리킨다.

재고 관리는 넓은 뜻으로는 창고나 배송센터의 입지 결정이나 각 유통 재고점에서 보유해야 할 재고 품목의 결정(재고 배정 결정)도 중요한 대상이 된다. 좁은 뜻으로는 제조 및 유통 재고점에서 보관되는 각 품목에 관하여 발주(보충) 시기와 1회 발주량의 결정이 재고 관리의 중심 문제가 된다. 이론적 연구가 이루어지고 있는 것은 반복하여 발주가 행해지는 표준적 제품이나 부품 · 원재료에 대해서이다.

여기서는 재고 보유의 이익을 대신하여 재고비 보유의 기회 손실(절품 손실)을 고려함으로써 재고 관련 총비용(재고품의 제조 · 구입비 + 발주비 + 보관비 + 재고 조사비 + 절품 손실비)의 최소화 문제로서 재고 관리 문제를 정식화하고, 각종 발주 방식(발주점 방식, S-s방식, 정기 발주 방식 등) 하에서의 최적결정 룰을 정하고 있다.

2. 바리스타 스케줄 관리하기

1. 근로기준법[1)]

「근로기준법」은 근로자의 인간다운 생활을 보장하기 위하여 근로 조건의 최저 기준을 정한 법을 말한다. 「헌법」 제34조에서 정한 모든 국민의 인간다운 생활을 근로자에게 보장하기 위해, 「헌법」 제32조 제3항에서는 "근로 조건의 기준은 인간의 존엄성을 보장하도록 법률로 정한다"고 규정하였다. 이 「헌법」의 규정에 따라 근로 조건의 기준을 정한 법이 바로 「근로기준법」이다. 종래 「민법」상 고용 계약에 따른 부자유와 불평등을 실질적으로 파악하여 노사 관계에서는 이를 근로 계약이라고 정하고 그 계약 관계에서 일정한 수준 이상의 근로 조건을 보장하려는 데에 이 법의 목적이 있다. 우리나라에는 「근로기준법」이라고 불리는 성문법전이 있다.

이 법에서 사용하는 용어의 뜻은 다음과 같다.

가. '근로자'란 직업의 종류와 관계없이 임금을 목적으로 사업이나 사업장에 근로를 제공하는 자를 말한다.

나. '사용자'란 사업주 또는 사업 경영 담당자, 그 밖에 근로자에 관한 사항

1) (1)실무노동용어사전, 2014, ㈜중앙경제,
(2)법제처(www.moleg.go.kr), 2015

에 대하여 사업주를 위하여 행위하는 자를 말한다.

다. '근로'란 정신노동과 육체노동을 말한다.

라. '근로 계약'이란 근로자가 사용자에게 근로를 제공하고 사용자는 이에 대하여 임금을 지급하는 것을 목적으로 체결된 계약을 말한다.

마. '임금'이란 사용자가 근로의 대가로 근로자에게 임금, 봉급, 그 밖에 어떠한 명칭으로든지 지급하는 일체의 금품을 말한다.

바. '평균 임금'이란 이를 산정하여야 할 사유가 발생한 날 이전 3개월 동안에 그 근로자에게 지급된 임금의 총액을 그 기간의 총일수로 나눈 금액을 말한다. 근로자가 취업한 후 3개월 미만인 경우도 이에 준한다.

사. '소정(所定) 근로 시간'이란 제50조, 제69조 본문 또는 「산업안전보건법」 제46조에 따른 근로 시간의 범위에서 근로자와 사용자 사이에 정한 근로 시간을 말한다.

아. '단시간 근로자'란 1주 동안의 소정 근로 시간이 그 사업장에서 같은 종류의 업무에 종사하는 통상 근로자의 1주 동안의 소정 근로 시간에 비하여 짧은 근로자를 말한다.

자. 제1항 제6호에 따라 산출된 금액이 그 근로자의 통상 임금보다 적으면 그 통상 임금액을 평균 임금으로 한다.

차. 15세 미만인 자(「초 · 중등교육법」에 따른 중학교에 재학 중인 18세 미만인 자를 포함한다)는 근로자로 사용하지 못한다.

2. 출퇴근 카드 및 인사기록표 작성법

커피 대장의 출퇴근 카드는 바리스타의 인적자원 관리를 목적으로 한다. 매장의 인적자원 관리는 내부 고객 관리 측면에서도 중요하지만, 외부 고객과의 약속이기도 하다. 일정한 시간에 매장 영업을 시작하는 것은 고객으로 하여금

믿음과 신뢰를 줄 수 있기 때문이다. 따라서 기업(커피 매장)의 인사 관리 시스템은 매우 중요하다. 인사기록표를 작성하는 것도 업무의 표준화와 고객 응대 시스템의 효율성을 극대화하기 위한 교육 시스템과 연동된다고 할 수 있다. 인사 관리의 중요성을 강조하는 것은 매장 운영 기법의 핵심 과제라고 할 수 있다.

인사 관리란 일하는 사람들이 각자의 능력을 최대로 발휘하여 좋은 성과를 거두도록 관리하는 일, 조직체가 보유한 인적자원의 효율적 이용을 위하여 수행하는 일련의 계획적 · 체계적 시책을 말한다. 비슷한 말로 노무 관리가 있는데, 양자를 포괄하여 더 넓은 뜻으로 보는 설이 많다. 인사 관리를 인적자원 관리 내지 노동력 관리로 보고, 이것과 병립하는 좁은 뜻의 노무 관리에서는 인적자원 이외의 인간적인 여러 가지 측면(생활인, 사회적 존재, 주체적 존재로서의 인간)을 문제로 삼는 여러 시책(복지후생 · 인간관계 및 각종 행사의 참여 등)을 다룬다. 인사 관리의 구체적 내용은 채용 · 배치 · 교육 훈련 · 승진 · 퇴직 · 임금 · 안전 · 위생 · 근로시간 등 여러 분야가 있다.

채용은 어떤 노동을 위하여 필요한 인원을 계획하고 이를 기초로 사람을 뽑는 것이다. 모집 방법(공모 · 연고 등) · 대상 · 시험 방법(학과 · 면접 · 적성 검사 · 집단 토의 등) 등은 채용 목적에 맞춰 선택해야 한다. 채용된 사람을 일정한 직무에 배치할 때는 필요한 인원수를 확보하는 양적 배치와 자격 요건에 맞게 적절히 배치하는 질적 배치가 모두 고려되어야 한다. 잉여인원에 따른 전환 배치도 고용 확보와 근로 의욕을 높여 준다는 점에서 중요하다.

채용된 사람이 모두 기대한 자질을 구비하고 있다고 단정할 수는 없다. 또한 끊임없는 기술 혁신 등의 환경 변화는 기존의 자질을 평가 저하시킬 수 있다. 이를 극복하기 위해서는 신입사원 교육뿐만 아니라 재교육을 포함한 체계적인 교육 훈련이 이루어져야 한다. 노동자의 업적은 객관적이고 공정한 인사고과에 따라 평가되어야 하고, 이를 기반으로 하여 승진 · 승급 · 상여가 주어져야 한다.

이를 위하여 합리적인 승진 제도나 자격 제도가 필요하고, 제도의 적정한 운용은 각 개인에게 장래의 희망을 준다는 점에서 매우 중요하다. 승진은 주로 비물질적으로 기회를 주는 것이고, 사회적 승인의 욕구를 충족시키는 요인이 된다. 또한 임금은 일한 것에 대한 대표적인 보상이다. 이전에는 연공서열형 승진과 임금 제도가 중심이 되어 왔으나 내외 환경의 변화가 이러한 것들의 유효성을 저하시키면서, 능력 위주의 승진과 직무 · 업적에 따른 임금의 필요성이 증대되고 있다. 이러한 방향으로 진행하는 데는 기초적으로 직무 분석과 직무 평가를 철저히 하고, 그 결과를 중심으로 하여 능력 개발 · 배치 및 급여를 정할 필요가 있다. 또한 인적자원의 장기 효율적 이용에 있어서 근로 시간은 매우 중요한 문제이다.

위와 같은 인사 관리의 기본 데이터를 제공하는 것이 인사기록표이며, 객관적인 근무 성과를 바탕으로 관리자의 비재무적 지표를 종합적으로 분석하여 인사 관리를 하는 것이 바람직하다.[2)]

2) 실무노동용어사전, 2014, (주)중앙경제

3. 커피 매장 영업일지 작성하기

1. 영업일지 작성법

영업일지는 기업의 영업부 혹은 고객과 직접 만나는 서비스 접점에 있는 종사원이 고객의 방문 활동을 체계적으로 분석하여 일어난 사실을 기록하는 서식이다. 영업일지는 고객 방문과 거래 내역 등에 관한 사항을 작성하는 문서이므로 간결하고 명확하게 작성해야 한다. 또 언제, 무엇을, 어떻게 처리했는지 영업 활동에 따른 요점을 간략하게 기재해야 한다.

영업일지 작성 시, 매출 관리를 시간대별 목표와 실적을 구분하여 작성하고 청결, 위생 관리 항목을 시간대별 근무자 체크리스트를 작성하여 점검하도록 한다. 또한 기기 점검 항목을 작성하여 모든 기기들의 정상 작동 유무를 점검해야 한다. 식재료 관리리스트를 작성하여 유통기한 점검 및 발주 항목을 점검할 수 있게 해야 한다. 또한, 작성자와 근무자를 명확히 구분하여 기록하며, 영업일지는 영업 전략 수립의 기초 자료가 되기 때문에 사실을 기록하는 것이 중요하다. 기록자의 주관적인 판단보다 객관적인 면을 기록한다면 매장의 영업 전략을 수립하기 위한 자료로 활용하기가 용이하다.

〈표 13-1〉 영업일지 서식 예

201 년　월　일(　요일) 영 업 일 지

매출관리									
영업 시간	시간대		청결/ 위생 관리	시간대별 근무자 점검					근무자
	목표	실적		기기 살균	주방	바닥	화장실	매장 외부	
합계									

2. 인수인계 방법

인수인계는 인계자가 담당 업무를 포함한 전반적인 업무 내용을 인수자에게 전달하는 것으로서 이를 서면으로 작성한 문서를 인수인계서라고 한다. 일반적으로 인수인계서에는 인계자와 인수자의 인적 사항을 포함하여야 하며 담당 직무와 현재 담당하고 있는 업무의 진행 사항 및 미결 사항 등을 상세하게 기재하여야 한다. 인수인계서를 작성하게 되면 업무 담당자의 부재 시 원활한 업무 진행이 이루어질 수 있다. 특히 바리스타 업무의 인수인계 시 중요 사항은 전 근무자의 근무 시간대별 고객 현황(고객 불만 사항 등) 파악과 식자재 재고 현황, 근무자 배치 사항 등을 인수인계 받아야 한다.

■ 인수인계 시 주의 사항

- 인수자가 관련 내용을 정확하게 이해할 수 있도록 업무의 진행 사항 등을 상세하게 기재하는 것이 좋다.
- 업무 인계자의 인적 사항을 정확하게 기재하여 차후에 문제 발생 시 빠른 수습이 가능할 수 있도록 한다.
- 업무 관련 외에도 사외 유관처나 비품 사용 등에 대한 내용을 포함하는 것이 좋다.

인수인계의 관점에서 '사무 보고 관리'와 '사무 보고 관리의 중요성'으로 나누어 볼 수 있다. 사무 보고는 매장 관리력을 수치화(데이터화)하여 근무자의 영업 상황을 일별, 주별, 월별로 집계하여 온라인, 혹은 오프라인(서류 형식)을 통한 관리자(부서)와 종사원 상호 간 업무 공유를 말한다. 사무 보고 관리의 중요성은 매장의 영업 관리 능력 분석과 영업력의 향상 및 유무형의 손실 예방 그리고 체계적이고 과학적인 매장 관리 능력을 향상 시키는 데 목적을 둔다.

3. POS 시스템

가. POS(Point of Sales) 시스템이란?

일반적으로 판매 시점에 따르는 판매 활동 상황을 종합적으로 파악하고 매출 증진에 도움이 되도록 하는 시스템을 말한다. 보통 계산기와 결합된 소형 컴퓨터를 지칭한다.

나. POS 활용 능력

매장에서 사용하는 POS의 활용과 관련한 사항은 단순히 고객의 상품 결제

수단으로 사용되는 신용카드 혹은 체크카드의 승인을 목적으로 활용하는 것은 수동적인 활용이다. POS의 적극적인 활용 방법은 일일 시간대별 매출 집계, 회원 고객의 소비 성향 분석, 제품별 영업 이익 분석, 월별 또는 계절별 제품 판매 동향 분석 등 활용 범위가 무궁무진하다. 특히, 원부자재의 회전율을 분석하여 발주 시기의 최적기를 산출해 매장 운영의 극대화를 가져올 수 있다.

다. POS 정산의 목적

1) 금전 관리의 투명성 확보
2) 현금 정산의 일자별 세부관리로 매출 차액 발생의 최소화
3) 금고와 POS 차액의 비교 분석을 통한 철저한 차액 발생 원인 규명
4) 매출 분석의 현황 파악의 중요성 인식 재고

4. 커피 음료 판매 분석하기

1. 원가 계산법

제품 또는 용역을 생산하고 공급하는 과정에서 소비한 경제 가치의 소비액을 평가하여 이것을 각 기능별 · 발생 형태별 · 발생 장소별로 분류, 측정하고 필요에 따라 제품별 · 용역별 또는 관리 책임별로 분류 집계하는 절차이다.

커피 매장에서의 원가 계산은 조리되는 제품의 제조원가를 말한다. 제품 조리 제조원가는 메뉴별 제품에 사용되는 원부자재의 사용 총량을 금액으로 환산한 가격에 인건비와 부대비용을 합산한 총금액을 원가로 설정한다.

제품별 원가 계산 : F1 + F2 = C1

F1 사용한 재료의 원가
F2 조리 가공 경비
C1 제품 원가

2. 수익 분석법

수익 분석은 커피 매장의 주된 영업 활동으로부터 생긴 수익과 비용의 차액을 말한다. 영업 전반에 걸친 비용을 매출 총이익에서 공제하여 산출되는 영업 이익은 매장의 수입력을 보는 데서 제일 중요시되는 항목이다. 손익 계산서에 있어서도 영업 손익 계산의 구분 중에서 매출 총이익을 표시하고, 다음으로 판매비 및 관리비를 공제하여 영업 이익을 표시하는 것을 제일로 중요시한다.

3. 음료별 판매 편차 분석법

커피 매장에서 음료별 제품의 판매 편차 분석 방법을 정량 · 정시 관리라고 한다. 정량 · 정시 관리를 통해 양질의 제품을 생산할 수 있고, 고객의 음료 제품에 대한 제품 기대 수준을 충족할 수 있는 방법이다. 표준화된 제품 레시피의 정확한 사용은 제품 품질 보장과 부재료 관리 측면에서도 중요하다.

정량 · 정시 관리율 : 일반 손실량(표준 레시피 사용량 – 실제 사용량)
정시 관리율 : 폐기율
사용 수량 : 매장에서 실제 사용한 수량(전월 재고량+당월 입고량 – 당월 재고량)
표준 수량 : 판매 개수로 산출한 사용 수량(관리수율 소요량)

학습 정리

1. 커피 관련 자재 및 재고량을 파악하고 관리 대장을 작성한다.
2. 근로기준법을 이해한다.
3. 바리스타 출퇴근 카드 및 인사기록표를 작성할 수 있다.
4. 영업일지의 매출 내역 작성 및 인수인계에 관한 지식을 익힌다.
5. 커피 음료 판매 원가 계산 및 수익 분석법을 이해한다.

예상 문제

1. 커피 매장에서 월말 인벤토리(Inventory)는 무슨 조사인가?

① 재고량 ② 매상고

③ 순이익 ④ 월 경비

2. 커피 매장에서 사용되는 '스탠다드 레시피(Standard recipe)'의 의미는 무엇인가?

① 표준 검수법 ② 표준 저장법

③ 표준 제조법 ④ 표준 봉사법

3. 커피 매장에서 판매 활동을 종합적으로 파악할 수 있는 시스템은 무엇인가?

① FOS ② ERP

③ NCS ④ ISO

정답 1. ① 2. ③ 3. ①

14장

카페 사이드 메뉴

능력 단위 : 카페 사이드 메뉴(자체개발)

능력 단위 정의 : 커피 매장에서 커피 이외의 사이드 메뉴를 추가하여 고객에게 최상의 서비스를 제공하기 위해, 다양한 사이드 메뉴를 만들 수 있는 능력을 갖춘다.

수행 준거

- 젤라또 메뉴 이해
- 쿠키(아몬드 비스코티, 초콜릿 누아르, 쇼콜라 크로칸트) 메뉴 이해
- 티라미수 메뉴 이해
- 와플 메뉴 이해
- 모차렐라 샐러드 메뉴 이해
- 샌드위치(햄치즈 샌드위치, 퓨어 이탈리안 샌드위치, 치킨 샌드위치) 메뉴 이해

1. 젤라또(Gelato)

[사진 14-1] 젤라또

▶재료 : 우유 1,370g, 설탕 200g, 덱스트린 30g, 퀵 베이스 30g, 젤라또 페이스트 180g (2kg 생산 기준)

1 믹싱볼에 우유를 제외한 나머지 재료를 넣어 준다.

2 우유를 50℃ 정도로 따뜻하게 데운 후 믹싱볼에 부어 준다.

3 핸드믹서를 이용해 재료가 뭉치지 않도록 섞는다.

4 혼합된 베이스를 젤라또 머신에 넣는다.

5 타이머를 켜고 젤라또 머신을 작동시킨다.

6 팬이 돌아가면서 젤라또 제조를 시작한다.

7 일정 시간이 지나면(보통 약 30분 소요) 쫀득한 질감의 젤라또가 형성된다.

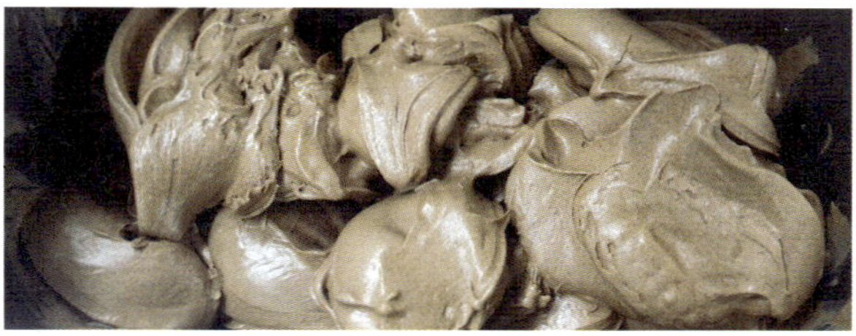

8 완성된 젤라또는 약 −10~−13℃의 젤라또 쇼케이스에 보관 및 제공한다.

2. 쿠키(Cookie)

[사진 14 - 2] 아몬드 비스코티

가. 아몬드 비스코티(Almond Biscotti)

▶재료 : 박력분 500g, 통아몬드 250g, 설탕 360g, 버터 200g, 달걀 200g

1 믹싱볼에 설탕과 버터를 넣은 뒤 섞어 준다.

2 약 4분 정도 뒤섞은 다음 달걀 푼 것을 조금씩 넣어 가며 섞는다.

3 체에 곱게 내린 박력분과 통아몬드를 가볍게 섞어 준 다음 '2'의 믹싱볼에 넣어 살짝 혼합한다(약 5초).

4 저울에 비닐을 깔고 반죽을 계량하여 750~760g씩 2개로 나눈다.

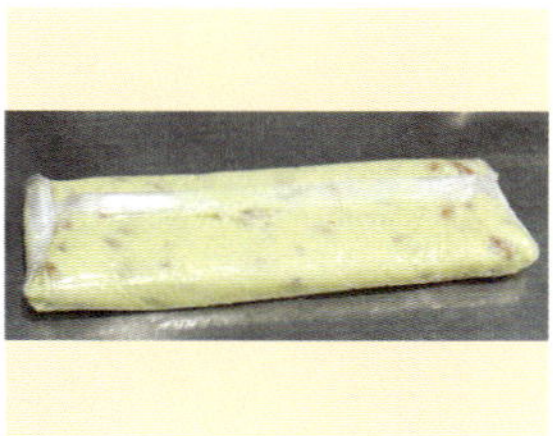

5 비닐로 감싼 반죽을 고르게 뭉친 다음 둥글고 긴 형태로 모양을 잡는다(약 10×29cm). 완성된 반죽을 냉장고에 1시간 정도 휴지시킨다.

6 쿠키팬에 유산지를 깔고 반죽을 올린 뒤 180도로 예열한 오븐에 40분 동안 1차 베이킹한다.

7 한 김 식힌 비스코티를 1cm 두께로 썬다.

8 쿠키팬에 자른 단면이 위아래로 오도록 나란히 펼친 다음, 170도로 예열한 오븐에 12분 정도 2차 베이킹한다.

9 충분히 식힌 뒤 낱개로 포장하거나 밀폐용기에 보관한다.

2. 쿠키(Cookie)

[사진 14-3] 초콜릿 누아르

나. 초콜릿 누아르(Chocolate Noir)

▶재료 : 박력분 340g, 아몬드가루 110g, 달걀흰자 200g, 우유 80g, 분당 180g, 무염버터 40g, 코코아가루 60g, 초코칩 160g

*가나슈 : 생크림 230g, 커버춰 초콜릿 400g

1 박력분과 아몬드가루를 체에 곱게 내린다.

2 '1'에 코코아가루와 초코칩을 넣어 가볍게 섞는다.

3 분당과 버터를 휘핑한 다음 달걀흰자와 우유를 천천히 섞는다.

4 '3'에 '2'를 넣어 골고루 섞는다.

5 '4'의 반죽을 짤주머니에 넣는다.

6 쿠키팬에 유산지를 깔고 동그랗게 모양을 내서 짜준다. 반죽과 반죽 사이는 적당히 간격을 둔다.

7 190도로 예열한 오븐에 8분 동안 1차 베이킹한 다음, 쿠키팬을 돌려 160도로 예열한 온도에 12분 동안 2차 베이킹한다.

8 쿠키 한쪽 면에 차가운 상태의 가나슈를 사진과 같이 짜준 뒤 다른 하나를 붙인다.

9 충분히 식힌 후 낱개 포장하거나 밀폐용기에 보관한다.

2. 쿠키(Cookie)

[사진 14-4] 쇼콜라 크로칸트

가. 쇼콜라 크로칸트(Chocolat Krokant)

▶재료 : 분당 375g, 통헤이즐넛(½ 커팅) 250g, 통아몬드(½ 커팅) 300g, 코코아가루 15g, 달걀흰자 110g, 바닐라에센스 4g

1 분당, 코코아가루, ½ 커팅된 통헤이즐넛, ½ 커팅된 아몬드를 믹싱볼에 넣어 둔다.

2 달걀흰자에 바닐라에센스 약간을 넣어 준비한다.

3 '1'에 '2'를 넣고 섞는다.

4 사진과 같은 모습이 될 때까지 반죽을 잘 섞어 준다.

5 쿠키팬에 유산지를 깔고 스푼으로 반죽을 적당량씩 덜어 간격을 두고 올린 다음, 납작하게 눌러 모양을 낸다.

6 140도로 예열한 오븐에 25분 동안 베이킹한다.

7 식힌 다음 낱개 포장하거나 밀폐용기에 담아 보관한다.

3. 티라미수(Tiramisu)

[사진 14-5] 티라미수

▶재료 : 우유 1,370g, 설탕 200g, 덱스트린 30g, 퀵 베이스 30g, 젤라또 페이스트 180g (2kg 생산 기준)

1 생크림, 설탕, 마스카포네 치즈를 넣고 핸드믹서로 휘핑한다.

2 사진과 같은 상태의 농도가 될 때까지 휘핑한 후, 450g 정도를 짤주머니에 담아 따로 냉장고에 보관한다.

3 무스틀에 모카 스펀지케이크 시트를 한 장 깔고, 에스프레소 시럽을 전체적으로 적셔준다.

4 에스프레소 시럽을 적신 모카 스펀지케이크 위에 '2'의 필링을 절반 정도 스패출러를 이용하여 전체적으로 채운 다음 평평하게 펴 준다.

5 남은 모카 스펀지케이크 시트 한 장을 그 위에 덮은 후 '3'과 동일하게 에스프레소 시럽을 적셔 준다.

6 '2'의 남은 필링을 모두 넣어 평평하게 펴 준다.

7 무스틀을 빼고 가로세로로 잘라 내어 9개로 나눈다.

8 따로 냉장고에 보관해 둔 짤주머니를 이용해 치즈 필링을 사진과 같이 봉긋하게 한 조각당 9개씩 올려준다.

9 체를 이용해 코코아가루를 곱게 뿌린 다음, 다크 컬스 초콜릿을 조금씩 올린다.

4. 와플(Waffle)

[사진 14-6] 와플

▶재료 : 와플믹스 250g, 달걀 1ea, 물 150g, 무염버터 60g, 오렌지필 50g, 슈거파우더, 과일류, 생크림

1 믹싱볼에 체에 곱게 내린 와플믹스와 오렌지필을 넣는다.

2 '1'에 물, 달걀, 녹인 버터를 넣어 준다. (버터는 전자레인지에 살짝 돌려 액체 상태로 만든다.)

3 핸드믹서를 사용하여 멍울지지 않도록 잘 섞는다.

4 예열한 와플틀에 버터를 살짝 발라준다.

5 '3'의 반죽을 와플틀에 고르게 부어 준다.

6 반죽을 와플틀에 고르게 채운 뒤 상판을 닫고 200도에서 3분 정도 굽는다.

7 완성된 와플은 와플틀에서 꺼내 식힘망에서 식힌다.

8 기호에 따라 슈거파우더, 생크림, 과일을 곁들인다.

5. 모차렐라 샐러드(Mozzarella Salad)

[사진 14 - 7] 모차렐라 샐러드

▶재료 : 모차렐라치즈 30g, 비타민 30g, 라디치오 10g, 양상추 20g, 방울토마토 3ea, 올리브오일, 레몬드레싱

1 비타민과 라디치오를 세척한 후 먹기 좋은 크기로 손질해 그릇에 담는다.

2 '1'에 깨끗이 손질한 양상추를 올린다.

3 방울토마토를 반으로 자른다.

4 '3'의 손질한 방울토마토를 샐러드 위에 올린다.

5 먹기 좋게 자른 모차렐라 치즈를 얹는다.

6 올리브오일을 뿌려 준다.

7 레몬드레싱을 곁들여 제공한다.

6. 샌드위치(Sandwich)

[사진 14-8] 햄치즈 샌드위치

가. 햄치즈 샌드위치(Ham&Cheese Sandwich)

▶재로 : 잡곡식빵 2ea, 토마토 1ea, 햄 1ea, 치즈 2ea

1 잡곡식빵 두 쪽을 나란히 준비한다.

2 잡곡식빵 위에 치즈를 각각 한 장씩 올린다.

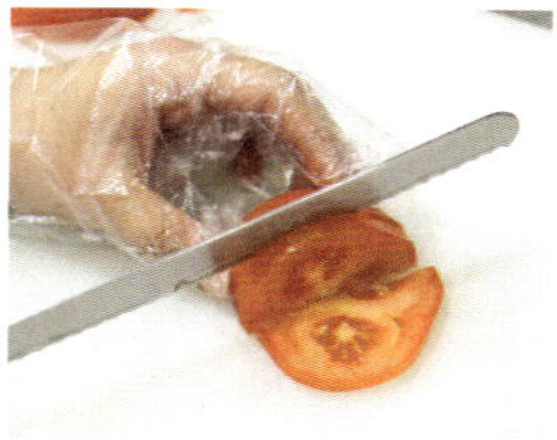

3 토마토를 슬라이스한다.

4 슬라이스한 토마토 세 개를 한 쪽 면에 올린다.

5 햄을 다른 한 쪽 위에 올린다.

6 재료가 마주 보게 덮은 뒤 그릴에 토스트한다.

7 3~4분 정도 토스트한 샌드위치는 먹기 좋게 반으로 자른다.

6. 샌드위치(Sandwich)

[사진 14-9] 퓨어 이탈리안 샌드위치

나. 퓨어 이탈리안 샌드위치(Pure Italian Sandwich)

▶재료 : 치아바타 1ea, 타르타르소스 20g, 파인애플소스 20g, 롤라로사 2ea, 로메인 2ea, 치즈 2ea, 햄 1ea, 베이비채소 2g, 발사믹드레싱 2g

1 치아바타를 가로로 반 가른다.

2 아랫면에 파인애플소스와 발사믹드레싱을 바른다.

3 윗면에 타르타르소스를 발라 준다.

4 아랫면에 로메인과 롤라로사를 차례로 얹는다.

5 아랫면에는 햄과 베이비채소를 올리고, 윗면에는 치즈를 올려 준다.

6 재료가 마주보게 덮은 다음 먹기 좋게 반으로 잘라 준다.

6. 샌드위치(Sandwich)

[사진 14-10] 치킨 샌드위치

다. 치킨 샌드위치(Chicken Sandwich)

▶재로 : 치아바타 1ea, 데리야끼소스 20g, 마요네즈 10g, 로메인 2ea, 양상추, 토마토 1ea, 블랙올리브 3ea, 훈제 닭가슴살 4ea, 치즈 1ea

1 치아바타를 가로로 반 가른다.

2 갈라 낸 양쪽 단면에 데리야끼소스와 마요네즈를 바른다.

3 아랫면에는 로메인, 양상추를 올리고 윗면에는 치즈를 올린다.

4 아랫면에 슬라이스한 토마토와 블랙올리브를 차례로 올린다.

5 훈제 닭가슴살을 얇게 슬라이스한다.

6 데리야끼소스를 살짝 바른 치킨을 아랫면에 수북이 올려 준다.

7 아랫면과 윗면이 마주보게 덮은 뒤, 먹기 좋게 반으로 자른다.

학습 정리

1. 젤라뜨 메뉴 만들기를 이해한다.
2. 쿠키(아몬드 비스코티, 초콜릿 누아르, 쇼콜라 크로칸트) 메뉴 만들기를 이해한다.
3. 티라미수 메뉴 만들기를 이해한다.
4. 와플 메뉴 만들기를 이해한다.
5. 모차렐라 샐러드 메뉴 만들기를 이해한다.
6. 샌드위치(햄치즈 샌드위치, 퓨어 이탈리안 샌드위치, 치킨 샌드위치) 메뉴 만들기를 이해한다.

15장

커피기계 수리

능력 단위 : 커피기계 수리

능력 단위 정의 : 이상이 있는 머신을 특수 장비, 특수 환경이 필요한 고도의 전문성을 제외한 범위 내에서 정상적인 상태로 수리할 수 있는 능력을 갖춘다.

수행 준거

1. 커피기계 수리 요청 접수하기
2. 고장 부분 진단하기
3. 커피기계 수리하기

1. 커피기계 수리 요청 접수하기

1. 수리 접수증 작성

가. 고객의 정의

고객이란 행정 서비스의 생산, 전달, 수요 및 기타 과정에 기여하는 혹은 관계된 주체(이해 당사자)

나. 고객 만족(Customer Satisfaction)이란?

'고객이 요구하는 바를 성취하거나 충분한 정도까지 채우는 것'

다. 상황별 고객 응대

기기를 사용하다가 고장으로 기기가 멈추었을 때 커피기계 사용자는 제품을 제대로 제공할 수가 없어서 난처한 상황에 처하게 된다. 간단한 증상은 응급조치로도 임시로 사용 가능할 수도 있지만 해결할 수 없는 상황이 되면 여러 가지 방법으로 A/S 접수를 하게 된다. 이럴 때 매뉴얼에 따라 기기수리 접수증을 다음과 같이 작성할 수 있다.

1) 고객과 만나는 접점(Moment of Truth, MOT)

MOT는 고객 접점을 의미하며, '고객이 우리를 느끼는 순간'이다.

고객 창구, 담당 직원 그리고 고객이 마주치는 모든 환경(사무실 정리 상태, 분위기, 직원의 태도나 말투 등)이 바로 고객 '접점'이다.

결국 고객 응대의 제일선인 접점에서 고객에게 특별한 순간을 만드는 것은 나의 말 한마디, 따뜻한 미소 한 자락에 달려 있다.

2) 상황별 A/S 접수 고객 응대 방법

가) 직접 방문하는 경우 – 방문 고객 응대 요령

① 고객에게 무관심한 모습은 보이지 않는다.

② 기기 고장의 증세를 파악한다.

③ 기기 설치 장소와 고객의 연락처를 파악한다.

④ 기기 수리 접수증을 작성한다.

⑤ 예상 소요 기간 및 수리 비용을 고객에게 전달한다.

⑥ 관계없는 일은 모르는 것이 당연하다는 얼굴을 하지 않는다.

⑦ 친절하며 몸가짐을 단정히 한다.

나) 전화로 문의하는 경우 – 전화 고객 응대 요령

① 말은 언제나 정중하게 한다.

② 수화기를 들면 곧 회사명과 부서명, 이름을 댄다.

③ 벨이 한 번 울릴 때 받지 못하더라도 적어도 세 번 울리기 전에는 받는다.

④ 기기 고장의 증세를 파악한다.

⑤ 기기 설치 장소와 고객의 연락처를 파악한다.

⑥ 기기 수리 접수증을 작성한다.

⑦ 예상 소요 기간 및 수리 비용을 고객에게 전달한다.

⑧ 전화 통화 중에 손님이 찾아올 경우에는 전화상의 상대방에게 양해를 구하고 손님에 대한 임시조치를 취한다.

⑨ 음성의 크기와 높이는 적절히 한다.

〈표 16-1〉 전화 고객 응대 3요소

친절	신속	정확
• 가장 중요한 고객 접점 중 하나가 전화 응대이므로, 항상 친절하고 상냥하게 응대한다. • 전화 응대는 행정에 대한 대내외 이미지를 결정하는 중요한 요소이다.	• 전화벨이 3번 울리기 전에 신속하게 받는다. • 전화기 옆에는 항상 메모지, 필기도구를 준비하여 고객의 요구 사항을 정리하고, 업무 처리 및 결과에 대한 안내를 신속하게 한다.	• 고객은 대부분 전화를 통해 1차적인 의문을 해소한다. • 전화 응대는 비대면 응대의 한계로 인해 더 정확한 응대가 필요하며, 이때 정확한 업무지식과 성의 있는 답변은 고객에게 신뢰를 준다.

다) 문서나 인터넷으로 요청하는 경우 – 문서 및 인터넷 응대 요령

① 고객이 문서나 인터넷을 통해 문의를 하는 경우, 하루 안에 답변한다.

② 답변할 경우에는 반드시 답변 첫머리에 담당자의 소속과 성명을 밝힌다.

③ 문의 내용에 대한 답변 담당자가 자신이 아닌 경우, 담당자에게 문의가 왔음을 알려 즉시 확인 후 답변할 수 있도록 한다.

2. 관련부서 A/S 계획 수립

가. A/S 계획 수립

기기 수리 접수증을 토대로 접수 일자, 장소, 커피 관련 기기의 종류, 연식, A/S 요청 사항 등을 파악하여 A/S 계획을 수립

1) 담당자를 배정하여 방문 또는 추가로 전화 상담으로 고장 증세를 파악한다.

2) 파악된 자료를 분석하여 투입 인력, 예상 소요 시간을 정한다.

3) A/S를 요청한 고객에게 방문 일자, 시간, 장소 등을 알려주고, 방문 약속을 조율하여 확정한다.

4) A/S에 필요한 부품 및 도구를 준비한다.

〈표 16-2〉 A/S 접수증

접수증(RECEIPT)

접수번호 :

접수 고객명	
연 락 처	
기 기 명	
접 수 일	
접 수 내 용	
방문 예정일	
A/S 예상 금액	

접수 담당자	
비 고	

상기 내용으로 기기의 A/S 접수가 되었음을 확인합니다.

2020년 월 일

(주)NCS 대표이사 기본서

2. 고장 부분 진단하기

1. 커피 머신 부품의 종류

[그림 16 - 1] 커피 머신 부품의 종류

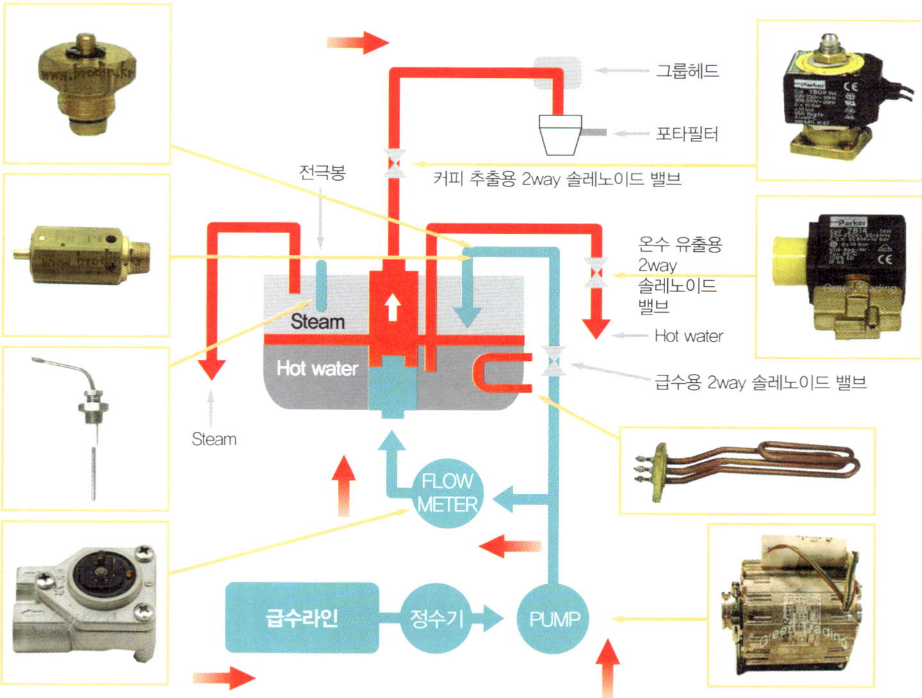

가. 전열기(Heating Element)

[사진 16-1] 전열기

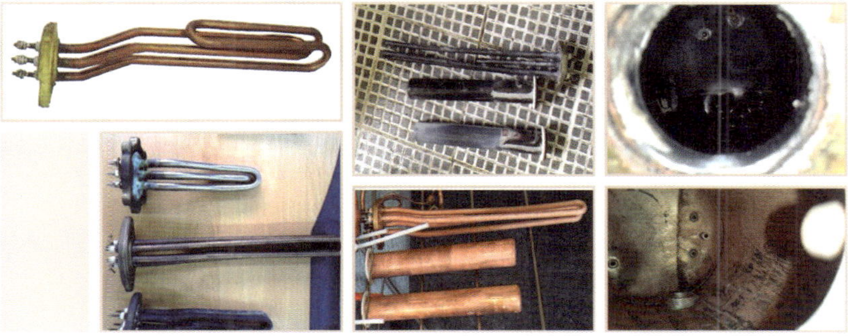

- 저장된 물을 가열할 때 사용한다.
- 최대 가열 온도는 약 350℃이며, 외부로부터의 부식을 막기 위해 동 재질을 사용한다.

나. 플로 메터(Flow Meter, 유량계)

[사진 16-2] 플로 메터

- 물의 흐름을 감지하면서 커피 추출 양을 조절한다.
- 커피가 빠르게 추출하거나 느리게 추출되어 세팅된 커피의 양만큼만 추출된다.
- 임펠러가 회전하면서 전기적 신호를 발생시켜 신호를 인지해 물의 양이 조절된다.

다. 펌프(Rotary vane Pump)

1) 회전 펌프

- 물의 압력인 3~4kg/㎠를 커피 추출 압력인 8~10kg/㎠로 상승시킨다.
- 수압 조절 나사로 물의 압력을 조절한다.
- 단수 시 물의 압력이 없는 상태에서도 외부의 물에 펌프 인입 측 호스를 연결시켜 커피 추출이 가능하다.
- 업소용 수동과 반자동 머신에 주로 사용한다.

2) 진동 펌프

- 업소용 자동, 가정용 자동, 반자동 소형 머신에 주로 사용한다.

[사진 16-3] 펌프

라. 2 way 솔레노이드 밸브(2 way Solenoid Valve)

- 온수 유출용, 탱크 급수용
- 물의 공급과 차단 역할만 한다.
- 전기가 투입되기 전에는 물이 인입 측에서 토출 측으로 물이 흐르지 못하도록 속 안에 코일이 항상 닫혀 있다.
- 전기가 투입되면서 코일에서 발생하는 전자력이 코일 속 플런저를 끌어올려 물이 흐르도록 해 준다.
- 일정 시간 투입이 완료되어 전기가 차단되면 플런저 스프링의 복귀로 물이 다시 막혀 물에 흐름이 중지된다.
- 파커 상부가 막혀 있다. (3 way 솔레노이드 밸브와의 차이점)

마. 3 way 솔레노이드 밸브(3 way Solenoid Valve)

- 그룹 헤드 커피 추출용
- 물이 유입되는 입구 하나와 출구 두 개로 구성된다.
- 전기가 투입되면 전자력으로 인해 출구 한 개가 열린다. (나머지 다른 하나는 닫혀 있어 물의 유출을 막음)
- 커피 추출이 끝나면 전기가 차단되고 플런저 스프링이 복귀되어 커피 추출용 출구가 닫히고 나머지의 출구가 열려 남은 물을 흘려보낸다. (커피 추출 온도를 일정하게 유지하기 위함)

[사진 16-4] 3 way 솔레노이드 밸브(좌)/2 way 솔레노이드 밸브(우)

바. 릴리프 밸브(Pressure Relief Valve)

- 보일러 과압 안전밸브
- 과압(2bar 이상) 사고를 사전에 방지해 주는 안전장치
- 장기간 사용 시 릴리프 밸브 내의 고무 패킹 경화 현상으로 누증이 될 수 있다.
- 모든 릴리프 밸부는 제작 시 사용 압력이 세팅되어 있어 임의 조작이 불가능하다.

[사진 16-5] 릴리프 밸브

사. 수위 조절기(Water Lever Probe)

- 증기를 사용한 만큼 물이 줄어드는 것을 감지하는 장치
- 로우 센서와 하이 센서가 있어 물의 양을 감지한다.
  - 로우 센서 : 물의 양이 줄어드는 것을 감지해 물을 보충해 준다.
  - 하이 센서 : 물의 양이 늘어나 하이 센서에 접촉하면 물의 공급을 차단한다.

[사진 16-6] 수위 조절기

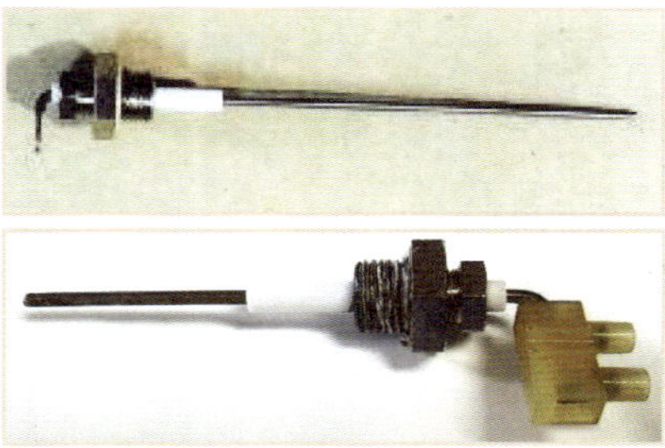

아. 압력 스위치(Pressure Switch)

- 보일러 내 압력 상태에 따른 전기 히터의 가동을 압력을 자동으로 조절되게 하는 스위치
- 압력 스위치 상단의 조절 나사를 돌려 필요한 압력으로 조절한다.
- 단일형 보일러에서는 1bar 정도로 사용한다.
- 분리형 보일러나 개별형 보일러에서는 1.5bar 정도의 스팀을 사용한다.

[사진 16-7] 압력 스위치

자. 진공 방지기(Vacuum Breaker)

- 증기가 발생하면 보일러 내부에 있는 공기를 배출시키며, 보일러 내부의 증기가 외부로 빠져나가거나 외부 공기가 보일러 내부로 유입되지 않도록 차단해 주는 역할이다.
- 상부 이동축이 올라와 있으면 탱크 내부에 증기가 생성되어 있다는 것
- 상부 이동축이 내려와 있으면 탱크 내부에 증기가 생성되지 않았다는 것

[사진 16-8] 진공 방지기

카. 과열 방지기(Contact Thermostat)

- 히터의 지속적인 작동으로 보일러 내부 온도가 상승할 때 압력이 높아져 보일러가 파손되는 사고를 예방해 주는 장치
- 구조 : 바이메탈식/과열 감지식
  - 바이메탈식 : 열판을 이용하여 과열 시 열팽창에 의해 동작
  - 열감지식 : 열선의 열전달로 동작
- 과열 방지기 동작 원인 : 보일러 내부에 물이 없거나 가동 중 급수되지 못한다.
- 종류 : 스팀 보일러용과 커피 추출용이 있다. 스팀 보일러는 약 130℃ 이상, 커피 추출 보일러는 약 100℃에서 동작하는 과열 방지기를 사용한다.

[사진 16-9] 과열 방지기

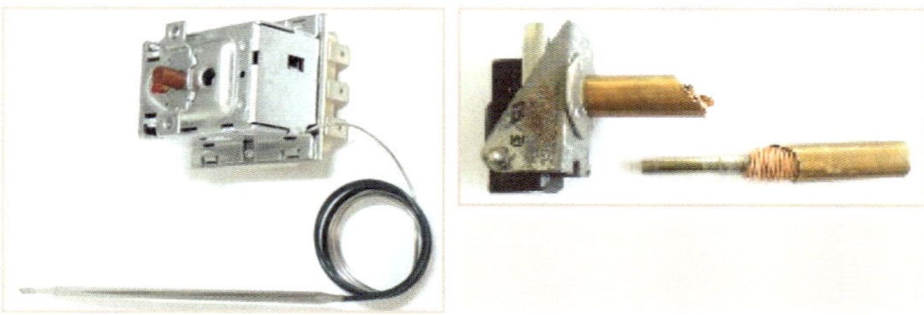

차. 수압계(Pump Pressure Gauge)

- 커피가 추출될 때, 펌프 가동 전후 물의 압력을 표시해 주는 장치
- 눈금은 1bar 간격으로 표시되어 있으면 8~10bar 상태가 지속적으로 유지

되어야 한다.

타. 스팀 압력계(Boiler Pressure Gauge)

- 보일러 내부의 스팀 압력 상태 표시
- 단일형 보일러에서는 약 1bar의 압력을 사용
- 녹색 혹은 검은색 부분은 적당한 증기 압력에 사용 범위를 말해 줌
- 적색 표시 부분은 적정 사용 범위를 벗어난 증기 압력 수치로 2bar 이상 상승하면 안 되며, 과중기는 안전을 위해 절대 사용하지 않는다.
- 일반 머신에서는 보일러 내의 물 온도를 확인할 수 있는 장치가 없다. 이를 확인할 수 있는 방법은 증기 압력을 온도로 환산하는 것이다.
    - 1kg/㎠=99.09℃
    - 1.0332kg/㎠=100℃ ≒1kg/㎠
    - 1.5kg/㎠=110.79℃

[사진 16-10] 스팀 압력계

파. 스팀 밸브(Steam Valve)

- 스팀 밸브는 스팀의 개폐를 통해 스팀의 양을 조절하는 부분으로, 돌리는 손잡이식(스팀 노브(knob)라고도 불림)과 위아래로 작동하는 레버식(lever)이 대부분이다.

[사진 16-11] 레버식 스팀 밸브

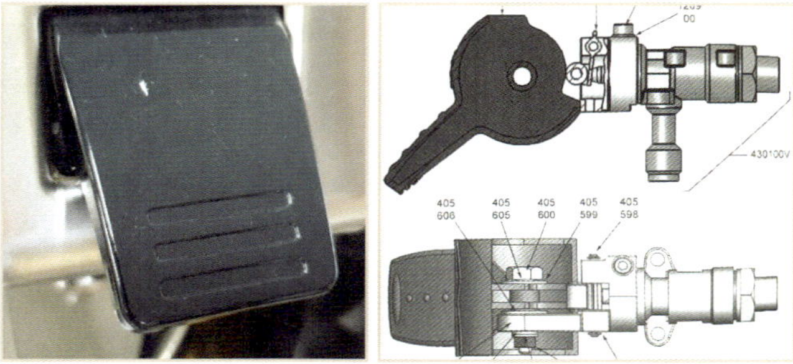

[사진 16-12] 다이얼 손잡이식 스팀 밸브

3. 고장 진단보고서 작성

가. 커피기계의 부품별 이상 상황 파악

기계수리 접수증과 담당자의 방문 또는 추가로 전화 상담으로 파악한 정보를 종합하여 기계의 부품별 이상 상황과 상호 영향을 미치는 부분과 부품을 고려하여 고장 진단보고서로 작성한다.

나. 고장 진단보고서

고장 진단보고서를 기반으로 고객과 A/S에 대한 협의를 한다.

〈표 16–3〉 고장 진단보고서

고장 진단보고서

고객란	고객명 :
	핸드폰 :
	이메일 :
	주　소 :

입고 일자		담당 기사	
기 기 명		모 델 명	
A/S 요청 사항			
총 비 용			

주요 부품 내역				
주요 부품 점검 항목	정상	교환 요망	수리 요망	점검 결과
1. 전열기 (Heating Element)				
2. 유량계 (Flow Meter)				
3. 펌프 (Rotary vane Pump)				
4. 2 way 솔레노이드 밸브 (2 way Solenoid Valve)				
5. 3 way 솔레노이드 밸브 (3 way Solenoid Valve)				
6. 릴리프 밸브 (Pressure Relief Valve)				
7. 수위 조절기 (Water Lever Probe)				
8. 압력 스위치 (Pressure Switch)				
9. 진공 방지기 (Vacuum Breaker)				
10. 과열 방지기 (Contact Thermostat)				
11. 수압계 (Pump Pressure Gauge)				
12. 스팀 압력계 (Boiler Pressure Gauge)				
13. 스팀 밸브 (Steam valve)				
14. 그라인더 (Grinder)				

본 확인서는 점검 당시 조건이며 추후 달라질 수 있습니다.

점검자 성명 :　　　　　　　(인)

사용자 성명 :　　　　　　　(인)

4. 커피기계 수리하기

가. 수리

1) 고장 진단보고서와 A/S 매뉴얼에 따라 분해 여부 및 부품의 교체 여부를 결정한다.
2) 현장 수리 또는 입고 수리 여부를 판단하고 소요 시간 등을 통보한다.
3) 입고 수리의 경우 영업에 지장이 없도록 대체 기기의 설치 여부를 협의한다.
4) 안전사고와 부품 분실에 주의하며 필요한 사전조치를 취한 후 수리를 진행한다.
5) 기기 수리를 마친 후 기기의 작동 여부 및 청소 상태를 확인한 후 사용자에게 수리 완료를 확인시킨다.
6) 점검 및 수리 완료 후 수리 내역을 상세히 기재하여 거래명세표를 작성하여 확인을 받는다.
7) 기기 점검 및 수리 내역을 정리하여 상급자에게 보고하여 공유함으로써 A/S 품질 향상에 도움이 되도록 한다.

나. 에스프레소 머신의 이상 증상 및 조치

〈표 16-4〉 에스프레소 머신의 이상 증상 및 조치

증상	원인	조치
샷 추출 시 포타필터 주위에서 누수	• 개스킷 장시간 사용으로 인한 경화 현상	• 개스킷을 교체
포타필터의 필터 바스켓이 빠져나온다.	• 포타필터 스프링 마모	• 포타필터 스프링을 교체
포타필터 스파웃에서 샷이 한쪽으로 편중되어 추출된다.	• 포타필터의 원두 타구 시 충격으로 기준 변형	• 포타필터 스파웃 중앙에 있는 나사를 많이 추출되는 쪽으로 돌려준다.
증기압력이 기준보다 낮거나 높거나 없을 때	• 보일러에 물이 부족하다.	• 보일러에 물이 없으면 스팀이 발생되지 않으며 스팀에서 냄새가 난다. • 머신을 즉시 정지시킨다.
	• 머신에서 '쉬' 소리가 들린다.	• 스팀 압력이 1.8bar 이상이 되면 작동되는 소리이며, 압력계 확인 후 머신을 즉시 정지시킨다. • 스팀 탱크 진공방공기의 패킹이 경화되었으므로 교체한다.
	• 스팀의 유출이 약하다.	• 송곳 등을 사용해 스팀 봉 끝에 있는 노즐을 청소한다. (내외부 4개 구멍)
샷 추출이 불규칙적이거나 추출이 되지 않는다.	• 그라인더 굵기 조절 불량	• 탬핑으로 조절한다. • 그라인더의 굵기를 조절한다.
	• 포타필터 필터 바스켓 내부에 금 발생	• 필터 바스켓을 교체한다.
	• 샤워 스크린에 이물질이 끼었다.	• 샤워 스크린을 교체한다.
	• 솔레노이드 밸브의 고장	• 솔레노이드 밸브를 교체한다.
	• 모터펌프가 작동되지 않을때	• 모터펌프를 점검한다. • 단수 유무 확인
	• 스팀완드의 스팀 누중으로 인한 것	• 스팀완드의 스프링이 파손되어 교체 • 스팀완드의 고무패킹이 마모되어 교체 • 스팀완드의 스넵링 빠짐 – 취부

커피기계에서 떨리는 소음 발생(펌프 소리)	• 정수 배관의 밸브가 잠겨 있다.	• 정수 배관의 밸브를 열어 준다.
	• 플렉시블 호스가 꼬여 있다. • 정수기 필터가 막혀 있다.	• 플렉시블 호스를 펴 준다. • 정수기 필터를 교체한다.
머신이 작동되지 않는다.	• 전기 투입이 안 됨	• 커피기계에 부착되어 있는 메인 on/off 스위치 확인 • 전원 콘센트가 빠져 있는지 확인 • Back Room 전기 Panel Trip 확인 • 전원 투입 시 지속적으로 누전 차단 스위치가 차단된다면 관리자에게 연락
샷 추출 시 터치패드의 불이 깜빡인다.	• 샷 추출이 늦어질 때	• 그라인더의 굵기를 굵게 조정한다.
	• 정수 필터가 막혔을 때	• 정수기 필터를 교체한다.
	• 정수 밸브가 잠겨 있다.	• 정수 밸브를 열어 준다.
샷 추출 시 크레마가 발생되지 않는다.	• 물의 온도가 낮다. • 가압 펌프 작동 상태 점검	• 커피 보일러 히터 점검 • 가압 펌프 작동 상태 점검
샷이 '팍팍' 유출된다.	• 물 온도가 너무 높다.	• 온도조절기를 조절한다.
배수가 내려가지 않는다.	• 배수 호스가 막혀 있다.	• 배수통에 온수를 붓는다. • 배수통이 깨져 있는지 확인한다. • 드레인 호스에 있는 커피 찌꺼기를 제거한다. • 드레인 호스의 기울기가 불량한지 확인한다.

다. 커피 그라인더의 이상 증상 및 조치

〈표 16-5〉 커피 그라인더의 이상 증상 및 조치

증상	원인	조치
그라인더 전원이 들어오지 않는다.	그라인더 플러그가 빠짐	플러그 분해 후 전선을 연결한다.
	플러그의 전선 연결이 불량	플러그 분해 후 전선을 연결한다.
	그라인더 차단기가 떨어짐	그라인더 차단기를 복귀시킨다.
그라인더가 돌아가지 않는다. ('윙' 하는 소음 발생)	칼날이 밀착되어 돌아가지 않음	조정판을 풀어 준다.
도우저 핸들레버가 복귀되지 않는다.	도우저 핸들레버의 스프링 파손	도우저 스프링을 교체한다.
조정판이 잘 돌아가지 않는다.	조정판의 나사산에 커피 찌꺼기가 묻음	커피 찌꺼기 청소 및 윤활유 주유
도우저 레버 작동 중 '탁탁' 하는 소리가 난다.	도우저 내부의 철심이 휘어 닿는 소리	철심을 구부려 조정한다.
도우저에서 원두의 유출이 불규칙하다.	도우저 내부의 분할판이 고정되지 않았음	분할판 탭 부분이 빠짐을 원위치시킨다.
그라인더가 자동으로 정지되지 않는다.	도우저 마이크로 스위치의 파손	도우저 마이크로 스위치를 교체한다.
전원은 들어오나 원두가 갈리지 않는다.	호퍼 원두 입구가 닫혀 있음	호퍼 입구를 연다.
	원두가 갈아 나오는 구멍이 막혀 있음	도우저 내부의 원두 유출구를 청소한다.
	칼날에 원두 찌꺼기가 묻어 있음	칼날을 청소한다.

학습 정리

1. 커피기계 수리 요청 접수하기
   - 고객의 수리 요청을 접수하여 수리 접수증을 작성할 수 있다.
   - 수리 접수증, A/S 정책을 토대로 수리 정책을 수립할 수 있다.
   - 수리 접수증을 토대로 투입 인력, 예상 소요 시간을 예측할 수 있다.
   - 고객과 방문 일자, 시간, 장소 등을 조율하여 확정할 수 있다.
   - 방문 시 필요한 부품 및 도구들을 준비할 수 있다.

2. 고장 브분 진단하기
   - 기계 작동 여부, 작동 상태, 기능상의 문제를 토대로 커피기계의 이상 상황을 파악할 수 있다.
   - 파악된 이상 상태를 토대로 상호 영향을 미치는 기계 부분을 유추할 수 있다.
   - 추정 결과를 토대로 고장 진단보고서를 작성할 수 있다.
   - 고장 진단보고서를 기반으로 고객과 협의할 수 있다.

3. 커피기계 수리하기
   - 고장 진단보고서와 매뉴얼을 토대로 분해 여부를 결정할 수 있다.
   - 매뉴얼, 작업 표준서, 안전사고를 고려하여 효율적으로 커피기계를 분해할 수 있다.
   - 부품 매뉴얼, 부품의 상태를 토대로 수리를 위한 필요 조치를 취할 수 있다.
   - 해당 이상 상황의 해소 여부를 파악한 후, 커피기계를 조립할 수 있다.

참고 문헌

[1] 강병남(2012). 음식점 성공을 위한 서비스 전략. 지구문화사

[2] 고준수(2002). 유식품가공학. 선진문화사

[3] 권대봉, 오영재, 박행모, 손준종, 송선희(2000). 대학생들의 교육만족도 결정 요인에 관한 탐색적 논의. 교육학연구. 40(3). 181-202.

[4] 권성호(2002). 하드웨어는 부드럽게 소프트웨어는 단단하게. 서울: 양서원.

[5] 김춘영. 한국과학기술정보연구원 21세기의 영양소

[6] 법제처. http://www.law.go.kr/main.html (방문일자: 2015. 2. 25) 식품위생법, 식품위생법 시행령, 식품위생법 시행규칙, 감염병예방법, 감염병 예방법 시행령, 감염병 예방법 시행규칙

[7] (사)한국커피협회(2013). 로스트 마스터. 서울: 커피투데이

[8] (사)한국커피협회(2014). 바리스타 자격시험 예상문제집. 커피투데이

[9] (사)한국커피협회(2016). 로스트 마스터. 서울: 커피투데이

[10] (사)한국커피협회(2016). 커피지도사. 서울: 커피투데이

[11] 식품의약품안전처. http://www.haccpkorea.or.kr/welcome.do (방문일자: 201. 2. 25) 한국식품안전관리인증원

[12] 유대준(2009). 커피인사이드. 서울: 해밀 &Co.

[13] 장상문, 이정기, 김윤호, 김옥영, 한창환, 유승권(2010). 더 알고 싶은 커피학. 서울: 광문각.

[14] 장상문, 허경택, 이정기, 김윤호(2006). 커피학. 서울: 광문각.

[15] 장해순(2003). 갈등관리 전략에 대한 상호인식과 커뮤니케이션 능력이 상호관계에 미치는 영향. 박사학위논문. 경희대학교.

[16] 최성일(2013). 커피트레이닝 바리스타. 서울: 땅에 쓰신 글씨

[17] 케빈 레인 켈러. 브랜드 매지니먼트. (주)비지니북스

[18] 한국식품과학회(2008). 식품과학기술대사전. 광일문화사

[19] 한국전문대학교육협의회. 학사편람.

[20] 한국화재보험협회. http://www.kfpa.or.kr/index.asp (방문일자: 205. 2. 25) 한국화재보험협회

[21] 한준상(1987). 사회교육이론. 서울: 청아출판사.

[22] 財團法人科學技術教育協會出判部編. 生活の科學SERIES(22). コヒの科學. 1988. p.64

[23] Boshier, W. (1971). Motivational orientations of adult foundation participants : A factor analytic exploration of Houle's typology. Adult Education, 21. 3–26.

[24] Dolbier, C. L., Soderstrom, M., & Steinhardt, M. A. (2001). The relationships between self–leadership and enhanced psychological, health, and work outcomes. The Journal of Psychology, 135(5), 469–479.

[25] Gurien R. A. (1997). Adaption as a measure of relational communication competence. Doctoral Dissertation, Santa Barbara University.

Leonard L. Berry, A Parasuraman, and Aalarie A. Zeithaml, (1993), Ten lessons for Improving Service Quality, MSI Report, Cambridge, MA: Marketing Science Institute, 93~104.

[26] Mark, Pendergrast.(1999). Uncommon Grounds. New York: Basic Books. 5.

[27] Mitchell, T. R., & Larson, J. R. (1987). People in organizations: An introduction to organizational behavior (3rd ed.). New York: McGraw–Hill.

[28] H. Ukers.(1935). All About Coffee 2nd Ed. New York: The Tea & Coffee Trade Journal.

■ 집필진

고동현	• 올레커피랩 교습소 대표 • 제주관광대학교 외식조리계열 베이커리학과 겸임교수
김득만	• 커피앤베이커리학원 대표 • (사)한국커피협회 부회장
김성권	• 천안커피제과제빵학원 대표 • 충북보건과학대학교 호텔제과음료과 교수 • (사)한국커피협회 부회장
김윤호	• (사)한국커피협회 부회장
박순철	• 전주CBSC바리스타학원 대표
박정환	• (주)다인인코퍼레이션 부장 • (사)한국커피협회 이사
박찬주	• 강군커피컴퍼니 강사
신혜경	• 신혜경커피아카데미학원 원장 • 젬인브라운 운영 • 단국대 문화예술대학원 커피학과 교수 • (사)한국커피협회 부회장
여영규	• 전주기전대학 교수(커피바리스타 코디네이터) • (사)한국커피협회 감사

오영아	• 대전커피문화식음료학원 대표 • 대전시니어커피협동조합 대표 • (사)한국커피협회 이사
우상은	• (주)프리퍼커피 대표 • 2011 KCGSC, 2012 KBrC 우승(WCCK) • (사)한국커피협회 이사
유대준	• 커피인사이드 저자 • 인사이드 커피 로스터스 대표
이상규	• 충북보건과학대학교 호텔제과음료과 교수 • (사)한국커피협회 고문
이지훈	• 훈스커피랩학원 대표 • (사)한국커피협회 이사
이창훈	• 주식회사 커피하람 대표이사 • SCAK 회장
장문규	• 시그니쳐로스터스 대표 • 2014 한국커피로스팅챔피언십 우승(WCCK) • 2014 월드커피로스팅챔피언십 준우승(WCE)
추영민	• 제주바리스타학원 대표 • (사)한국커피협회 이사

NCS(국가직무능력표준/커피관리)

커피 바리스타

기본서

개정 2판 1쇄 발행 2025년 4월 22일

지은이 (사)한국커피협회
펴낸이 강창범
펴낸곳 (주)커피투데이

출판등록 제2012-16호
주소 경기도 평택시 중앙2로 154-1
물류센터 070-7520-2114
홈페이지 www.coffeetoday.kr
전자우편 coffee2day@daum.net

가격 17,000원
ISBN 979-11-86627-27-3 (13570)